构建以投资者需求为导向的上市公司信息披露体系

◎赵立新 黄燕铭 等著

Structuring an investor-oriented information disclosure system

中国金融出版社

责任编辑：戴　硕　肖　炜
责任校对：李俊英
责任印制：丁淮宾

图书在版编目（CIP）数据

构建以投资者需求为导向的上市公司信息披露体系（Goujian yi Touzizhe Xuqiu wei Daoxiang de Shangshi Gongsi Xinxi Pilu Tixi）/赵立新，黄燕铭等著．—北京：中国金融出版社，2013.1
ISBN 978-7-5049-6618-6

Ⅰ．①构…　Ⅱ．①赵…②黄…　Ⅲ．①上市公司—会计分析—中国　Ⅳ．①F279.246

中国版本图书馆CIP数据核字（2012）第236835号

出版发行　中国金融出版社
社址　北京市丰台区益泽路2号
市场开发部　(010)63266347，63805472，63439533（传真）
网上书店　http://www.chinafph.com
(010)63286832，63365686（传真）
读者服务部　(010)66070833，62568380
邮编　100071
经销　新华书店
印刷　利兴印刷有限公司
尺寸　169毫米×239毫米
印张　24
字数　310千
版次　2013年1月第1版
印次　2013年1月第1次印刷
定价　48.00元
ISBN 978-7-5049-6618-6/F.6178
如出现印装错误本社负责调换　联系电话（010）63263947

作者简介

赵立新，男，现任中国证券监督管理委员会上市公司监管二部副主任，英国加地夫大学商学院中国会计金融与商业研究中心国际研究员，中山大学管理学院兼职教授，深圳证券交易所研究所博士后工作站博士后指导教师。工商管理硕士，民法学硕士，金融学博士。在境内外学术刊物发表文章50余篇，出版著作4部，译著1部。

黄燕铭，男，上海财经大学会计学院硕士，曾任申银万国证券研究所副所长，瑞银证券中国研究主管，现任国泰君安证券研究所所长，中国证券业协会证券分析师与投资顾问委员会副主任，18年证券分析师从业经历，编撰了大量的证券分析师培训教材。先后在《财会月刊》、《中国证券报》、《上海证券报》等知名刊物发表文章20多篇。

陈华敏，女，厦门大学管理（会计）学博士，深圳证券交易所金融学博士后，CPA，现任深圳证券交易所研究员。主要研究领域为：信息披露、内部控制、公司监管、中介机构监管等。先后在《国际金融研究》、《财会月刊》、《中国证券报》等知名刊物发表论文20多篇，参编国家会计专业硕士教材，主持、参与中国证监会、交易所多项重大科研课题项目。

王鹏，男，上海财经大学会计学硕士，现就职于瑞银证券有限责任公司（UBS）研究部，中国注册会计师（CPA）非执业会员。证券分析经验丰富，曾多次荣获《新财富》、《水晶球》等证券分析师评比最佳分析师第一名（团队）称号，具有6年证券分析从业经验。在执业过程中，曾发表对“新会计准则”的评述文章，曾主持大型证券公司的财务盈利预测模型编订工作，并为上百位证券分析师讲授会计财务分析和财务模型课程，具有较丰富的证券研究经验和财务分析经验。

孙健，男，上海财经大学金融学硕士，现就职于华夏基金管理有限公司研究部，曾任职申银万国证券研究所担任证券分析师，从事证券研究工作6年。

马越，女，香港中文大学金融学硕士。现任博时基金管理有限公司研究部总经理，曾任花旗集团亚洲交通运输组主管/董事，雷曼兄弟分析师，华夏基金分析师。资本市场从业十二年，发表多篇具有市场影响力的行业/公司分析报告，曾连续3年获得Institutional Investor评选授予的亚太区最佳交运行业分析师称号。

杨尔稼，男，复旦大学经济学院博士后，上海财经大学会计学博士毕业。曾任香港中文大学商学院会计系研究助理，主要研究方向为资本市场中的财务与会计问题，证券分析师相关问题等。参与多个国家自然科学基金项目，研究成果发表在《财经研究》、《中国会计评论》等一系列国内学术杂志上。

唐川，男，中信证券股份有限公司研究部中小企业研究首席分析师。伦敦经济学院金融经济学硕士。曾就职于凯基证券、大和证券、德意志银行证券与里昂证券，从事A股以及中国香港和新加坡等海外市场上市的中国中小型股票研究工作。2008年获《Asia Money》“亚洲最佳小型股研究”第一名（团队成员）；2008年获Greenwich“亚洲最佳小型股研究”第一名（团队成员）；2011年获《新财富》最佳中小市值研究第一名；2011年获《证券市场周刊》最佳中小盘研究第一名。

揭力，男，中信证券股份有限公司研究部中小企业研究高级分析师。新加坡国立大学企业管理硕士。曾就职于华富基金与申银万国（香港）。2011年获《新财富》最佳中小市值研究第一名（团队成员）；2011年获《证券市场周刊》最佳中小盘研究第一名。

刘德忠，男，中信证券股份有限公司首席投资顾问、北京投顾管理中心总监，新华社特聘经济分析师，凤凰卫视、CCTV、深圳电视台、新浪网、腾讯网及中国证券报等常邀财经嘉宾。曾任五矿证券总裁助理、首席经济学家兼研究所所长。

孔祥，男，上海财经大学会计学院在读博士生，曾任香港中文大学公司治理研究中心研究助理，主要研究方向为中国资本市场信息环境和财务信息有用性，参与多个国家自然科学基金项目，研究成果发表在《经济研究》、《中国会计评论》、《China Journal of Accounting Research》等一系列国内外学术杂志。

王会芳，女，经济学博士，毕业于西安交通大学。深圳证券交易所和清华大学联合培养博士后。2006年加入深圳证券交易所，现在创业板公司管理部从事公司监管工作。

李佩芸，女，1999年毕业于中国人民银行研究生部，1999年至今在中国证券监督管理委员会工作。

蒋星辉，女，2002年毕业于中国人民大学法学院，2002年至今在中国证券监督管理委员会工作。

陈政，深圳证券交易所综合研究所研究人员，注册会计师，博士。主要研究方向和研究兴趣为上市公司信息披露，特别是非财务信息披露。

周冰，女，首都经贸大学经济学硕士，MBA，高级经济师，中国社会科学院金融研究所博士生，申银万国投资银行质量控制部总经理。1995 年起从事证券业务，曾先后主持或参与数十家企业改制重组、IPO 及再融资项目，其中担任项目负责人的“琼民源重组、中关村上市”被监管机构誉为“破解了上市公司重组的哥德巴赫猜想”、精工科技 IPO 是中小板首批八家企业之一。目前主要从事投资银行质量控制及业务管理工作，对中国证券发行监管体制有深入的研究，曾借调中国证监会研究证券公司规范发展问题，曾出版书籍《上市公司董事指引》，先后获中国证券业协会及深交所等多项征文奖项，并在 CSSCI 核心期刊上发表 6 篇学术论文。

于旭辉，平安证券股份有限公司综合研究所中小市值研究员，证券从业 4 年。上海财经大学会计学院博士。曾就职于申银万国证券研究所从事宏观制度研究工作。2009 年、2011 年分别获得证券业协会研究课题二等奖、三等奖。

本书各章的编写分工如下：第一章由赵立新编写；第二章由陈华敏编写；第三章由王鹏、孙健编写；第四章由马越、杨尔稼编写；第五章由唐川、揭力、刘德忠、孔祥编写；第六章由王会芳编写；第七章由李佩芸、蒋星辉编写；第八章由陈政编写；第九章由黄燕铭、周冰编写；第十章由于旭辉编写；第十一章由 ACCA 编写；第十二章由深圳证券交易所相关人员编写。

序　言

资本作为经济发展中重要的生产要素，其规模与结构反映一个国家的生产能力，也构成未来经济发展的基础。亚当·斯密认为，资本积累是国民财富发展的源泉，资本积累量的大小是经济发展率高低的关键。特别是对于发展中国家而言，由于资本的稀缺性，其更是决定经济发展的基本约束条件。

资本形成来源于储蓄，但只有当储蓄转化成投资时，资本才真正形成。资本形成机制也就是储蓄转化为投资的渠道和方式。从量的关系来看，储蓄供给水平将最终决定着资本形成的数量。但有效的资本形成机制不单单指资金的来源广泛，还要具备将资金有效转化成现实资本的能力。资本形成是否高效不仅意味着资本形成的数量，更在于资本形成的质量。当储蓄通过市场化的资源配置的方式转化为投资，并推动经济健康增长，经济结构合理调整，资本形成机制的作用就得以显现。世界经济发展史表明，各国经济发展的程度与资本形成能力紧密相关，资本形成机制是否健全直接制约着经济发展的运行状况和可持续发展的能力。

改革开放以来，中国经济一直保持高速增长，其中资本推动的作用功不可没。但这一过程中储蓄转化为投资的效率、质量和结构还不够理想。我国目前的产业结构已经显现出较多的问题，最突出的是传统制造业产能过剩，新兴产业发展不足。造成这一问题的原因有很多，包括经济转轨期间多种矛盾的聚集交错、企业发展外部环境有待优化等，其中金融市场发展水平与发达国家差距较大是一个比较重要的因素。

无论在发展中国家还是在发达国家，都主要依赖两种方式将储蓄转化为现实经济中的投资，即直接融资和间接融资。这两种融资方式的效率直接决定了储蓄向投资的转化效率，金融发展正是通过这两种渠道影响资本形成的质量进而影响经济增长。在实际经济运行当中，间接融资与直接融资两种方式各有特点。从运行机制看，间接融资方式中货币资金供给者与货币资金需求者之间的资金融通通过各种金融机构中介来进行，而直接融资则由货币资金供给者和货币资金需求者之间直接发生信用关系。间接融资方式中因为有金融机构的参与，金融机构的资产、负债多样化，融资风险便可由多样化的资产和负债结构分散承担，从而安全性较高，但由于运行机制和风险补偿机制的特点导致其资源配置范围、效率受到一定影响。反之，直接融资筹资规模和风险度可以不受金融中介机构资产规模及风险管理的约束，但由于缺乏中介的缓冲，融资风险较大。从服务对象看，以商业银行为主导的间接融资倾向于稳健、低风险的融资形式，因此传统产业、大型企业比较容易获得融资支持。直接融资资金运行效率更高，资源配置方式更为灵活，更适应新兴产业、成长型企业和中小微企业的需求。

一国经济的持续高度发展，有赖于在不同的发展阶段上能形成相适应的直接融资和间接融资协调发展的金融结构和资本形成结构。从实际情况看，目前我国融资结构中占主体地位的是间接融资，直接融资的作用相对有限。资本形成的风险如果主要集中在商业银行而不能够实现有效的分散、转移和补偿，会使整个金融体系缺乏弹性，从而影响资本形成的数量和质量，削弱金融服务实体经济的能力，最终限制经济结构调整和产业升级。为促进我国经济可持续发展，必须改变目前过度依赖于以银行体系为主导的间接融资的资本形成格局，大力发展资本市场，强化直接融资体系建设。这样最为显著的益处是有助于解决中小微企业融资难的困境，促进新兴产业的发展，同时也有助于经济结构的调整和增长方式的转变。

一个有效的资本市场是经济转型和产业升级的重要推动力。纵观美国二十世纪以来的经济发展史，历次新型产业的兴起和经济结构转型都离不开资本市场的作用，其科技与资本的结合，成为了国家经济增长和产业升级的重要幕后推手。目前，我国面临着难得的历史发展机遇，资本市场在其中发挥作用的空间和潜力十分巨大。中国的资本市场在20年的实践中已经积累了丰富的经验教训，形成了进一步改革发展的良好基础，我们期待着它承载起推动我国经济持续健康发展的历史重任。

资本市场要发挥更大的作用，必须有一套完备的市场机制。资本市场配置资源基础性作用的核心在于价格发现。资本市场中，良好的资本形成能力取决于价格形成机制的有效性。资本市场中的众多投资者根据企业的长期发展前景、持续盈利能力、创新应变能力以及经营管理团队的素质等与企业成长相关的因素进行估值定价，使一批有生命力、有市场前景的企业获得合理市场定价，以及有利的发行上市、收购兼并的机会，从而引导各种资本向优势企业聚集，实现资源的有效配置，从而推动产业升级和经济结构调整。产业升级是一个动态的概念，在永无止境的产业升级进程中，资本市场通过价格机制，不断催生新兴产业走向成熟，推动成熟产业升级换代，同时又服务新一代新兴产业的崛起。可以说，资本市场的功能发挥贯穿于产业升级的始终，在这个过程中价格机制是促使资本形成的关键。

在资本市场中，价格发现的有效程度直接影响资本形成的数量和质量，而正常的价格机制离不开真实、准确、完整、及时的信息。有效市场中，大量的市场参与者对大量的相关信息进行分析，并通过交易行为反映到企业股票价格中。价格是市场参与者所提供和掌握的全部信息最综合的动态体现，并影响和引导投资者投资决策和资金流动。在这样的市场中，价格反映了全部市场参与者对企业价值的判断，并保证了资本市场资源配置功能的发挥。如果信息不完全，市场估值基础发生偏差，则必然不能形成有效价格，市场资源配置功能就会受到削弱甚至错配。因此，充分的信息是市场有效性的基础。就资本市场普遍存在的问题而言，信息不完全、不对称是一个重要的因素。

信息也是解决委托代理问题的基础。委托人不能直接掌控代理人的行动，只能观测由代理人的行动和其他因素衍生出的信息，因此委托人需要根据这些信息来激励和约束代理人，以驱使其选择对委托人最有利的行动。在资本市场上，委托人是作为上市公司股东的投资者。由于投资者自身地域、精力、专业水平的限制，难以直接对董事会进行监督，只能依靠信息披露来了解公司运营状况，并通过股东大会来对重大事项进行决策，包括对董事会成员进行任免。由委托代理衍生出的道德风险、公司治理缺陷等问题比较好的解决方式是通过法律、监管等措施督促公司如实披露更多公司治理方面的细节，由投资者通过行使表决权，实现对管理者的监督、激励、约束和遴选，或“用脚投票”，通过影响价格形成外部约束。如果没有公开信息，股东对公司情况不了解，就难以作出正确客观的决策，董事会、经营层无法受到有效制约，内部人控制现象难以避免，现代企业制度更是无从谈起。

完善的信息披露体系也是对资本市场实行有效监管的基础。资本市场“三公”原则中首要的一条就是公开。只有通过严格的信息披露制度使上市公司的经营情况、公司治理情况、风险因素公开透明，才能使问题暴露在阳光下。透明度的提高可以引导社会与舆论对上市公司进行外部监督，及时有效的披露将上市公司的一举一动都置于社会的聚光灯下，客观上引导企业管理者遵纪守法、诚实守信、勤勉经营，监管和外部治理的有效性将大大提升。

近年来，市场各界对完善上市公司信息披露制度做了大量工作，但在市场不断发展的形势下，信息披露制度也面临着很多新的挑战。如何进一步完善上市公司的信息披露体系，使之适应市场发展的要求，既是一个理论问题，更是一个实践问题。本书探讨了上市公司信息披露体系的建立当以何为导向，明确提出建立以投资者需求为导向的信息披露制度是大势所趋，完善改进上市公司信息披露体系首先要在理念上确立投资者需求导向。这个观点是很有创新性的。本书从实际出发，在许多方面进行了前瞻性的研究和有益的探索。比如对于如何满足投资者对上市公司信息披露的需求在内容和形式方面进行了讨论。在披露内容方面，提出信息披露的内容应当强调信息的有效性，提出披露内容的四项原则，即重大性、相关性、变化性、关联性。除此之外，本书还对非财务信息披露、行业性信息披露等前瞻性领域进行了有益的探索。在披露方式方面，提出要积极应对来自新信息通讯技术方面的挑战，在传统的信息披露方式之外，开拓互动式、网络化的信息披露形式，强调披露满足投资者获取、加工信息途径方面的需要。

总的来说，本书是有关上市公司信息披露体系建设的一次深入、系统的探讨，所提出的问题和对策是重要和有价值的。希望理论界、实务界能针对这一问题开展更多更深入的思考和探索，我想这不仅是本书作者所希望看到的，也是众多参与和关心资本市场发展的人士所希望看到的。

中国证券监督管理委员会副主席

缩略语

AICPA	American Institute of Certified Public Accountants	美国注册会计师协会
IOSCO	International Organization of Securities Commissions	国际证监会组织
XBRL	eXtensible Business Reporting Language	可扩展商业报告预言
AAA	American Accounting Association	美国会计学会
SEC	Securities and Exchange Commission	(美国)证券交易管理委员会
EUROSIF	European Sustainable Investment Forum	欧洲可持续投资论坛
SIFMA	Securities Industry and Financial Markets Association	(美国)证券业与金融市场协会
NASDAQ		纳斯达克
MD&A	Management's Discussion and Analysis	管理层讨论与分析
OFR	Operating and Financial Review	经营与财务回顾
ROE	Rate of Return on Common Stockholders' Equity	净资产收益率
FASB	Financial Accounting Standards Board	(美国)财务会计准则委员会
CIFAR	International Centre for Financial Analysis and Research	国际财务分析和研究中心
KPI	Key Performance Indicator	关键业绩指标
IASB	International Accounting Standards Board	国际会计准则理事会
IIRC	International Integrated Reporting Committee	国际综合报告委员会
GRI	Global Reporting Initiative	全球报告倡议组织

目 录

引　言

二十多年来，我国资本市场无论在市场规模、市场层次、交易手段以及监管规则方面，都有了长足的发展。作为资本市场主要组成部分的上市公司信息披露制度，也在短时间内经历了从无到有、逐步完善的发展过程，在披露内容、披露渠道、监管方式上已经形成了一整套较为完善的制度体系，并对市场有序健康发展发挥了重要作用。随着市场机制不断完善，市场化改革进程逐步深入，上市公司信息披露也面临着很多新的课题和挑战，例如，如何看待信息供给方与需求方的差异，针对不同类别投资者的不同需求如何提高信息披露的有效性，信息披露方式如何适应目前新媒体的迅速发展，等等，这些问题都有待于理论界、实务界的共同研究和思考。

一、信息披露是资本市场服务实体经济的重要基础

我国资本市场虽然只有二十余年的发展历史，但是无论从发展速度还是市场规模而言，都已经成为世界范围内举足轻重的市场之一。截至 2011 年底，我国上市公司总市值超过 25 万亿元，证券化率达到 54%。然而，资本市场的意义并不局限于对经济总量的贡献，更在于凭借其自由的要素流动与充分竞争的市场机制，引导资源配置、助力经济转型。

从经济总量来看，我国已经是一个经济大国，2011 年 GDP 总量已达45 万亿元，位居世界第二。但是，我国经济发展面临着严峻的形势和巨大的挑战：增长模式“低效高耗”，产业结构不尽合理，产业低端化。包括金融在内的整个第三产业发展严重不足，2011 年第三产业仅占全部 GDP 的43%，不仅与发达国家的比例差距很大，甚至低于很多发展中国家。调整产业结构，转变经济发展方式，是我国经济健康快速发展的内在要求，也是全球化背景下参与国际竞争的重要战略。

在这一调整过程中，资本市场发挥作用的空间十分巨大。目前，由于多种因素制约，我国金融市场结构不甚合理，资本市场发挥的作用还比较有限。目前融资体系中直接融资比重过低，今年以来，社会融资总规模中，贷款及承兑票据占 80%，只有不足 20% 来自股票和债券融资。从金融资产结构看，银行业资产占全部金融资产的92%，证券业及保险业占比仅为 8%。在这一金融体系中，实体经济特别是大量的小微企业、创新性企业能够获得的金融资源和支持非常有限，资本市场发挥作用的潜力很大。

资本市场的概念远远不局限于若干市场主体的存在以及股票交易的完成，其核心与精髓在于作为资金、信息、风险等一系列要素的结合、交换的无形机制。其中信息披露是资本市场的灵魂。从历史实践看，英国的《1844 年合资公司法》（The Stock Companies Act 1844）首次建立信息公开原则（Disclosure Regulation），其立法背景是此前长久以来存在的证券发行欺诈，严重损害了投资者的利益，打击了证券市场的信心，迫切需要建立信息披露制度以稳固资本市场的根基。当今信息披露制度最为成熟的当属美国，其信息披露制度源于两部法律：1933 年《证券法》和 1934 年《证券交易法》。1933 年《证券法》要求证券发行人在向公众发行证券时，必须向公众公开所有有关发行人的重要资料，包括其业务运转情况和财务状况等；1934 年《证券交易法》则要求证券发行人向证券交易委员会定期提交有关报告，其目的在于披露证券发行人的最新业务和财务信息。纵观世界主要资本市场，信息披露制度都已成为其必不可少的有机组成部分。

从本质上看，资本市场是一个信息市场，市场的运作过程就是信息处理的过程，社会资金在各种信息引导下流向各实体部门。只有通过真实、准确、完整、及时、公平的信息，市场参与者才能通过供求博弈形成价格，并通过市场的评价、选择和监督机制使资源有效流动，从而实现市场的资源配置功能。

对于资本市场来说，如果信息披露制度不完善，对资本的价格形成、融资效率、资源配置都会产生极大的负面影响。由于信息的获取和传播对实体经济对应的证券价值和风险有很大的影响，因此信息披露制度对资本市场的价格发现和价格均衡具有决定性意义。目前我国资本市场部分公司价格偏离价值，市盈率居高不下，除市场机制的问题外，也与信息不完全有关。一些公司信息披露不全面，风险因素披露不足；投资者获取信息有限，或对获取的信息缺乏准确的分析和把握能力，都在一定程度上影响了市场价格的合理性。

对于上市公司来说，信息披露不仅是连接与投资者的桥梁，也是树立自身形象、扩大社会影响的渠道。只有不断提高透明度，才能吸引资金和市场资源，降低融资成本。如果一家公司千方百计隐瞒经营情况，或在信息披露中误导投资者，是很难在市场中长期立足并顺利筹措到发展所需资金的。同时，有了信息披露制度，公司会受到更多外部制约，促进公司不断提高经营水平和管理水平，为股东创造更多回报。

对于投资者来说，透明的信息有助于投资者，也就是上市公司的股东或潜在股东更为清晰地掌握公司情况和管理者的行为，促进委托代理关系的实现，对管理者进行外部制约，降低代理成本。另外，有了准确、完整的信息，投资者才能据以进行投资决策，避免信息不对称造成的投资失误，并分享公司成长和经济增长的成果。

从整体看，信息披露制度实现了融资者和投资者的有效对接，提高了市场效率，降低了市场成本。因此可以说，资本市场资源优化配置以及服务实体经济作用有效发挥的前提是一整套完善、有效的信息披露制度。

二、信息需求与供给的突出矛盾，制约资本市场功能发挥

信息的自由、有效交换引导资源的有效配置。一旦作为资金的供给者及信息的需求者的投资人，与资金的需求者及信息的供给者的上市公司，二者间信息供求失衡，必然降低资金配置效率，并波及资本市场服务实体经济的能力。当前，信息供求的突出矛盾体现在以下方面。

（一）信息供给者与需求者之间的矛盾

近年来，我国上市公司信息披露监管日趋完善，特别是披露内容的不断丰富。信息供求缺口得以缩小。然而，投资者与上市公司之间的信息流动达到一种有效的平衡状态了吗？根据深圳证券交易所的一项问卷调查，作为信息披露供给方的绝大多数上市公司认可摘要和全文的有效信息含量，分别有 71. 31% 和 69. 98% 的公司认为有效信息含量大于 70%，但只有 8. 16% 的个人投资者和 36. 26% 的机构投资者认同这一观点。信息供求双方对于披露有效性迥异的判

断，反映了投资者需求与公司所提供信息的矛盾。

一般来说，投资者总是希望能获取更多的信息据以进行投资决策，但公司的信息披露必然发生成本，信息收集加工的成本、信息传递发生的成本（如支付给媒体的信息披露费用、印刷年报等的支出等）等可以归结为显性成本，而公司更为担心的是隐性成本，即信息披露可能泄露公司的商业秘密，行业前景或新的业务模式吸引了新的竞争对手的加入或原有竞争对手的模仿，以及客户看到公司丰厚的盈利、较高的毛利率等要求给予价格折让、付款优惠等。例如，实践中投资者非常关心的诸如分产品毛利率、研发动向、核心技术人员构成等信息，往往被上市公司视为商业秘密或关键信息而不愿意完全公开，由此也进一步加大了信息的供求矛盾。

（二）传统披露方式与投资者多元化信息获取渠道的矛盾

信息本身相互之间存在竞争，一定程度上，投资者面临在传统正规渠道与非常规渠道、新媒体渠道之间选择的问题。

上市公司的法定信息披露渠道包括指定报刊、网站等媒体。但是，随着信息技术的快速发展，一些非正规的渠道也日渐兴起，包括股吧，上市公司及其高管的微博、博客，等等。非正规信息披露渠道的特点是信息传播的成本低、易于获取、扩散快，并且信息的接受者同时也能成为信息的发布者，但是信息的真实性、完整性等无法得到保障。

在 Web2.0 技术下，微博、股吧、集体智库、简易新闻聚合信息阅读、网上商务等，正越来越多地被用于公司的业务管理流程和影响个人的生活、交流模式。尽管网络的开放式、便捷式、交互式提升了信息传播效率，但股吧、论坛等各类网络渠道也加剧了证券市场信息的复杂度，投资者难以做出真伪辨识；投资者对信息及时性的要求，对信息双向互动的需求依然无法得到满足。

（三）不同类型投资者信息需求差异的矛盾

上市公司信息披露提供统一的、基于通用规则的信息，而不同投资者类型对信息的需求的多与少、详与简，以及关注的重点、对信息的再加工（包括加工意愿和能力）必然存在差异，例如机构投资者和中小投资者。由此带来的矛盾是，统一的信息供给水平对应不了不同类型投资者的差异化信息需求。

机构投资者不仅在公开信息的解读上具有优势，在信息的获取、挖掘等方面，能够利用现场调研、专业分析、行业数据库等中小投资者所不具备的资源或优势，弥补通用信息的不足。但同时带来不同投资者之间的信息不对称，显然与资本市场的公平相悖。而通过扩展现有信息披露的容量和深度，可以满足机构投资者的需求，但对中小投资者而言会形成信息过度。因此，不同投资者之间的信息需求差异，始终是无法回避的现实矛盾。

（四）监管信息与非监管信息的矛盾

信息供求矛盾抑或缺口的存在，与不同市场的监管、环境有定关系。一般而言，在披露导向和实质性审核两种监管导向下，企业信息披露的重点会有所不同。披露导向下，企业需要通过有效的披露展现自身的价值与风险，而实质性审核的监管导向下，企业需要披露较多的“合规”、“规范”类型的监管信息，而对与价值相关的非监管信息披露相对不足。

事实上，监管信息和非监管信息之间并不存在必然的矛盾，但是如果在有限的年报信息中同时包含二者，必然存在数量上此消彼长的关系，除非不断扩大年报的内容量，而这会带来信息的“冗余”“过量”等问题。目前，我国上市公司的信息披露仍然具有较为明显的监管需求导向，而对投资者的决策需要体现不足。由于我国资本市场的股权文化不成熟，投资者难以对上市公司施加有效约束。上市公司为满足融资、再融资的需求，在信息披露方面迎合监管需求的倾向明显，年报中也侧重于对监管重点事项的披露，例如资金占用报告、股改承诺事项、监事会报告等。另外，公司对其他非监管事项的披露要求倾向于满足监管“底线”要求，报喜不报忧、选择性披露、含糊性披露的现象明显。

而不同的披露导向下，上市公司的披露质量也存在一定的差异。例如，披露监管信息时公司经常采用较为条文化、格式化的信息。对于公众的需求关注不足，缺乏与公众投资者有效沟通的意愿和动力，披露文本体现的是对规则的“遵守”，而不是一种与投资者之间的“沟通”。实践中形成了部分公司即使在披露非监管信息时，披露内容空泛，不能深入、具体地讨论公司的实际经营状况、未来趋势，等等。

三、信息披露制度之反思，投资者导向之定位

上述矛盾发人深思，促使我们反过来思考信息披露的初衷是什么？信息披露制度设计是否应该弱化监管的需求而突出投资人的需求，是否应该广泛而深入地倾听投资者对信息需求的意见，是否应将单一的由公司到投资者的信息传递扩展为双向的信息沟通，是否应该在通用的信息之外，突出投资者关注的行业特色的信息……

事实上，对于信息披露的反思与探索在创业板推出之际就已开始。2009 年创业板推出后，监管部门相继发布实施创业板上市公司年度报告内容与格式准则、半年度报告内容与格式准则、季度报告内容与格式编报规则，持续信息披露的基本制度框架搭建成型。其中，各项规则紧扣创业板公司特点，制订了有针对性的内容：在创业板上市公司的无形资产、核心技术人员变动、募集资金使用等方面提出了较为具体的披露要求，相应增加和细化了体现创业板上市公司特点和投资者关心的内容，特别是非财务信息，以便使投资者能更全面准确地了解公司的经营状况。根据对创业板公司上市后的首次定期报告——2009 年年报非财务信息披露质量的分析来看，披露内容更加丰富、全面，定期报告规则发布起到了预期的积极效果。此外，创业板公司信息披露网络化、“董事会报告”位置提前、强化互动等举措，无不在尝试创新与突破，而终极目的是以投资者需求为导向，切实提高信息披露有效性，夯实创业板健康发展的制度基础。

经过近三年的检验，在探索投资者需求导向方面，创业板信息披露制度初见成效。随着市场的不断发展，以创业板年报准则为主要构成的披露制度规则，其功能还没有得到充分的挖掘，在尝试破解信息披露的深层次矛盾方面，还需要走得更远。2011 年 12 月，创业板的年报规则第二次修订全面启动。本次修订，尝试在以下方面有所创新和突破：第一，理念上，突出投资者需求，淡化监管者需求，重新平衡投资者需求与监管需求。在强调投资者导向的同时，兼顾上市公司的披露成本。第二，工作方式上，公开透明、各方参与、供需见面。全过程充分吸收上市公司、中小投资者、机构投资者的参与，多次征求、反馈修订意见。第三，具体内容上，秉承投资者导向理念，在“详版 + 简版”的多层次披露、“通用信息 + 行业信息”差异化披露等方面尝试突破。

四、全书主要章节核心观点

以投资者需求为导向的理念与思想贯穿于全书，如何提高信息披露的有效性是各章之间共同的主线。全书由三大部分构成。

第一部分：“上市公司信息披露问题的提出”探讨以投资者需求为导向的上市公司信息披露体系的构建，以及上市公司信息披露的有效性问题。第一章，“构建以投资者需求为导向的上市公司信息披露体系”围绕三个问题而展开，信息披露为何要以投资者需求为导向；投资者的需求是什么；如何满足投资者的信息需求。这三大问题，事实上触及信息披露监管的最基本理念，其思考与探索，将在后续章节渐次展开。第二章，“以投资者需求为导向提高上市公司信息披露的有效性”。从各国证券市场发展历程和经验看，留住并吸引更多的投资者，增加他们对证券市场的信心，是稳定证券市场的关键，而规范有效的上市公司信息披露是问题的核心。我国信息披露制度虽然经过近 20 年的发展不断完善，但是，近年来，关于信息披露有效性缺失的争议也不断出现。本章通过国际信息披露监管的前沿研究和比较借鉴，结合我国上市公司信息披露有效性现状和原因分析，提出从同时改善冗余性与不足性的角度出发，提高信息披露有效性，可以尝试增加决策有用性的考量、整合现有信息披露规则体系、简化规则的层次与内容、推进电子化披露平台的发展与规范等多项路径。

第二部分：“投资者的需求与上市公司的回应”共由四章构成，分别从分析师、机构投资者、投资顾问的需求视角，以及上市公司的供给视角，分析信息披露的供求双方的诉求、关键点，并广泛运用规范分析与问卷调查实证研究手段。

第三章，“证券分析师的研究过程及其对上市公司信息披露的需求”，主要反映机构投资者对信息披露的要求。从各类证券机构的专业证券分析师的需求角度出发，通过详细介绍他们为进行证券定价而开展的收集加工各类信息的流程，以及在不同研究阶段关注公司的不同角度，归纳总结了专业证券机构对上市公司信息披露的需求。

第四章，“分行业信息披露的必要性及来自机构投资者的声音”，从上市公司信息披露时所涉及的财务外部性、实际外部性、代理成本以及规模经济的角度出发，全面论证了在我国上市公司实行分行业信息披露制度的必要性，同时又结合我国证券市场的现时环境论述了推进该制度的可行性与紧迫性。紧接着从理论迈向实务，进一步探讨在实际推进分行业信息披露制度时所应遵循的一般性原则与具体方法。

第五章，“投资顾问与中小投资者对上市公司信息披露的需求”，通过问卷调查和投资者座谈的方式对中小投资者的信息需求及其对公司披露的评价进行了研究。调查显示：中小投资者对上市公司信息有一定需求，表现为他们通过行情系统和披露网站、投资顾问咨询等方式关注相关信息；在关注内容上，中小投资者对盈利指标、重大投资等短期的潜在股价敏感信息尤为关注，相对忽视公司治理、公司风险等影响公司长期价值的因素。通过与中小投资者代表座谈了解到，他们普遍对公司披露信息的可信性、可用性、可读性方面评价不高。因此，顺应投资者需求对上市公司信息披露的内容形式、表达方式等进行改革，有利于提高投资者专业程度、形成良好投资习惯，进一步优化资本市场资源配置效率。

第六章，“上市公司对投资者信息需求的回应”，讨论了上市公司面对机构投资者提出的十七项信息需求所做出的回应，展现了二者之间的分歧所在。根据上市公司的回应，我们发现上市公司对机构投资者的披露要求多有异议。目前来看，需要充分权衡二者的利益诉求，通盘考虑，逐步提高上市公司年报披露质量。权衡的原则：一是以非财务信息披露为主，二是以正在进行的事项的披露为主，三是应考虑保护上市公司的商业机密或商业利益，四是提高上市公司透明度应分步进行。

第三部分：“上市公司信息披露问题的破解”，着重从创业板年报准则修订中的方法创新、非财务信息披露、董事会报告究竟应该如何披露，怎样提高创业板公司年报披露的决策有用性，以及叙述性信息的功用与价值，多视角、多方位解析上市公司信息披露问题以及未来的发展趋势。

第七章，“以投资者需求导向实现年报准则修订的方法创新”，侧重于方法论的角度，阐述信息披露制度制定过程中坚持的基本原则以及本次修订过程中的方法创新。在传统信息披露内容与方式受到巨大挑战的情况下，逐步构建以投资者需求为导向的上市公司信息披露体系是必然趋势。如何应对挑战，使上市公司披露的信息在真实、准确、完整、及时的前提下提高有效性，是本次年报准则修订的主要目标和驱动因素。修订过程中通过采用明确投资者需求导向、甄别不同投资者具体需求、供求双方直接沟通、具体填报者模拟编制等方式，试图根据投资者需求的差异性，使披露的信息更具重大性、相关性、变化性、关联性的特征，体现出强制性信息与自愿性信息、通用信息与个性信息的层次，更好地为投资者获取有效信息服务。同时，文中也介绍了信息提供者及需求者针对业绩预测、关键业绩指标、收入成本分项列示、商业秘密等关键问题是否披露、披露到何种程度方面的一些意见，规则制定者在面对这些不同意见时的思考，以及最终确定的披露原则。

第八章，“非财务信息披露的价值与解决之道”，在评判从事新商业模式或提供新产品/新服务的企业的潜在价值和风险，以及识别财务业绩的驱动因素方面，非财务信息有其优势。本章选取管理层讨论与分析、KPI、风险因素披露三部分具有代表性的非财务信息，审视在披露质量方面存在的突出问题，以及在统一规则与个性化披露、强制规范与技术性遵守等方面的难点，并从信息披露的动力机制角度，探索非财务信息披露的激励与约束机制问题。那么，该如何完善非财务信息披露？本章尝试从信息的供给、中介机构的作用、信息的需求以及披露监管四个维度提出具体的建议。

第九章，“究竟该如何披露董事会报告”，介绍在投资者需求导向下，上市公司定期报告中董事会报告部分究竟应该按照什么样的逻辑进行披露的问题。董事会报告在上市公司定期报告中的重要性不言而喻，特别是管理层讨论和分析向投资者传递了上市公司对财务数据的解释以及披露了大量非财务方面的信息，这里面带来了两个重要的问题，一是董事会报告应该说什么，二是董事会报告应该怎么说。在投资者需求导向的要求下，董事会报告不仅在内容上应当满足投资者需求，而且在逻辑上也应当满足投资者的要求。本章重点论述董事会报告应当按照什么样的逻辑撰写，并提出相应的建议。

第十章，“如何提高上市公司年报披露的决策有用性”，从国际经验来看，无论是在业界还是理论界，“决策有用性”业已成为股票市场中上市公司信息披露的重要目标。股票市场建立以来，监管模式主导的信息披露主要以公平、充分和可靠作为信息披露质量的主要标准，这在股票市场建立初期对于上市公司信息披露乃至整个市场的规范发展起到了积极作用，但随着股票市场愈加壮大、投资者渐趋成熟以及信息披露的愈加规范，年报的供给与需求之间矛盾越来越多，这就要求应朝着“决策有用”的角度来考量年报披露制度。目前，“相关性、重要性和可理解性”是提高年报决策有用性的重要质量标准。这就要求年报中的财务信息和非财务信息的披露在相关性、充分性和前瞻性的角度有进一步的提高。

第十一章，“数字之外投资者还需要叙述性信息披露及综合报告”。近年来，随着投资者需求导向的信息披露机制在全球倡导，除了继续做好数字性的信息披露之外，人们对叙述性信息披露及综合报告的要求也越来越高，理论界和实务界都需要对这些内容的基本原理和运作机制有一个充分的理解。

第十二章，“以互动易实现信息披露从发布式向互动式的创新”，介绍深圳证券交易所“互动易”的缘起、发展、创新以及价值。2010 年 1 月 1 日深圳证券交易所推出“上市公司投资者关系互动平台”（“互动易”前身），2011 年 11 月 12 日推出基于 Web2.0 平台、类微博模式的升级版本，并取名为“互动易”。“互动易”的诞生有极其深刻的时代背景。一方面，投资者结构和行为特征呼唤投资者教育亟待创新，另一方面，证券市场信息供给与需求巨大落差呼唤信息披露必须创新。“互动易”是深圳证券交易所在信息时代监管和服务的创新，保护了投资者的知情权和质询权；提升了上市公司投资者关系管理水平，提高了信息透明度；增强了监管的有效性。“互动易”建立了便捷、公平的直接沟通渠道，满足了各类投资者对信息披露的需求差异；节约了信息获取和信息披露成本；实现了信息披露从发布式向互动式的变革；推进了上市公司监管模式方式的重大变革。

最后，在“结语”部分对构建以投资者需求为导向的上市公司信息披露体系进行了全面的总结，并指出了未来的研究和努力的方向。全书在最后还提供了附录：“上市公司持续信息披露监管规则简介”，使读者了解我们有关上市公司信息披露制度的框架。

第一部分

上市公司
信息披露问题的提出

第一章

构建以投资者需求为导向的上市公司信息披露体系

第一章　构建以投资者需求为导向的上市公司信息披露体系

商品的价值在于满足用户的需求。客户导向驱动产品在质量、成本、响应速度等方面的持续改进与提升。信息同样如此。早在1994年，美国注册会计师协会（Amerian Institute of Certified Public Accountants，AICPA）发布了《改进商业报告》的研究报告，明确指出企业报告应该以满足用户需求为目标，并将信息区别为投资者真实信息需求，以及仅仅是感兴趣但并不关键的信息。作为改进企业报告的起点，首先是“用户”的定位。AICPA将信息的用户分为股东、债权人、管理层、竞争对手、学术界、监管层等，审视其需求之后，最终将企业报告的主要用户定位于股东与债权人。明确“客户”之后，了解其需求并予以满足才能顺次展开。

本章围绕上市公司的信息披露，试图回答三个密切关联的问题：信息披露为何要以投资者需求为导向；投资者的需求是什么；如何满足投资者的信息需求。

一、信息披露为何要以投资者需求为导向

（一）提高市场有效性的需要

有效市场理论认为，一个价格可以反映所有可获取信息的市场就是有效市场。在资本市场上，投资者的资金在信息的引导下最终流向上市公司。当上市公司没有进行准确完整的信息披露或者投资

者难以获取其所需要的信息时，市场功能必然难以发挥。

既然上市公司必须要进行信息披露，那么信息披露以何种导向为最优？经过分析，我们发现各国对信息使用者范围的界定存在一些差异，但主要包括投资者、债权人、政府、供应商、职工等。由于信息披露存在强制性特征，因此在各国资本市场建立初期一般均由监管部门为主构建上市公司信息披露制度，并在信息披露规则制订中发挥主导作用。这在市场机制不健全、规范化程度不高、公司信息披露水平普遍较低的情况下是非常现实的选择，也对信息披露制度的发展与完善起了不可替代的作用。但随着市场不断发展，监管部门在确定信息披露内容过程中会受到越来越多的制约，一方面，公司情况千差万别，市场情况瞬息万变，制定单一的刚性披露规则难以适应市场需要；另一方面，监管部门的出发点更多的是规范市场主体行为，与投资者的真正需求存在差异，可能会导致披露内容不能满足投资者需要。

通过对资本市场参与者和信息使用者对上市公司信息披露需求的比较，一般认为投资者是信息的最终使用者。根据有效市场假说，投资者可以根据上市公司信息披露水平公允地对企业进行估值，当企业信息披露出现问题时，投资者的定价会予以折扣，体现在上市公司面临更高的资本成本（Bhattacharya，Daouk and Wleker，2003），更低的市场流动性（Hutton，Marcus and Tehranian，2009），即投资者利用信息定价的作用可以反作用于上市公司。因此，众多学者认为投资者对上市公司完善披露体系的需求最高，建立以投资者为导向的信息披露体系最符合资本市场经济规律。从实践情况看，根据始于 La Porta et al.（1997）的“法律渊源和资本市场发展”的一系列研究，英国和美国强调资本市场投资者为主体，强化市场定价作用和信息披露作用，资本市场运行效率较高；大陆法系国家（特别是德国、法国和日本）强调银行为资本市场主体，忽视投资者作用，对信息披露要求不高，资本市场运行效率也较差。在构建以投资者为导向信息披露体系的国家中，上市公司更加透明，披露也更加完整和及时。

由于我国信息披露规则偏重监管需要，上市公司披露重点在于对合法性、合规性问题的关注，而对投资者关心的价值创造、未来发展等投资决策型信息体现不足。当前信息披露暴露出的一些问题，亟待以投资者需求的视角予以审视，如报喜不报忧、披露内容冗余但有效信息不多等。上述问题带来的直接影响是投资者与上市公司的信息不对称更加严重，对有效价格的形成造成了负面影响。从这个角度来说，信息披露需求导向并不是一个小问题，而是直接关系到市场配置资源、服务实体经济的效率。

（二）解决代理问题的需要

企业所有者由于受自身专业知识、管理能力、时间精力的限制，把企业委托给其他主体经营管理，经营者受托后成为代理人，从而形成委托代理关系。在委托代理关系中，股东拥有公司的所有权，他们的目标是企业利润最大化和股东价值最大化，经营者获取契约中所规定的报酬，由于两者利益不完全一致，就会出现代理问题。在经济理论中，由于经纪人都是逐利的，因此，当经营者自身利益与股东利益产生冲突时，就可能会弃股东利益于不顾，这在客观上要求股东对经营者进行监督。在现代企业治理结构中，存在股东与董事会、董事会与经理层等多重委托代理关系，其代理问题更为复杂。

在资本市场上，投资者作为上市公司股东同样面临代理问题，由于其人数众多、地域分散，不可能直接对董事会进行监督，唯一的途径是通过公开信息披露来了解公司运营状况和董事会工作情况，并在股东大会上就重大事项做出决策。如果是公司自身为主导进行信息披露，选择性披露将难以避免，投资者难以了解期望了解的信息，也无从实现监督制约。因此，以投资者需求为导向的信息是公司外部治理机制有效运作不可或缺的条件，有助于外部竞争性市场体系的有序运行，在解决代理问题中发挥着重要的监督、评价和契约沟通的作用。这不仅大大降低了外部制约的成本，也促使公司不断提高规范化运作水平。

（三）投资者保护的需要

投资者保护是资本市场赖以生存和发展的基础，各国都将“保护投资者合法权益”作为证券（公司）立法的宗旨。国际证监会组织（IOSCO）在1998年指出，证券监管的目标在于：（1）保护投资者；（2）确保市场的公平、有效和透明；（3）减少系统性风险。其中，投资者保护是IOSCO确定的证券监管的核心和精髓所在，其实质就是要保护投资者的知情权，这也是投资者导向的内涵之一。研究表明，资本市场得到充分发展的英美普通法系国家，也是投资者保护最为有力的国家，其对上市公司的监管以及投资者利益的保护，大多奉行“披露为本”的理念。

近年来，随着市场化改革不断深入，我国证券监管也逐步从行政审批向以信息披露为核心的监管理念转变。同时，随着我国机构投资者的发展壮大，以及个人投资者的日渐成熟，理性的投资者越来越清楚地意识到信息的重要性，这也为信息披露向以投资者需求为导向转变提供了现实可能。

在市场发展过程中，投资者保护同样是重中之重。根据现有法律，投资者的权利包括分红权、投票权、知情权等，其中知情权是指公司股东了解公司信息的权利。全面获取真实准确的信息是投资者进行投资决策的前提，如果无法获取需要的信息或获取的信息不准确，投资者很可能投资失误。如果信息披露出现普遍性问题，将影响整个市场价格的形成，使市场出现系统性风险，打击投资者信心。

二、投资者需要什么信息

结合国内外的研究以及我们的问卷调查结果，着重从以下方面讨论投资者的信息需求。

（一）财务信息与非财务的互补与结合

20世纪90年代以来，以信息、网络业为代表的新经济迅速崛起。新经济企业的特点是轻资产、高科技、新模式、成长非线性等。这些企业赖以生存和竞争的资源往往并不是财务报表上的机器设备和厂房，恰恰是人力资源、销售网络、品牌等无形的资源。由于财务数据所能反映和解释的价值范围在不断遭受挑战，而诸如人力资源、公司战略等软实力信息已经超出财务会计所及。资本市场的竞争无所不在，信息提供同样如此。新经济下，当财务信息不能完全满足投资者的决策需求时，必然促使其他信息需求的产生和提供。

根据普华永道对美国及13个欧洲、亚洲国家的机构投资者及卖方分析师所做的调查，发现他们除关心盈利、现金流等传统财务数据外，还非常关注研发投入、新产品开发、战略目标等非财务信息。由于高科技企业轻资产、技术密集等特殊性，普华永道针对高科技企业投资者关系部门负责人及高管做的一项调查，高科技行业“高度重要”的10项指标中，3项是财务的，7项是非财务的，包括战略方向、管理团队的质量、市场抢先能力、竞争程度、市场规模、市场份额等。换言之，投资者需要的并不是枯燥的财务数据，更需要财务数据背后驱动公司业绩的非财务信息。基于此，普华永道提出基于价值的报告模型，旨在通过价值的创造过程、创造结果，并且提供上述过程与结果的其他背景信息，作为披露的整体逻辑主线，具体见图1－1。

从图1－1不难看出，财务数据作为结果，对企业的经营成果进

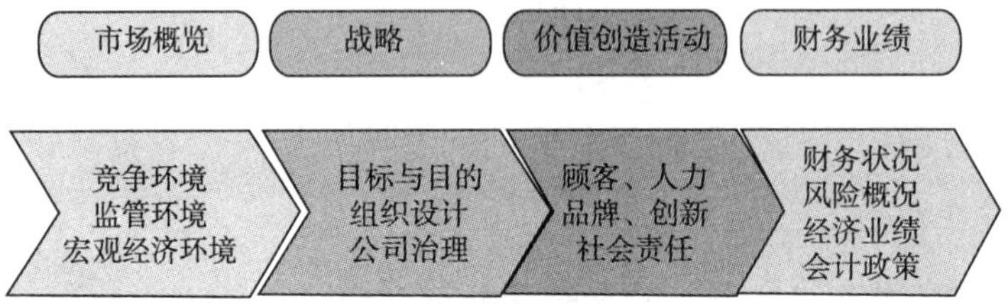

图 1－1　价值报告框架

行了凝练与总结，而非财务信息则为结果提供了“背景”“过程”“驱动因素”等多方位的注解。换言之，一方面，公司在讨论报告期业绩时，从研发投入、产品开发等内部因素，从宏观形势、行业动态等外部环境，全方位地对业绩变动及其原因进行解读，充分发挥非财务信息对财务信息的补充和增量信息作用。另一方面，在披露公司发展前景、取得的成绩以及可能面临的困难等非财务信息时，运用财务数据加以佐证和支持，增强分析的可信度和效果。综上所述，财务信息与非财务信息各有所长，二者的互补与结合有利于为投资者决策提供更加全面的信息视角。

（二）通用信息之外的行业特色的信息

尽管信息的供求之间存在一定的距离，但是信息缺口大小与行业也息息相关。由于信息披露规则着重解决的是通用信息的提供，但是在某些特殊的行业，其价值与机遇，风险与不确定性，恰恰体现在个性化的信息。例如，航空业的上座率、保险业的期缴比例、续保率等。表 1－1 列举了部分行业的特殊信息，从中可以看出通用规则与行业（企业）特殊性所带来的信息缺口。

表 1－1　　　　　　　　　行业特殊信息举例

银行	石油	零售
客户保留	资本支出	资本支出
客户渗透	开发成功率	店铺组合变化
资产质量	炼油设备	预期新店回报
资本充足	炼油能力	客户满意
管理的资产规模	已探明或可能的储备	相似店铺的销售
贷款损失	储备重置成本	每平方米销售额

目前，信息披露往往体现的是通用信息。通用信息能够满足大多数投资者的一般化需要，提高企业信息的可比性。但是，通用信息对行业特殊性相对体现不足，而后者恰恰是投资者预测企业未来价值的重要背景信息。法定的强制性披露制度，特别是财务报表，只能最低限度地公开信息内容，不能充分反映这些新兴行业的充分信息。财务信息与非财务信息的有机结合只是向前迈出的一步。即便如此，如何将公司的行业、业务特色信息，与行业相关的核心优势和潜在风险有效准确地传递给投资者，依然是一个现实的问题。在国内外，一些较为特殊的行业，如银行、房地产、矿业、信托、保险等，具有专门的信息披露格式与规则，正是投资者信息需求与行业特殊性相结合的体现。随着中小板和创业板的快速发展，有越来越多的新兴行业、新型商业模式企业加入资本市场，如医疗连锁、影视制作等。然而，我们无法穷尽所有行业（包括行业的细分），也无法突破信息不对称的制约而制定一份详尽的行业披露指引，因此如何满足投资者对行业信息的需求始终是需要探索的领域。

（三）历史信息之外的前瞻性信息

财务信息备受诟病，原因之一是财务信息的披露以历史信息为主，对未来关注不足。2001 年，AICPA 发布《商业与财务报告，来自新经济的挑战》特别报告，对新经济下财务会计与投资者决策之间的沟壑直言不讳，疾呼要清醒认识投资者对非财务信息、前瞻性信息的迫切需求以及如何应对。非财务信息前面已经提及，而前瞻性信息，是投资者信息需求的重点之一。

在国内，目前的定期报告规则，基本都鼓励公司披露关于未来经营计划等前瞻性信息。我们的问卷调查显示，绝大多数（76%）的中小投资者希望上市公司披露数量化目标，除了增加信息透明性，还可以提高数据的可比性，有助于投资者进行投资决策。其原因在于中小投资者对上市公司的业绩预测能力普遍偏弱，由此他们很依赖上市公司披露数量化目标作为其投资决策的重要参考。但实际信息披露中上市公司很少愿意披露预测性信息，主要是担心预测性信息不确定性太大，如果实际情况与预测情况不同，则可能影响市场形象甚至受到处罚。同时，因为预测性信息不确定性的特点，又难以用强制披露来进行规范。但解决在预测性信息上供求矛盾这一问题也不是完全没有办法，美国的安全港制度就是一种值得借鉴的方法。安全港制度是一种法律保护条款，旨在保障正常的预测性信息披露，为符合规定的预测性信息披露行为提供保护，使之不被追究法律责任，其具体规则和适用条件我们会在本书后面的章节进行详细介绍。

三、如何满足投资者的需求

投资者需求导向应该包含披露内容与披露方式两个维度。首先，在披露内容方面，年报信息含量并不是披露文本字数多少的简单线性函数，具体内容本身的信息含量取决于披露是否突出投资者决策需要的重要信息，是否能向投资者描绘公司的完整图景，是否向投资者传递与公司息息相关的信息而不是泛泛空谈。其次，在披露方式方面，既要面对通信和互联网技术带来的冲击，反过来也应该对其加以利用，在传统的信息披露方式之外，开拓互动式、网络化信息披露。

（一）披露内容的“四性”

基于投资者导向的信息披露，应该体现四大原则。

1. 重大性

对投资者决策有重大影响的信息，均应该予以披露。而重大性的判断，不仅仅包括事项所涉及金额（定量标准），也包括其本身的性质（定性标准），例如转向新的行业、实施新的业务模式等。纵观国内外关于规范财务信息的会计准则，规范非财务信息的管理层讨论与分析等具体规则，无不将重大性作为必须遵守的必备要求。例如，美国最新的财务概念框架第 8 号（SFAC，No8），将重大性作为高质量信息的基础要素之一，指出如果一项信息的遗漏或错误陈述会影响投资者的决策，该信息就具有重大性。

对于非财务信息，强调重大性的意义还在于，公司不必事无巨细全盘托出，而应该对信息加以审视，根据管理层的判断，选择有重大意义的信息加以报告，避免内容堆砌而掩盖了重点。

2. 相关性

即报告投资人决策相关的信息，有助于其理解财务状况、经营业绩的重大趋势、事件、风险。以财务信息为例，SFAC，No8 认为，相关性是财务信息能够导致投资者的决策差异（making a difference）。当一项信息具有预测价值、确认价值，或兼而有之，就可以称之为具备相关性。

相关性之于非财务信息，则要求为信息披露中不论是业绩的分析、优势与风险的讨论，还是内外环境的描述等，都应该紧紧抓住公司的行业、业务、商业模式、发展阶段等予以具体化的讨论，而不是脱离具体情境和事项的空泛文字堆砌。

在现实中，往往也会出现一个误区，即认为信息披露就是对照规则进行填空，最为常见的表现就是披露内容模板化，且逻辑关系不清。规则的本意是对信息披露提供必要的规范和引导，但如果将此最低要求作为信息披露的唯一模式，缺乏对投资者需求的考虑，就降低了信息披露本身的意义。

3. 变化性

对决策而言，信息的特征应该是体现“增量”的价值，换言之，重复过往的事件并不是信息的本意。因此，满足投资者决策需要的高质量的信息应该对报告年度内的重大事项、趋势等，就其变化予以深入的讨论与分析。相反，一味地重复历史资料（如企业的公司治理信息、会计政策信息），其带来的决策价值会受到局限。相反，如果信息能够着重展现报告期内发生的变化，或者是对发生变化的部分予以特别提示，披露的针对性将大为提高，披露的简洁性也随之提升。

4. 关联性

信息披露的内容并非简单的叠加，而应该具有内在的逻辑一致性，及各项内容的整体关联性。只有通过内容上相互关联、前后呼应的信息披露，才能向投资者传递公司的完整面貌。因此应避免各部分内容的简单拼接，甚至给投资人盲人摸象的感觉。普华永道（2008）曾有一项名为“连点成线”（joining the dots）的报告，旗帜鲜明地指出公众公司的信息披露应该连点成线，而不是零散信息的拼接才能为企业勾勒出完整的图像。换言之，非财务信息披露的“关联性”要求公司将零散的、片段化的信息，通过特定的逻辑、方法和技巧，有机组织成为公司的完整、全面、前后内容连贯的整体。

不论在理论界还是实务界，对于企业的价值判断预评估，均有一套相对完整的体系或逻辑。例如，根据各种模型估计企业的未来现金流进而形成估价，或者是在财务数据的基础上，综合考虑企业的市场份额、行业、高管诚信与能力等软信息。按照一般逻辑，理解上市公司需要回答以下的问题：第一，公司做什么？即上市公司所处行业是什么，提供的产品、服务是什么？第二，什么是公司的战略与目标？任何公司均有其存在的价值和理由，换言之，公司应该让投资者知道其对自身的目标定位与战略的规划。第三，如何实现这些目标和战略，公司拥有什么样的资源、优势，为实现这些目标和战略做好了哪些准备。第四，实现了哪些目标和战略？目前的战略执行取得的进展、成绩以及不足。第五，未来会怎样？包括公司对未来的展望，以及未来所面临的潜在风险与不确定性。

然而，目前的信息披露不论是信息的具体内容还是各项内容之间的整合，仍没有完整明确地体现上述逻辑，突出表现是：年报披露内容冗余；彼此分割的信息堆砌在一起无法得到有效地整合，部分公司的披露基本是填空，完全没有顾及信息所要传递的价值逻辑；不断强化的监管要求在一定程度上冲淡了通过年报满足投资者决策需要的信息的价值含量。因此，为了尽可能地满足投资者、监管者的需要而不断增加着披露内容，但这些内容却始终缺乏内在一致性。

（二）披露方式探索

新媒体、新技术对信息披露不断带来挑战，但是这些挑战恰恰也可以用于解决部分问题，如网络化、互动式信息披露可以弥补传统单向的、统一化的信息的不足。

1. 利用新媒介适应投资者获取、加工信息途径变化的需要

我们针对中小投资者获取年报信息途径的问卷调查显示，其主要渠道排名前三位的分别是行情系统、指定披露网站和指定披露报纸，分别占 29%、24% 和 19%。可见电子化信息披露已经快速普及，并有逐步取代纸质媒体披露的趋势。相对传统纸媒，电子化信息披露成本低、便于传输和保存、易于加工等。目前境外很多创业板市场已经完全采用电子化披露。如香港利用“披露易”系统完全电子化披露。目前亚洲规模最大的创业板市场——韩国科斯达克，2002 年推行电子化披露，韩国交易所和金融监管机构共同负责信息

电子化披露。

此外，互联网的快速发展，拓宽了信息披露的平台，加速了信息在公司与投资者之间的传递，从而促进了信息披露方式的创新。近年来，在互联网的基础上，可扩展商业报告预言（eXtensible Business Reporting Language，XBRL）得到较为广泛的应用。同传统的网络财务报告相比，XBRL 进一步提高了信息披露的效率和便捷性。

2. 信息互动满足投资者个性需求

上市公司是信息的提供者。为了提高信息披露的针对性，进一步满足投资者的需求，信息披露正在从公司到投资者的单向信息传递，向公司与投资者之间的互动发展。投资者可以问询公司的战略规划、最新发展、投资状况等相关事项，公司可借助互动了解投资者的信息需求、关注的重点以及他们对公司的看法，发现披露的薄弱环节并相应强化。此外，面对千差万别、日新月异的新行业，依靠监管部门采取一“业”一规则的方式，不仅无法穷尽所有行业，而且无法准确定位投资者的需求。互动式披露本质是信息的供需见面，不仅将“披露什么信息”的权利交还投资者，而且有利于充分发挥投资者需求对信息披露的反馈和个性化挖掘，在统一规则与个性化披露之间寻找平衡。在本书将有一章专门介绍“互动易”在互动式信息披露方面的做法与尝试。

当前，构建一个健康高效的资本市场，充分发挥资本市场的金融服务职能已经成为新时期发展资本市场的重要目标。只有以投资者为中心，建立以投资者需求为导向的上市公司信息披露体系，充分满足投资者需求，一个健康高效的资本市场才可能变为现实。建立一个以投资者需求为导向的上市公司信息披露体系，在理念上应以投资者需求为导向，倾听投资者的需求意见；披露内容上应满足不同投资者需求，探索差异化信息披露；制度设计上尽量平衡投资者需求与监管需求，市场进，监管退；披露形式与渠道上利用新媒体、新技术促进信息披露方式创新，实现信息披露从发布式向互动式转变。如能在以上方面有所突破和创新，一个更加完善、顺畅的上市公司信息披露体系并非遥不可及。

参考文献

[1] 刘宁、白昀:《投资者导向与会计信息披露》，载《财会月刊》，2008 (17)。

[2] 美国注册会计师协会:《论改进企业报告》，1996。

[3] 潘琰、辛清泉:《解读企业信息需求——基于机构投资者的信息需求探索》，载《会计研究》，2004 (12)。

[4] 胡超:《投资者信息需求与公司信息披露成本的关系研究》，载《中山大学》，2010 (1)。

第二章

以投资者需求为导向提高上市公司信息披露的有效性

第二章　以投资者需求为导向提高上市公司信息披露的有效性

有效的上市公司信息披露是保护投资者利益的关键。从各国证券市场发展历程和经验看，如何留住并吸引更多的投资者，增加他们对证券市场的信心，是稳定市场的关键，而规范有效的上市公司信息披露是问题的核心。

我国信息披露制度虽然经过近 20 年的发展已不断完善，但在互联网及新信息技术快速普及的背景下，投资者对微博、股吧中涉及的上市公司信息的追捧，甚至希望借助“人肉搜索”的方式满足信息需求，在一定程度上反映了他们对提高信息披露有效性的强烈诉求。投资者在希望准确、全面获取公司信息的同时，也存在现有披露途径下，还无法及时、充分获取决策相关信息的困惑。而微博、股吧等固有的“草根性”的负面效应，也给监管带来了新的难题。在当前新的形势下，如何立足于监管定位，考虑信息披露供求双方的需求，完善规则，提高信息披露有效性，具有现实急迫性。

一、信息披露有效性的界定、演进与论争

（一）信息披露有效性的界定

什么是上市公司信息披露的有效性？《现代汉语词典》的解释是：“有效”指能实现预期目的；有效果。而在《现代汉英词典》中，有效含有 effective 的意思，实质是一种有用性。所以，信息披露

的有效性指信息的“有用性”，通常被界定为“决策有用性”。在国际信息披露监管规则中，“有效”与“有用”两个词经常会被混用。

但是，上市公司信息披露的有效性，也就是有用的信息披露，应当具有哪些质量特征？在理论与实务中，长期没有一致的定义。AICPA 的财务报告特别委员会的综合报告《论改进企业报告——着眼于用户》认为“有效信息，指有助于决策的信息……有效信息应当是可靠的、不带偏见的、不加粉饰的。通过有效信息，决策人员可以更好地评价一个企业的发展前景”。我国《企业会计准则——基本准则》（2006）认为会计信息质量应当包含真实性、完整性、相关性、明晰性、一致性、可比性、重要性、谨慎性、实质重于形式等要求。邱宜干（2003）认为“上市公司会计信息披露有效性包括：第一，从内容上讲，必须真实、可信；第二，从使用上来讲，必须相关、有用；第三，从数量上讲，必须经济、可行”。杜心鹤（2008）认为有效性包括真实性、完整性、及时性。在立法与监管领域，各国虽然都规定了若干信息披露的基本原则，但却不尽相同。美国会计学会（American Accounting Association，AAA）前主席斯蒂芬·泽夫认为应当结合当时商业和经济环境中并存的众多重要趋势予以考察。本书第一章提出了构建以投资者需求为导向的上市公司信息披露体系的四个基本原则，即重大性、相关性、变化性、关联性，本质上也是符合决策有用性的要求，其目的同样是为了提高信息披露的有效性。

（二）关于信息披露有效性的演进和论争

上市公司的信息披露制度的建立，是一个充满论争的过程。比较共识的看法是，它伴随着西方企业制度的演进而产生和发展。在股份制企业广泛出现后，才建立起一套比较规范的信息披露制度，并不断完善。

在这期间，信息披露制度经历了披露内容和形式的演变，范围不断扩大。从披露内容看，由早期的账簿披露发展到会计报表披露，再到财务报告披露，最后到以财务报告为主的全面披露。而从披露形式看，经历了从自愿性披露—强制性披露—自愿性披露与强制性披露相结合的过程。

信息披露制度的发展与演进

（1）账簿披露阶段（12 世纪—16 世纪初）：这个时期家族企业和合伙制企业盛行，对外进行账簿披露，分为“佛罗伦萨式”、“热那亚式”、“威尼斯式”簿记三个阶段。信息披露开始形成固定的格式，但没有特定的范围，也不存在定期报告的规定。它已具有现行信息披露制度的雏形，对保障当时家族企业和合伙企业的发展发挥了十分重要的作用，但存在信息披露内容窄、格式不规范、时效不及时等一系列问题。

（2）信息披露制度初步形成阶段（16 世纪中叶—19 世纪 40 年代）：这一时期由于早期资本主义带来的自由经济思想盛行，政府监管的缺位使公司的信息披露制度处于严重滞后状态。

虽然随着股份制企业的诞生，信息披露制度也已开始转向以会计报表披露为主体的时期，但是大多数公司基于保密观念，不愿意对公众披露公司的信息，认为这样会削弱公司在市场中的竞争力，最终导致信息披露制度滞后于公司制度的发展，出现恶性的市场违规事件，最典型的就是 1720 年的英国“南海事件”。南海公司发布的虚假信息在泡沫破灭后，引发了一场全面的信任危机，导致英国股市全面崩盘，促使英国国会出台了《1720 年泡沫法案》，对公司信息披露提出法定要求。1844 年英国的《合资公司法》（The Joint Stock Companies Act，1844）对会计信息披露形式——资产负债表作出了明确规定，奠定了现代意义上的强制性信息披露制度的基础。

（3）会计报表披露逐步建立阶段（19 世纪中叶—20 世纪 70 年代）：19 世纪中期以后，在产业革命的推动下，股份公司大量涌现，会计报表真正成为了对外披露的工具，促成了信息披露方式的大变革。而美国1929年经济大萧条，加速了1933年《证券法》和1934年《证券交易法》的出台，强调了公开、公平、公正原则和美国证券交易委员会（SEC）的证券监管地位，要求发行人在交易过程中披露定期和不定期信息。信息披露成为一种强制性的信息披露要求。

（4）财务报告披露阶段（20世纪70年代至今）：1978年，美国财务会计准则委员会（FASB）提出把会计报表扩大为财务报告的思路，并于1980年发布《会计报表和其他财务报告手段》，信息披露逐步进入了以财务报告披露为主的阶段。在20世纪末爆发系列财务丑闻后，2002年7月30日美国出台了《2002年公众公司会计改革和投资者保护法案》（SOX法案），对财务信息披露、公司责任、证券分析师行为、会计行业监督等诸多方面作出了新的规定。美国证券交易管理委员会（Securities and Exchange Commission，SEC）逐渐加入了对公司治理、管理层讨论与分析等披露要求。信息披露的范围扩展到财务报告之外，形成全面披露。

但是，关于改进信息披露有效性的呼声仍然持续。在寻找2006年春季开始的美国次贷危机的原因时，公司信息披露制度的不力又一次被认定为主要原因，2009年12月，美国SEC正式通过了加强信息披露的相关规则修订，希望通过向股东提供关于公司风险控制、薪酬情况以及公司治理等方面的更有效信息，帮助股东更好地阅读年度报告及参与股东大会投票。如何进一步运用信息披露制度来积极保护股东权益和有效规避上市公司经营风险，必然伴随着未来企业组织形式的变化而进一步发展。

二、境内外市场信息披露规则的对比借鉴

上市公司的信息披露分为发行市场和交易市场中的信息披露。

前者的主要形式是招股说明书和上市公告书，后者的主要形式是定期报告和临时报告。招股说明书、临时报告受各国的资本市场与监管制度影响较大，定期报告却能较好地表现各国信息披露规则制订中的特点。

（一）境内外市场信息披露规则的对比借鉴

楚天舒（2006）认为，在各国的监管实务中，美国是当今世界上信息披露制度最完善、最成熟、最规范的国家，中国香港的信息披露依据综合借鉴了美英模式。在财务状况的信息披露内容方面，除各国（地区）所依据的会计准则有所不同外，披露要求本身并无本质区别。但在财务状况以外的信息披露方面，都存在较大差异。除了上例所举的差异化，对比我国和美国、英国、中国香港几个境外主要市场的主要信息披露要素，存在如下几个异同点（见表2－1）：

第一，从信息披露依据上已建立基本体系。我国已经初步形成一套包括法律法规、部门规章和自律性规则在内的多层次信息披露法规体系，与主要国家的做法近似。

第二，我国的信息披露时间存在改进空间。对比美国、中国香港区分不同规模的公司，分别在会计年度结束后2个、3个月和3个、4个月内披露年报的做法，我国的信息披露时间上，目前不分公司大小，统一要求在年度结束后4个月内报送年报。除了在及时性上还有改进空间外，应当根据投资者的需求与决策导向，进行差异化调整，尤其是可以分别对大型、小型公司或创业板公司的年报披露时间，进行差异化安排。

第三，电子化披露的差距。目前，境外主要市场都采用了电子化披露平台，以降低投资者获取信息成本，对其他媒体的披露由公司自行选择。我国目前还有在报纸等媒体上强制性披露的要求，披露成本相对较高。

第四，违规行为主要体现为执法力度不同。从违规行为的处罚依据上看，我国也已建立了基本框架，但虚假信息披露、内幕信息交易屡禁不止的现状，与违规行为的执法力度不足有关。

表2－1　　境内外定期报告披露主要差异对比表

项目	美国	英国	中国	中国香港
披露依据	1933年《证券法》、1934年《证券交易法》、S－X、S－K等	《投资服务法案》《信息披露及透明度规则》《股票上市规则》等	《中华人民共和国证券法》《上市公司信息披露管理办法》、上市规则、格式指引等	《公司条例》《证券及期货条例》《会计实务准则》、上市规则等
披露时间	分为大型加速披露公司、较小报告公司，分别为会计年度结束后的60天或90天	会计年度结束后6个月	会计年度结束起4个月内；正文和摘要必须同时披露	主板发行人在会计年度结束后3个月内，其他发行人在会计年度结束后4个月内；报告正文可以在财务报告摘要披露后15天内披露
披露渠道	强制使用EDGAR系统进行申报； 可以通过交易所网站、公司网站，此外可以自愿采用报纸等媒体	通过交易所的新闻管理中心电子化报送	年报刊登在指定网站，摘要刊登在至少一种证监会指定的报纸	交易所网站（"披露易"）和公司官方网站；此外，可以自行选择是否在报纸刊登
违规行为处理依据	《证券法》	《金融服务法》《公司法》等	《中华人民共和国证券法》	《证券公开权益条例》
披露成本	低	低	较高，需要向披露信息的报纸等媒体支付费用，对不良信息发布澄清公告	较高，虽然已采用成本低廉的无纸化电子披露制度，但由于需要向股东寄发年度报告及通函，所以提高了成本

（二）国际证监会组织对定期报告的指导性意见

国际证监会组织（IOSCO）一向重视上市公司的信息披露，并坚持决策有用性的观念。它认为，在公司上市后，按照持续经营的基础向市场披露高质量信息非常关键，有利于投资者基于决策重要的信息进行投资决策，并对市场的流动性和有效性做出贡献。

考虑到定期报告对构建有效披露系统的重要性，2010 年 2 月，IOSCO 技术委员会在考察成员机构的定期披露情况，并征询欧洲可持续投资论坛（European Sustainable Investment Forum，EUROSIF）、美国证券业与金融市场协会（Securities Industry and Financial Markets Association，SIFMA）、美国纳斯达克（NASDAQ）等国际协会和成员机构后，发布了《上市公司定期披露的原则》（Principles for Periodic Disclosure by listed Entities）（简称“定期披露原则”），希望为各国监管当局制定或修订定期报告通用准则时提供指南。它认为定期报告应当使投资者可以进行历史及行业的比较，方便投资者做出决策和监督市场，应立足于方便投资者决策。

IOSCO 认为，虽然它的成员对定期报告所要求披露的数量和类型不同，但是，在所有的国家，投资者应当得到足够让他们进行投资决策的重大信息。根据 IOSCO 原则，上市公司的定期报告应当包含以下信息：

1. 年度报告

（1）应当包括审计过的财务报表。上市公司至少应当在年度报告中提供覆盖整个财务年度的经审计财务报表。这份审计报告必须由一个独立的会计师事务所出具，它必须受到一个代表公众利益的主体监控。同时，应当披露支付的审计和非审计服务的费用，这些信息对投资者应当有用。

①合并报表和其他财务信息。投资者应当能获取一份经过独立审计师审计的合并财务报表，以便于对发行人的财务状况进行正确

的评价，并且帮助投资者对发行人的现有财务状况与以前各期或其他公司进行有意义的比较。一套完整的合并报表应当至少包括：一份资产负债表、损益表和包括以下方面的报表：

• 在那些与股东和股利分配等资本交易之外的权益改变；

• 权益的所有改变（包括对所有权益中非所有者的小计）；现金流量表；

• 会计准则要求的相关的附注和目录，如果没有包含在财务报表中，应当提供对资产负债表中股东权益所有类别的附注分析。

此外，财务报表中还应披露对股东的分配，如股利，以及包含发行人最近财务年度的比较财务报表和能提供给投资者对于了解发行人的业绩和财务状况的趋势的重要信息。

②重大改变。在年报中应当披露在这个财务年度的任何重大改变，以帮助投资者了解可能对决策产生影响的所有重大事项，相关信息包括对发行人的财务状况、业绩或对它发行证券后实施其职责的能力的信息。

（2）应当包含管理层讨论与分析（Management's Discussion and Analysis，MD&A）或者经营与财务回顾（Operating and Financial Review，OFR）。IOSCO 认为，包含这些信息使投资者能够通过管理层的眼光来看公司，并且通过提供财务报表所分析的内容来促进披露，为投资者解读财务报表中的运营结果与财务状况提供一个理解背景，并且能提供关于发行人的盈利和现金流量的质量和潜在可变性的信息。此外，如果这些信息对理解发行人的业务、整体财务状况和经营业绩很重要时，应当提供相关信息。

此外，公司还应当在年报中提供重大的关联方交易、薪酬披露、公司治理、与市场风险敏感性工具相关的披露、发行人的股权和相关的股东事项等方面的信息，尤其是公司治理信息中，还应当包括董事会和高管、董事独立性、审计委员会、薪酬委员会、道德规范等内容。

2. 期间定期报告（中报与季报）

IOSCO 认为，除年报外，期间的定期报告应当满足以下要求：

（1）应当包括使投资者能够以一种规律的间隔追踪公司业绩的信息，并且应当提供足够的财务信息以使投资者评价公司现有的财务状况。

（2）应当包括管理层讨论与分析或一份合适的管理层报告。

（3）应当包括其他披露，如关联方交易的披露。

3. 明示财务报表负责人及公平表达财务信息

对于那些包含财务报表的定期报告，应当清晰地界定财务报表责任人，并且财务报表负责人应当声明报告中公平表达了财务信息。在一些国家，财务报表负责人在定期报告中有明确的标识，而在另一些国家，财务报表负责人在定期报告中没有明确的标识，而是由法律界定的，这些人员应当对信息披露负有相应责任。

4. 应当评估或检查财务报告内部控制

IOSCO 认为，有效的财务报告内部控制能保证发行人的交易已得到合理授权，防止发行人的资产得到非授权或不合适的使用，能够提高财务报告的质量以帮助减少财务、经营和使用风险，因此应当评估或检查财务报告内部控制。

但是，这种内部控制要求的形式可以多样化，可以在法律、规范或上市规则中规定。例如，在一些国家，内部控制责任由董事会或审计委员会负责，而不是高级管理人员，而在另一些国家，发行人的高管、董事或审计员会至少每年评估或检查发行人的财务报告内部控制。在一些国家，只能在定期报告中提供这种评估结果，而在另一些国家，任何定期报告甚至中期报告，都可以提供这种评估结果。这种评价或检查可能提供给董事会，也可能是公开发布。一些国家对内部控制信息的强制性披露有细节的要求，需要管理层对建立和保持充分的财务报告内部控制发表声明。

5. 提供给公众的信息应当基于及时性的基础

定期报告中提供的信息应当及时。当确定定期报告的披露时间时，应当考虑发行人的规模。中小型发行人应当需要更多的时间来准备他们的报告，因为他们的资源更加有限。相关法规或上市规则应当确定一个合适的时间区间，在这些规则中，应当规定公众可以获取这些定期报告。

6. 定期报告应当在监管者处存档

定期报告应当在有关的监管者处都进行存档，以使监管者能够在合适时检查这些报告。存档的手段可能包括将定期报告送达相关监管者，或者对相关监管者要求存档的公告采用单独的备份。

7. 应当储存信息，以利于公众获取

相关的法规应当确保对定期报告信息已进行存储，以便于公众可以用最低的成本获得信息。电子化的存储是一种达到这种目标的方式。这些信息应当被存储在一个中心位置，这使相关监管者或其他监管方能够方便获取。

同时，定期报告应当用一种格式来进行表述，以方便对信息进行分析。交互式数据技术正作为一种向投资者提供快速和简单的工具受到关注，提高使用交互式数据的能力能够提高投资者理解和获得财务信息的能力，并且，能够使发行人更加有效地交流他们的财务成果。

8. 无误导性披露

定期报告中披露的信息应当公平披露，而不是被易于误解或虚假陈述，并且不应当存在任何重大信息的遗漏。而且，在定期报告中的信息披露应当以一种清晰和简洁的方式，而不要依赖于复杂的语言。

以不同方式传播的同一个发行人的定期报告相关的信息，应当与发行人向相关监管者提供的定期报告相一致。

9. 公平披露

定期报告中重大信息的披露，在对公众披露之前，如果对特定投资者或其他利益方进行披露，可能会影响投资者对这些市场的公平性的信心，禁止不公平披露将减少内部交易或误用信息的可能性。应当确保所有的投资者都公平地获得信息。在一些国家，当报告在监管者处备案时，投资者和公众能够从监管者的网站上获得免费的定期报告，就可以被看做是公平获得信息。

综上所述，IOSCO 的要件体系为信息披露有效性的架构提供了指引，从 IOSCO 的理念出发，有助于对我国上市公司信息披露有效性进行重新审视与分析。

三、我国上市公司信息披露有效性的现状与思考

我国上市公司的信息披露开始于 1991 年“老八股”的年报披露，而信息披露规范则始于 1993 年中国证监会出台的《公开发行股票公司信息披露实施细则》，从制度实施到规则制订，只有 20 年的历史，但已建立了一套包括法律、行政法规、部门规章和自律性规则在内的信息披露监管体系，这套体系对信息披露的有效性提出明确的监管要求。

《证券法》第六十三条规定：“发行人、上市公司依法披露的信息，必须真实、准确、完整，不得有虚假记载、误导性陈述或者重大遗漏。”根据《国务院批转证监会关于提高上市公司质量意见的通知》（国发〔2005〕34 号）明确要求“上市公司要切实履行作为公众公司的信息披露义务，严格遵守信息披露规则，保证信息披露内容的真实性、准确性、完整性和及时性，增强信息披露的有效性”。《上市公司信息披露管理办法》（2007 年 1 月 30 日，中国证券监督管理委员会令第 40 号）第三条认为“发行人、上市公司的董事、监事、高级管理人员应当忠实、勤勉地履行职责，保证披露信息的真

实、准确、完整、及时、公平”。因此，“真实、准确、完整、及时、公平”是我国传统信息披露监管的标准，监管部门要求上市公司信息披露要遵守信息披露的相关法律法规的约束。

通过历年分析数据和问卷调查表明，上市公司信息披露的真实、准确、完整、及时、公平性有明显提高，监管的积极作用已经显现。但是，也应当看到，信息披露的有效性仍存在一些完善空间。

（一）上市公司信息披露有效性的现状——历史数据的分析

从现有定期报告数据显示，经过多年的信息披露监管，上市公司的信息披露在真实性、及时性、完整性等方面已取得积极成效。

1. 推迟披露年报公司比例逐年下降

从表2－2数据可以看出，从2004年到2011年，深市推迟披露年报的公司家数比例呈下降趋势，从27.37%下降至9.38%，非正常披露公司家数比例也逐年下降，年报预约披露执行情况较好，上市公司信息披露及时性提高。

表2－2　　深市年报信息披露时间分布统计表

<table>
<tr><th rowspan="2">时间区间</th><th rowspan="2">实际披露年报家数</th><th colspan="3">推迟披露公司家数</th><th rowspan="2">推迟披露公司比例（%）</th><th colspan="3">提前披露公司家数</th><th rowspan="2">非正常披露家数</th><th rowspan="2">非正常披露比例（%）</th></tr>
<tr><th>1次</th><th>2次</th><th>3次</th><th>1次</th><th>2次</th><th>3次</th></tr>
<tr><td>2004年1月</td><td>7</td><td rowspan="4">4</td><td rowspan="4">0</td><td rowspan="4">0</td><td rowspan="4">0.79</td><td rowspan="4">9</td><td rowspan="4">0</td><td rowspan="4">0</td><td rowspan="4">2</td><td rowspan="4">0.40</td></tr>
<tr><td>2004年2月</td><td>61</td></tr>
<tr><td>2004年3月</td><td>191</td></tr>
<tr><td>2004年4月</td><td>246</td></tr>
<tr><td>2005年1月</td><td>15</td><td rowspan="4">124</td><td rowspan="4">18</td><td rowspan="4">5</td><td rowspan="4">27.37</td><td rowspan="4">45</td><td rowspan="4">0</td><td rowspan="4">0</td><td rowspan="4">4</td><td rowspan="4">0.74</td></tr>
<tr><td>2005年2月</td><td>57</td></tr>
<tr><td>2005年3月</td><td>185</td></tr>
<tr><td>2005年4月</td><td>280</td></tr>
</table>

续表

时间区间	实际披露年报家数	推迟披露公司家数			推迟披露公司比例（%）	提前披露公司家数			非正常披露家数	非正常披露比例（%）
		1 次	2 次	3 次		1 次	2 次	3 次		
2006 年 1 月	17	114	12	0	23.46	60	6	0	7	1.30
2006 年 2 月	65									
2006 年 3 月	181									
2006 年 4 月	274									
2007 年 1 月	10	136	11	3	24.59	61	15	12	0	0.00
2007 年 2 月	63									
2007 年 3 月	218									
2007 年 4 月	319									
2008 年 1 月	25	152	22	6	25.42	86	5	0	1	0.14
2008 年 2 月	83									
2008 年 3 月	245									
2008 年 4 月	355									
2009 年 1 月	1	99	15	1	15.13	76	3	0	1	0.13
2009 年 2 月	67									
2009 年 3 月	290									
2009 年 4 月	402									
2010 年 1 月	23	108	7	2	12.00	115	6	1	0	0.00
2010 年 2 月	112									
2010 年 3 月	409									
2010 年 4 月	431									
2011 年 1 月	34	106	13	1	9.38	137	6	0	0	0.00
2011 年 2 月	120									
2011 年 3 月	583									
2011 年 4 月	542									

2. 年报“补丁”现象明显下降

上市公司定期报告打“补丁”是信息披露不完整的最为常见的方式，历史上，我国上市公司，因计算或校对错误、准则修订、重大事项说明等原因打“补丁”的现象比较严重。表2－3的统计数据显示，2004—2008年沪深两地上市公司定期报告打“补丁”的比例高达20%以上，而到2010年，该比例下降为8.4%，信息披露的完整性明显改善。

表2－3　　沪深两市定期报告补充和更正公告情况表

年份	公告公司家数	补充次数汇总	更正次数汇总	补充和更正次数汇总	比例（%）
2003	1 294	77	46	123	9.51
2004	1 387	136	170	306	22.06
2005	1 391	115	234	349	25.09
2006	1 452	65	230	295	20.32
2007	1 563	81	208	289	18.49
2008	1 629	120	208	328	20.14
2009	1 757	46	117	163	9.28
2010	2 091	57	119	176	8.42

3. 上市公司平均披露公告的数量和频率不断上升

上市公司通过各种公告形式充分披露信息直接体现在公告的数量上。随着信息披露监管制度的健全和规则的细化，从2000年开始，上市公司信息公告数量和频率均值明显上升，均值从1.89上升至53.38，体现了上市公司信息披露的充分性正在逐步提高（见表2－4）。

表2－4　　沪深两市公司历年平均发布公告情况表

年度	公告公司家数	最小值	最大值	均值	中值	标准差
2000	1 097	1	3	1.89	2	0.31
2001	1 165	1	7	2.48	2	0.92
2002	1 234	2	10	4.97	5	1.17
2003	1 294	1	16	6.24	6	1.81

续表

年度	公告公司家数	最小值	最大值	均值	中值	标准差
2004	1 387	2	19	6.92	6	1.84
2005	1 391	2	27	9.48	8	3.76
2006	1 452	1	24	12.26	14	4.06
2007	1 563	1	26	8.70	8	3.09
2008	1 629	1	40	12.23	11	5.11
2009	1 757	2	191	47.62	45	20.01
2010	2 091	4	185	53.38	51	21.50

4. 信息披露违规处罚力度不断加强

近年来，我国资本市场违规处罚力度不断加强，对信息披露违规行为进行了有效约束。根据统计，中国证监会自1992年10月成立到2002年5月，对证券违法行为一共做出255个行政处罚决定，其中违反信息披露行为的有92件次，占比36.08%。在2007—2009年的证券行政处罚案件中，信息披露违规和虚假陈述合并占全部案件的51.87%。2010年度，上市公司及董监高信息披露违规案件数为64起，较2009年度的51起和2008年度的44起有较大增加。2010年共查处该类违法违规案件126起（其中信息披露违规64件，虚假陈述62件），占当年证券市场违法违规总数的47.9%。

（二）上市公司信息披露有效性的现状——调查数据

2011年，我们对部分上市公司信息披露有效性调查结果显示，被调查者对上市公司年报、半年报信息披露的总体满意度较高，但是，现有披露规则下篇幅较长、有效性不足、重复性披露等问题也开始显现，信息披露供、求双方也存在一些分歧，存在改进空间。当前信息披露有效性的现状可以归为以下方面：①信息披露有效信息总体较好，但部分调查对象认为存在有效信息不足的问题。调查对象对年报、半年报信息披露有效信息总体上认可度较好，但有效信息含量不足问题也开始显现。②年报、半年报篇幅偏长，存在精简空间，摘要与全文中存在重复披露问题。③电子化信息披露平台成为投资者获取信息的主要途径。④投资者对股东、董事会报告、财务报告，重要事项等披露项目的关注度很高。⑤董事会报告存在信息披露不足的问题，有较大的改进空间。⑥年报、半年报摘要信息中“会计数据和业务数据”存在冗余，但调查对象建议维持目前的披露方式。

我国投资者主要关注的问题集中在信息披露冗余性和信息披露决策相关性不足。目前，投资者对冗余性的容忍度还较高，但对信息披露充分性不足的不满度很高。而这两方面的问题，可以归结为四方面：信息披露的重要性不足，重要信息淹没于冗余信息中；准确性不足，对公司经营重大变化的原因说明等非表内信息披露不准确；及时性不足，半年报、年报篇幅过长，导致投资者不能及时获取相关信息；完整性不足，董事会报告及其他投资者关注信息的缺失，影响对公司经营成果、财务状况、未来前景的完整理解；可理解性不足，大量的文字与财务数据，但没有合理的原因说明，使投资者难以理解主要的经营活动、重大变化。

在对调查对象进行分类比较时，发现一个有趣的现象：上市公司与个人投资者、机构投资者对现有信息披露有效性的观点表现存在一些反差。作为信息披露的供给方，绝大多数上市公司认可摘要和全文的有效信息含量，但只有接近半数的个人投资者认为摘要和全文的有效信息含量比较高。这反映信息披露的供、求双方对信息披露有效性的理解上存在比较明显差异。多数的个人投资者认为年报、半年报摘要和全文存在章节过多、结构不合理或两者的不足兼而有之。

四、我国上市公司信息披露有效性成因分析

我国上市公司信息披露有效性问题的成因，按不同主体，可以

归结为外部监管、上市公司、投资者、企业环境、中介机构等几个方面。

（一）政府监管模式下的强制性信息披露的固有特点

政府管制经济学认为，政府监管的职能界定在市场失灵的领域，由于信息披露有效性的边界随企业组织形式和商业阶段的发展而变化，政府监管模式下，需要根据成本效益原则，考量不同时期的监管效率，及时调整强制性信息披露的范围。

我国现行信息披露监管模式是政府监管、行业自律、社会监督相结合的复合模式。政府监管的重点是强制性信息披露，在证券市场发展的初级阶段，这种模式对确保信息的真实性、公平性等发挥了重要作用。但它也有一些固有特点，如信息披露政策带有较浓厚的政府监管痕迹，尤其是上市公司处在一个复杂或特殊的社会环境中时，强制性信息披露需要及时调整以适应公司的发展变化。

（二）“决策有用观”下的重要性、可理解性等要素还未得到全面关注

从我国实践看，资本市场的发展处于初级阶段，强制性披露长期围绕真实、准确、完整等导向，以查错纠弊为主，还未发展到完全有效市场，未全面向“决策有用观”转变，对相关性、可理解性、及时性等要素的重视程度还不足。从美国等境外市场看，近年来有一些信息披露改进的措施都值得引起重视，例如，采用简明英语（Plain English）规则，并持续推广，提高了信息披露的简明性与可理解性；简化信息披露和层次；采用 EDGAR 等电子化披露平台，降低公众获取成本；在披露内容上，强化内部控制为基础，逐渐增加公司治理等非财务信息等。

（三）信息披露规则需要加强整合，多重规章可能形成信息冗余

对信息披露的要求，除在《证券法》等法律和在《上市规则》

中进行规定外，多数披露以行政规章或备忘录的方式发布，不同板块也会有所差异，造成某些同类信息披露可能形成冗余。

（四）前瞻性信息披露不足

我国目前对前瞻性信息的监管要求和指引不足。例如，董事会报告是境外市场披露中的重点，但我国目前这方面的披露不足。对投资者反映强烈的管理层讨论与分析、分产品数据、重要财务指标异常波动的解释、非募投项目等整体募集资金的使用、风险因素的正确揭示等内容还缺少比较统一的指引与规范。同时，一些应披露信息被企业当做商业秘密要求豁免，与投资者需要的信息差距较大。

（五）发行和上市后信息披露体系需要整合

与境外一些市场在发行前后建立一套持续性的信息披露要求不同，我国定期报告中要求披露季报、半年报、年报，信息存在部分重叠。同时，发行时的招股说明书和上市公告书，与上市后的定期报告披露也存在一些重叠。

（六）上市公司的特殊性和复杂性造成了复杂动机

我国上市公司自身具有特殊性和复杂性，使公司依赖于强制性披露，自愿性披露的动力不足，选择性披露倾向较强。这种特殊性和复杂性主要体现在：①我国资本市场和上市公司发展时间都较短，上市公司投资者保障意识不强，以大股东控制为主的股权结构模式，对中小投资者的保护意识薄弱，自愿性披露动力不强。②公司治理结构存在先天不足，加上组织结构和人员素质等方面的原因，公司内部约束能力不足。不少公司虽然在形式上建立了内部控制系统，但多数“形似而神不至”，上市公司内部控制薄弱。大股东、董监高人员违规事件频发，对披露要求倾向于满足监管最“底线”要求。③企业成长过程中对直接融资依赖性过重，导致迎合监管需求的倾向明显。④企业规模与差距较大，存在不同类型的细分行业龙头、创新企业或上市多年的老国企，加上退市制度尚不健全，一些难以持续经营的公司无法及时退出，其信息披露的类型多，情况常常具有复杂性。

（七）投资者的素质逐渐提高，获知上市公司信息的需求上升

根据尼尔森公司2010年的调查显示，我国证券投资者的受教育水平明显高于大众人群，具有本科及以上学历的投资者比例为54%，改变了以往投资者整体的素质以及对风险的辨识力较差、投资者自身的投资素质不足的状况。加上近年来监管部门及券商进行的投资者教育和适当性管理，投资者整体素质提高，对参与上市公司决策，获取上市公司相关信息的要求逐渐上升。这一变化直接导致投资者需求的改变，维权意识也不断增强。近年来，ST创智等中小股东维权事件已体现这一端倪。

（八）企业生存环境、财务报告等复杂性的影响

一系列企业生存环境的发展变化，导致了包括财务报告在内的披露的复杂性不断上升，也带来了与披露要求相适应的变革需求，主要表现为：后工业经济和知识经济时代，现有披露方式难以充分披露部分企业的核心竞争能力；互联网时代下，信息披露的传播和获取方式产生重大技术性变革；财务报告的复杂性持续上升，表外披露的需求不断加强；等等。

（九）中介机构的协调发展不足

投资者反映较集中的有效信息披露不足，既表现为具体内容不充分，也表现为少数上市公司故意遗漏或隐瞒广大投资者应当知道的重大问题或因素。在境内外市场的监管案例，后者的案例并不鲜见。少数上市公司故意用晦涩难懂的专业技术词汇，或堆砌大量无关信息以掩盖重要信息的情况客观存在。中介机构作为独立第三方，对纠正这些偏差，可以起到积极的作用。但是，由于我国目前各类

中介机构的发展良莠不齐，部分中介机构的功能错位，并不能适应上市公司数量与业务快速发展的需要，对信息披露有效性的提升作用不足。

除了上述原因外，仍然可能存在投资者个性化差异等因素，如用户使用的程度不同，获取的个性化信息可能不同，对信息的理解程度也可能不同等。

五、改进路径探讨

虽然我国投资者目前认为信息披露有效性的首要问题是信息披露不足，而对信息冗余的容忍度还可以，但是，如果不同时解决冗余性的问题，则信息披露内容的增加将进一步增加冗余性，影响有效性。从同时解决冗余性与不足性的角度出发，未来可以有以下路径进行探讨。

（一）监管理念：立足于投资者保护，向决策有用观发展

“充分披露”的主要目的是通过政府监管支持一个有效披露框架，使投资者自己能够获取所需的信息，监管部门不对任何公司的价值做出判断。借鉴成熟市场信息披露监管秉持公平、有序、效率的理念，建议信息披露规则制订中，可以尝试在立足基本监管要求的基础上，逐渐向决策有用观转变，以成本效益为约束条件，增加决策相关信息。

（二）规范体系：整合、梳理信息披露监管规则体系

我国的信息披露规则多数以行政规章的方式发布，这就造成了信息披露会在不同阶段，在不同程度上形成一些冗余。建议尝试梳理、整合上市规则及信息披露相关格式指引，对信息披露形成一套统一的操作性较强的监管体系，减少因规则冗余而引发的信息冗余。

（三）层次结构：强化重要性原则，简化规则的层次与内容

关注境外市场近年的动向，我们看到，无论是美国 SEC 强调的重要性原则，还是英国财务报告委员会提出的“有效沟通的四个原则”之一的首要原则，即要求突出重点，强调重要的信息、交易和会计政策，避免用琐碎的信息让读者分心，都将重要性原则放在首位。在规则制订中应考虑重要性规则，在突出重要性信息披露的前提下，简化现有强制性披露的层次与内容，将部分非强制性信息可以列为自愿性披露项目，例如部分非重要会计数据、股东大会情况、监事会情况等。

（四）信息平台：推进电子化披露平台的发展与规范，提高投资者获取信息的效率

随着互联网 Web3. 0 等可能对投资者需求带来的进一步冲击，境外市场监管机构对电子化平台对投资者获取信息的方便性与低廉性非常重视。美国 SEC 在其 2010—2015 年的战略发展规划中提出的战略目标之一就是：方便投资者获取做出投资决策相关的信息。目前，成熟市场对电子化披露平台的建设已基本完成，建议加快电子化披露平台的发展与规范，推进 XBRL 等交互数据的使用。同时，应联合相关部门，加强监管，对电子化披露平台的秩序加强引导与规范。

（五）内容调整：删除冗余规定，加快表外披露发展

针对投资者需求，及时调整信息披露的内容，删除冗余规定，并加快表外披露信息的规范。例如，考虑是否将半年报参照季度报告方式披露、删减年报、半年报有关责任声明等内容，优化会计和业务数据的披露要求，合并披露公司前十名股东和前十名无限售流通股股东持股信息等，同时，完善表外信息披露，增补管理层讨论与分析，董事会报告中的经营状况，分行业、分产品发展的展望，主要风险因素等信息。

（六）诚信建设：加强问责、强化诚信、规范中介

政府监管与市场监管存在互补关系，应当完善信息披露的监管环境，才有助于提高信息披露有效性。建议从加强问责、强化诚信、规范中介三方面着手。

首先，明确信息披露问责主体。境外市场信息披露责任主体多数为董事，而我国的责任主体较广，公司董事会、监事会及董事、监事、高级管理人员是定期报告的责任主体。但从问责的可执行性看，董事会、监事会也没有被处罚的先例。建议应当进一步明确信息披露违规行为问责主体，提高信息披露问责效力。

其次，强化上市公司诚信意识。我国上市公司的诚信意识薄弱，有先天不足，也从根本上影响信息披露的有效性。境外市场“安然事件”后对公司内控监管的加强，也从另一侧面促进了上市公司诚信意识提高。建议结合我国新内部控制规范推广的契机，强化上市公司诚信意识。

最后，规范中介机构的发展。随着上市公司数目快速增加，媒体、保荐机构、会计师事务所、律师事务所、资产评估所、证券分析师、财经公关机构的重要性也将上升，它们对保证信息披露质量、监督披露效果起重要作用。但是，近年来，中介机构功能错位，违规事件屡屡出现，也易使投资者失去对中介机构的信任感。建议规范中介机构的发展，加强其社会功能的准确定位，建立相关的奖惩机制。此外，具体规则制订过程中，可以参考境外市场和 IOSCO 的一些原则，进一步强调内控披露的有效性、对大小型公司披露及时性进行差异化安排、完善监管机构对信息披露资料的信息化管理等。

参考文献

［1］杜心鹤：《我国上市公司信息披露有效性问题分析》，载

《财经界》，2008（1）。

［2］黄世忠：《上市公司会计信息质量面临的挑战与思考》，载《会计研究》，2001（10）。

［3］刘仲文：《美国会计信息质量特征研究的思想发展演进过程》，载《商业会计》，2005（4）。

［4］［美］艾博思迈克尔·克鲁斯著，赵伟韬译：《统一报告》，上海，上海人民出版社，2010。

［5］［美］罗伯特·G. 伊克尼斯等著，叶鹏飞等译：《价值报告革命——远离盈余游戏》，北京，中国财政经济出版社，2004。

［6］上海证券交易所研究中心报告：《中国公司治理报告（2008）：上市公司透明度与信息披露》，上海证券交易所官网。

［7］沈春耀等：《证券违法行为处罚制度研究课题组，证券违法行为处罚制度研究》，上海证券交易所官网，2003。

［8］邱宜干：《我国上市公司会计信息披露问题研究》，南昌，江西人民出版社，2003。

［9］谢清喜：《我国上市公司信息披露有效性研究》，北京，中国农业大学出版社，2006。

［10］吴联生：《投资者对上市公司会计信息需求的调查分析》，载《经济研究》，2000（4）。

［11］张宗新：《上市公司信息披露质量与投资者保护研究》，北京，中国金融出版社，2009。

第二部分

投资者的需求与上市公司的回应

第三章

证券分析师的研究过程及其对信息披露的需求

第三章　证券分析师的研究过程及其对信息披露的需求

要构建投资者需求导向的上市公司信息披露体系，关键之一是要清楚地了解投资者的需求到底是什么。投资者的需求是复杂的，这种复杂性首先与投资者的结构有关，因为投资者的层次不同，他们对信息披露的需求也会不同。随着中国资本市场的发展，机构投资者在市场中的地位和主导作用越来越显现，而专为机构投资者提供决策咨询服务的证券分析师在信息解读的过程中发挥着重要的作用。

证券分析师对资本市场发展的正面作用体现在以下两个方面：一方面，证券分析师为投资者提供了专业化信息，包括但不局限于财务信息，有利于资本市场权益资产的定价和投资者决策。中国资本市场属于新兴市场，上市公司目前信息披露透明度不高，公开信息环境较弱（Morck，Yeung and Yu，2001；T. J. Wong and Piotroski，2010），在这种情况下，分析师的信息揭示作用更加重要。吴东辉、薛祖云（2005）发现利用中国证券分析师的盈利预测报告制定交易组合可以获得超额收益，体现了分析师报告的决策有用性；曹胜（2010）发现中国证券分析师的盈利预测优于历史财务数据，可以反映市场预期，体现了分析师的定价作用；黄燕铭（2006）验证中国证券分析师的盈利预测优于数量模型，证明分析师的研究是有价值的。另一方面，证券分析师通过亲自调研上市公司、解读上市公司已披露信息、督促上市公司进一步披露信息的过程可以进一步促进上市公司提高自身财务透明度，有利于遏制管理层或控股股东利益侵占行为，起到了一定的外部公司治理作用，如 Yu（2008）发现证券分析师跟踪可以减少上市公司盈余操纵，朱红军、何贤杰等（2007）发现证券分析师降低中国上市公司与市场的同步性，股价更多反映公司层面特质信息。

随着中国证券市场的发展，投资者的投资咨询服务需求不断深化，证券分析师进行深度分析的研究报告受到投资者欢迎，证券研究在引领价值投资、理性投资和加强市场信息传播、提高市场效率等方面发挥了积极作用，2012 年 6 月，中国证券业协会发布《发布证券研究报告执业规范》和《证券分析师执业行为准则》，体现了监管部门对促进证券公司、证券投资咨询机构发布研究报告业务进一步的要求。但对于目前证券分析师作用的认识，学术界和监管部门主要基于事后的经济后果，对于分析师如何利用各方面的信息形成投资建议、分析师们活动的具体研究过程，各方也莫衷一是；Bye、Cohen、Lys 和 Walther（2010）总结了北美近三十年证券分析师研究，强调目前对证券分析师信息渠道的研究仍是描述性的，缺乏更深入的认识。对于这个问题，本章内容主要由专业从事证券研究的分析师撰写，根据在实务工作中的经验讨论证券分析师的研究工作流程，然后对上市公司未来信息披露提出了进一步需求。当然对于证券分析师的工作流程和工作方法的全面了解，需要做全行业的调研。

一、证券分析师的研究工作流程

以对上市公司权益定价为例，这里讨论证券分析师的研究工作流程。证券分析师的基本工作流程主要包括：宏观研究—行业研究—公司治理—战略分析—营销分析—会计分析—报表分析—财务分析—初步建模—公司调研—思考提炼—盈利预测—估值—评级—投资案件—推荐，我们对此流程逐一进行分析。

以上证券分析师的基本工作流程又可以被划为以下几个主要部分：一是环境分析，包括宏观研究、行业研究和公司治理等部分；二是业务分析，包括战略规划和营销分析等；三是经营成果分析，包括会计分析、报表分析和财务分析；四是调研与评级，包括实地调研，建立财务模型，进行估值和评级；五是向资本市场进行推荐。

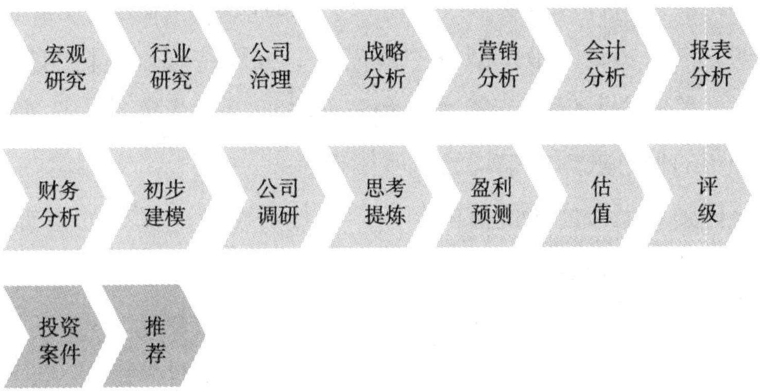

资料来源：申银万国证券研究所员工培训资料，2005，黄燕铭等编写。

图 3－1　分析师进行公司研究的一般流程

支撑上述五个研究阶段的，是分析师展开公司研究所必须关注的主题——掌握足够的资料与信息，这是所有分析的基础。下面我们从前四个阶段来分别分析研究过程的特点和对上市公司信息的需求。

（一）环境分析

作为研究工作的起始，环境分析是指分析师了解公司所处的特定历史条件和公司特征，这主要包括了宏观研究、行业研究和公司治理等内容。

1. 宏观研究

宏观研究需要立足于宏观经济层面，分析国家的产业导向，分析国家经济阶段对行业的制约或推动因素，分析资金环境和通货膨胀对行业的影响，分析国际经济环境对行业的影响。通过宏观研究，证券分析师可以了解公司所处的环境，避免方向性偏差。

上市公司在定期报告和各类临时报告中披露可能涉及宏观信息。宏观信息能够在一定程度上预示行业竞争的加剧还是减弱，行业发展前景向好还是变差。例如，国家近年来实行“拉动内需”战略，对与广大消费者密切相关的快速消费品行业而言，发展的环境将改善，包括国家出台扶持政策、公司融资能力改善、流通费用降低等。再比如，国家实施“节能减排”战略，一方面将限制高耗能行业无序发展，另一方面促进节能产业和环保产业迅速发展，这些影响在上市公司的信息披露之中均已有所体现。

分析师对上市公司价值的判断，必然需要考虑具体的宏观环境的影响。从需求来看，证券分析师需要上市公司披露其在国家扶持政策、政府补贴、融资状况、税收负担等方面的变化信息，以帮助评价公司的成长性和风险。

2. 行业研究

行业研究主要指就公司所处的行业，分析行业的发展阶段，掌握行业周期特点，分析行业竞争格局，分析行业的进入壁垒和替代性产品的竞争性，并评估上下游行业的议价能力，确定行业的潜在发展空间和未来走向。行业分析可以确认朝阳行业还是夕阳行业、周期性行业还是无周期行业、完全竞争行业还是垄断行业、高壁垒行业还是自由进出行业、与上下游行业的议价能力等。随着中国经济的快速发展，新兴行业层出不穷，需要上市公司通过招股说明书、定期报告的管理层讨论与分析等渠道披露与行业有关的信息，便于投资者了解行业的成长性和风险所在。目前，上市公司信息披露当中的行业信息披露仍不充分，这可能与行业过于分散、行业发展较快而缺乏权威统计渠道、行业协会体系建设不足或者未受到公司的足够重视有关。

上市公司所处的行业特点千差万别。行业的属性可能深刻影响公司的发展路径。例如，随着居民生活节奏加快，时间的机会成本不断提高，更为方便快捷的快餐、速冻食品和电子商务等行业的发展空间持续扩展；又如，沿海地区的来/进料加工企业，在劳动力成本迅速上升之后，成本优势被削弱，行业已经度过了高峰期开始走下坡路，行业空间将逐渐缩小。因此，在强制性信息披露方面，监管者很难制定一个全面而统一的行业信息披露标准来要求所有的上市公司，况且行业信息还是随着时间的变迁而不断变化的。

虽然证券分析师可以从其他渠道获取行业信息乃至宏观信息，虽然证券分析师所在的研究团队往往也拥有很强的行业研究和宏观研究的能力，甚至他们自己就是市场上行业研究观点和宏观研究观点的发布者，但是从证券研究的需求出发，他们还是需要来自业界的看法。这种需求来自两个方面，一是帮助证券分析师形成或者加强对行业或者宏观的判断，二是检查上市公司的认知和看法是否准确、是否有偏差，从而评估上市公司在这些认知上建立的公司战略和营销计划是否合适以及预测公司未来的经营成果，进而调整公司股票估值的结果。从需求来看，证券分析师需要上市公司披露所处行业的发展阶段、周期性特点以及行业价格/成本变化趋势，以正确评估企业的收入成本变化趋势，修正盈利预测和评估风险。

3. 公司治理

公司治理分析主要指分析上市公司的治理结构，包括股东结构、股东与高管的代理关系、高管结构等内容。目前在 A 股上市公司公告中已有大量篇幅的公司治理内容，这是证券分析师非常关注的一部分。举例来说，证券分析师需要了解公司的股权属性是国资还是民企，这有助于判断公司的责任导向；是一股独大还是高度分散，这有助于了解股东间的利益分配机制；需要分析股东和高管团队之间的代理关系的效率如何，是否存在利益导向不一致；需要分析高管的年龄学历背景等各种构成情况，以掌握团队整体的凝聚力、执行力和发展能力。

目前，公司所披露的高管信息主要集中在高管的职业经历和教育背景等信息上。尽管分析师需要掌握这部分信息，但公司公告提供的内容是远远不足的，需要通过调研和沟通来接触和交流，进而形成对高管性格、执行力、个人魅力等内容的判断，进而分析高管团队乃至整个公司的凝聚力和发展能力。

目前，公司披露的人力资源信息主要是定期披露的人员构成、薪酬等信息，以及在股权激励公告中涉及的技术骨干等信息。从分析师角度来看，在劳务外包广泛发展的今天，仅仅有公司正式员工的信息还是不足的，证券分析师同时需要公司的劳务外包的规模和薪酬信息，以免对公司的人力资源进行错误估算。

目前，上市公司治理信息的披露也有诸多不足之处，包括自然人股东在资本市场的历史诚信记录，公司最终控制人的信息，公司关联交易方的信息等披露并不充分。例如，母公司通过海外设立多层“壳公司”并以外资身份控股国内上市公司，在控制人的信息披露上遮遮掩掩，投资者研究治理结构的难度较大。

（二）业务分析

掌握了环境信息之后，证券分析师将开始分析上市公司的业务“基本面”，主要包括战略分析和营销分析。通常资本市场将会给予战略清晰正确、营销合理高效的上市公司更高的成长性期望，并表现在股价之中。因此，证券分析师会非常注重收集此类信息并进行详细分析。

1. 战略分析

公司发展战略包括扩张战略、产品战略、营销战略、人才战略等内容。根据证券定价理论，股票的价值与历史无关，而是由未来能够给投资者带来的回报决定的。公司的发展战略，正是决定未来持续盈利能力的重要因素。因此战略分析是研究流程中的重要环节，对公司未来价值影响重大。证券分析师会着重分析公司的扩张计划是否与现有能力匹配，分析公司的业务和产品是否有核心竞争优势，分析公司人力资源是否能支撑未来发展等。仅就扩张战略而言，对同行业的类似公司，选择纵向一体化还是横向一体化，选择单一业务还是多元化，对公司未来盈利能力都有巨大影响，需要证券分析师深入分析，仔细研究。目前有部分上市公司的战略信息内容空洞、泛泛而谈、难以落实，而这种情况，可能被证券分析师解读为公司缺乏清晰的战略思路，或是公司对投资者的责任心不足，都有损于公司价值。

从中国目前上市公司状况来看，很多上市公司都是所处行业的龙头或领先企业，处于竞争优势地位。但随着中国经济快速发展，新兴事物层出不穷，竞争格局日新月异，人力资源流动、新商业模式等都可能改变竞争格局。例如，国家增发行业牌照、企业重要高管人才流动、创新的产业链整合模式等，都会构成改变竞争格局的重大信息。

从需求来看，证券分析师需要上市公司适当披露涉及行业牌照、市场份额排名和公司定位等信息。作为第一线的上市公司对于竞争压力最为敏感，信息也最为准确，是信息披露的最佳对象。即使公司表示无法提供竞争信息，在证券分析师看来，上市公司（无法提供竞争信息的）公告本身也能够提供一个信号，即要么缺乏能力，要么缺乏披露意愿，有助于证券分析师调整对公司的估值和评级。

曾几何时，关联交易是人们讳莫如深的话题，也是投资者和媒体记者关注的焦点。但随着资本市场不断规范，关联交易的披露和会计处理已经比较完善。证券分析师关注的重点已经转向公司大股东持有的在上市公司之外的资产。这部分信息在公司发行新股上市时有所披露，但之后就再无更新。从证券分析师角度来看，体外资产的信息的持续披露，有助于资本市场了解公司是否存在潜在关联交易的动机，这也是大股东享受上市融资便利所需要付出的“必要的损害”。

2. 营销分析

营销分析主要指分析公司的营销方针和体系建设。目前中国相当多行业处于买方市场，竞争激烈，企业的营销能力日益重要。证券分析师需要分析公司的营销理念，对细分市场的定位，对企业内部产品设计、采购、生产环节的改造，对渠道的人员管理能力以及对产品经销环节的控制能力。举例来说，如何控制经销商串货、如何开拓新市场和扩张既有市场、新产品研发推广能力等都属于营销分析的范畴。

目前部分上市公司在营销信息的披露上有所不足，可能的原因在于这部分信息较为敏感，在保护投资者知情权和保守竞争性商业秘密之间，需要上市公司进行巧妙的平衡。从证券理论来看，决定企业价值的，并非一时之利，而是在长期持续的盈利能力。换言之，投资者关注的是公司营销体系对战略目标的支撑作用，而非一针一线的细节，这可以供上市公司把握披露尺度时参考。

从上市公司营销角度来看，竞争对手和竞争方式无疑是最重要的关注点。在中国经济逐渐步入平稳增长和结构调整阶段，众多行业内的竞争将加剧。由于中国的地区差异明显，受土地、劳动力和政府扶持等各种因素影响，竞争对手的差异较大。

从需求来看，证券分析师需要上市公司适当披露重要的竞争对手和主要的竞争方式。当然，对竞争的分析是商业秘密的重要部分，如果过度披露可能不利于公司的利益，公司可以在平衡披露的损害和获得股东支持的受益之间适当取舍。

上市公司在应对上游供应商和下游经销商（客户）时，必然存在议价能力的概念。由于产业链各个环节在市场集中度和资源控制能力上的差别，必然存在相对强势和相对弱势。如果上市公司能够在上游获得较强的议价能力，压缩成本上升压力，或者公司能够比较通畅提升对下游的销售价格，都是公司竞争优势的一部分。

从需求来看，证券分析师需要上市公司适当披露其对上下游的议价能力，并将能否控制成本、转移成本和自主提价等信息作为评价公司核心竞争优势的重要标准。当然，议价能力是企业的核心竞争力的表现形式，可能涉及商业秘密，如果对公众披露可能对公司和投资者的利益带来不利影响。证券分析师在分析公司议价能力时，会综合考虑各种渠道信息，例如，通过对上下游公司的调研和对行业的了解，独立判断公司的议价能力并作出预测。

（三）经营成果分析

在掌握了业务特点之后，证券分析师需要进行详细的会计、报表和财务分析。这一方面是分析和验证公司经营成果信息的可靠性，另一方面是为建立财务模型做准备。从A股上市公司的历史来看，财务信息弄虚作假并非个案。证券分析师如果基于虚假的财务数据展开分析预测，就会扭曲对公司价值和风险的判断。

1. 分析层次和主要问题

经营成果的分析又可分为三个层次，第一层是会计分析，包括公司的内控能力、会计政策、会计估计、会计变更以及会计的透明度分析；第二层是报表分析，包括收入成本费用利润构成、存货投资等资产状况、应收应付等商业信用状况分析；第三层是财务分析，包括公司目前的资金状况和现金流压力，成长性、周转率和盈利能力，未来的融资需求等分析。这三个分析层次相互关联，从各个角度以明确的数据反映了公司的现状，构成了证券分析师研究流程中的重要一环。

目前上市公司以定期财务报告、临时公告（如兼并重组）等方式披露了多维度的经营成果信息。但是，从证券分析师需求的角度来看，还存在两个比较严重的问题，一是信息的连贯性，二是关键信息的缺失。

信息的连贯性，突出表现在分部报告的信息披露上。在由财政部颁布并于2007年初开始执行的新会计准则中，对分部报告的信息披露，赋予编制主体相当宽泛的自由选择权。从实践来看，部分上市公司存在任意调整划分标准的现象。从投资者来看，分部报告是了解公司各项业务的切入口。如果上市公司每年调整分部口径，却又没有对应的历史数据，投资者将很难掌握该业务的发展经历，必然无法对未来的趋势进行合理预测。

关键信息的缺失，突出表现在成本信息和订单信息披露不充分。目前的成本信息仅包括按产品或按业务划分的成本金额，而没有按人工、原料和制造费用等口径划分的成本金额，也没有按变动/固定成本标准划分的具体金额。尽管成本信息属于商业秘密范畴，具有一定的商业价值，但必须指出的是，分拆后的成本信息是投资者预测企业未来盈利的重要基础信息。会计学重要原则是“配比”原则，即收入和成本要配比。对投资者来说，对收入的预测，至少必须“配比”上准确的成本才能反应得到公司的盈利能力，而通过成本分拆为不同属性的内容，投资者能够更清楚地掌握变化趋势，进行合理的预测。因此，成本分拆信息不是要不要披露的问题，而是如何平衡披露带来的收益和损害的问题。

在订单信息披露上，问题主要表现为单次信息无跟踪和累计信息不可比等。上市公司在签订单笔大订单时都会公告，但后续执行情况并无更新，投资者无从知晓订单是否执行以及进展情况，收入预测无从谈起。此外，对订单金额小而数量多的企业，经常因单笔订单没有达到公告标准而在定期报告中披露了订单总量。问题在于而订单总量会在下一年度发生金额和数量的较大变化，公司却没有披露可比较的订单信息。对于以订单模式为主的上市公司来说，订单信息的披露仍有较大改进空间。

2. 分析的主要内容

上市公司盈利能力包括收入增长率、销售利润率、费用率、净资产收益率、资产回报率和净利润增长率等信息。从证券分析师对信息需求角度来说，利润表上各个项目的变动是高度关注的内容，而驱动各项目变化背后的原因也是非常需要关注的。上市公司高管是公司业绩的第一负责人，也是最了解公司经营状况的，理应对公司业绩的变化向投资者做出合理的分析。

证券分析师非常关注利润表项目的详细分拆信息，包括收入和成本按产品分拆的成长性、费用按性质分拆的增加情况等。需要指出的是，由于上市公司面临多变的市场环境，为应对市场的变化，公司业务也会相应调整。在业务调整时，追溯历史信息就成为证券分析师研究工作的难点。证券分析师需要公司在业务调整时，提供具有可比性和一贯性的历史信息，帮助证券分析师把握发展趋势，更好地消除公司内部经营和外部投资者之间的信息不对称，这些历史信息是公司外部人士所无法完成的。

上市公司的资产状况信息包括应收账款周转率和坏账水平、存货水平和周转率、股权投资状况和收益、固定资产和在建工程（包括募投项目）进展、资产负债率、流动比率等。在这些信息中，证券分析师会着重研究各项指标对盈利能力的限制，以及未来对资金的需求等重点。

从需求来看，证券分析师对资产状况有多方面的需求。例如，对存货占比较大的公司，证券分析师希望了解存货价值重估或变现能力的问题；对应收账款占比较大的公司，证券分析师希望了解公司收账能力和坏账比例；对控股型企业，证券分析师希望了解各子公司的业务进展和协同效应；对于“重资产”行业，证券分析师希望了解固定资产投资的进展和资金压力问题；对“轻资产”行业，证券分析师希望了解研发费用资本化的进展和涉及项目等。证券分析师的需求繁多，而上市公司由于自身业务特点，可能在少数几个科目上有明显特点，这也是需要上市公司主动说明和统一披露的。

通过这些分析可见，证券分析师希望能够对公司资产的风险有全面评估，并对产能限制有一定了解，进而使得在未来预测期间，证券分析师所预测的公司盈利增长速度与其资产的扩张速度相匹配。

作为上市公司，融资能力是其有别于其他非公众公司的优势。由于上市公司的证券可以上市自由流动交易，给投资者随时参与和及时变现带来便捷优势，也使得其融资能力相应增强。为此，上市公司需要将部分内部信息外部化并承受由此带来的“必要的损害”。

从需求来看，证券分析师需要了解公司的债务构成和偿付能力，需要了解公司在银行体系的信用状况，需要了解公司是否符合监管机构的各项（发行证券的）监管要求。当然，融资能力作为企业扩张的重要影响因素，可能涉及商业秘密，上市公司对此类项目的披露可能有所保留。证券分析师在利用上市公司信息的同时，也会综合其他信息来源独立地分析企业的融资能力，提供给投资者参考。

中国上市公司的现金流量表的特点在于需要披露以直接法和间接法编制的经营活动现金流。这有助于证券分析师了解公司的现金创造能力。在上市公司持续的成长过程中，匹配好投资、融资和经营活动对现金的需求和创造，是企业高管经营能力的重要因素，也因此成为证券分析师关注的重点。

值得一提的是，由于中国的经济法律环境中，对于企业破产设定条件为“严重亏损”“无力清偿到期债务”两个条件同时满足，而非国际通行的“不能偿付到期债务”。因此，上市公司在现金紧张暂停债务偿付时，并没有被债权人起诉申请破产清算的压力，因此上市公司在现金流上的压力较小。

从需求来看，证券分析师需要了解公司如何满足扩张过程中的现金需求，如应收和存货增加所新增占用现金的需求，在建工程的需求等，以及公司在应对突发事件时的现金储备能力。上市公司的现金流量表是具有额外信息的报表，可以成为公司丰富信息披露的重要手段。

以上分析表明，证券分析师对三大表的分析，大致上是按照利润表、资产负债表、现金流量表的顺序进行的，但这并不是可以清晰地划分为分析完一张表然后分析另一张表的过程，而是一个相互穿插的过程。

（四）调研、评级

在经历了案头工作之后，证券分析师需要建立公司的财务预测模型，对公司未来3～5年的利润表、资产负债表和现金流量表进行预测，通常称为“建模”。在建模之后，证券分析师将得到公司各项细分业务的具体收入、成本、费用、资本支出、现金流状况的初步预测，并在此基础上，开展实地调研，获得支撑性的信息以修正模型，完成估值和评级。

1. 调研

财务预测模型是证券分析师进行预测和估值的重要工具。证券分析师通常以EXCEL程序为基础平台，以会计勾稽关系为基础，建立覆盖利润表、资产负债表和现金流量表的财务预测模型，实务当中需要建立的表格远远不止三大表。设计良好的财务预测模型包括输入、加工和输出三大功能，能够完成历史数据收集、预测过程可调和资产负债表自动配平等功能，并能够进行敏感性分析、回归分析和财务分析等。证券分析师在完成前述研究之后，需要根据对公司的了解，预测公司的收入、成本、费用、投资，初步构建对上市公司的财务预测模型，得到预测的企业未来的资产和盈利等方面的数据。

公司调研主要是指证券分析师到上市公司及相关领域进行实地调研，包括但不限于公司高管座谈、厂房参观、供应商走访、经销商走访、行业协会走访等。前述的分析建模等研究流程可以由分析师在案头完成，但“没有调查，就没有发言权”。上市公司作为商业一线的活跃个体，公告信息正如个人简历一样，并不能反映企业全貌，已有信息披露肯定会滞后于经济现实，而且还有大量行业特征隐藏在文字之外。通过调研，证券分析师能够对公司经济环境、各项业务的细节、员工精神面貌、高管的个性特点等有所认识。“天下难事，必作于易，天下大事，必作于细”，对企业各方面细节的了解，有助于证券分析师更全面地把握企业特性和形成判断。

在这些过程中，上市公司需要保证信息披露的一致性，避免非公开信息的非法传播。目前普遍存在的一个难点在于，披露信息如何遵守“三公”原则，即不管来公司调研与否，获得的信息都是公开、公平、公正的。目前，深圳证券交易所正在积极尝试推广新的信息平台——“互动易”，为上市公司提供新的信息公开手段，消除机构投资者和中小投资者的信息不对称。一旦新平台的法律效用获得准确认定并迅速推广，证券分析师将能够获得更多更及时的信息。

2. 估值和评级

在通过调研形成判断之后，证券分析师将会对财务预测模型进行修改调整。在调研走访之后，证券分析师可以根据自身专业知识和行业经验，对企业未来发展方向和当前经营活动形成独立的判断。需要明确的是，证券分析师的任务是帮助投资者消除信息不对称，而不是公司聘请的问题解决专家，并不会对公司发展指手画脚。证券分析师会把自身对公司的理解，通过调整收入、成本、费用、投资、融资等预测值而反映到对公司未来的财务预测模型中去。

根据修正后的财务预测模型，证券分析师采用绝对估值或者相对估值等估值方法获得公司股票的价值判断，结合市场微观结构和市场情绪等因素对当前的价格给出投资评级。具体而言，又可以分为两个阶段，第一阶段是估值。分析师可以通过绝对估值或者相对估值方法，基于财务预测的信息估算出公司股票的价值。第二阶段是评级。证券分析师基于测算出的股票价值，分析当前资本市场对公司股票的认识，找到证券分析师和大众对股票认识不一致的地方，给予公司股票买卖的评级。对评级而言，不仅仅需要考虑估值与市价的差别，还需要考虑是否存在短期兑现的“催化剂”。“催化剂”是指能加快信息不对称消除的信息。

二、从研究流程看证券分析师对信息的需求

证券分析师对上市公司信息的需求是多方面的。证券分析师的基本工作是根据历史数据，准确掌握推动公司成长的业绩驱动要素，分析驱动要素在未来的发展方向，据此进行对公司未来业务的预测，从而发现企业的价值驱动要素，提供证券投资评级。从这个过程中我们可以发现，证券分析师需要获得信息进行公司基本面和公司证券的分析，掌握公司的业绩驱动要素和价值驱动要素。

（一）业绩驱动要素和关键业绩指标

投资者希望了解公司盈利能力成长的动力何在，持续多久，这就是业绩驱动要素。从信息披露角度来说，如果上市公司能够直接披露业绩驱动要素，将大大降低投资者的信息采集成本。由于业绩驱动要素没有统一的标准，关键业绩指标就成为了可以部分反映业绩驱动要素的指标。

关键业绩指标由公司根据自身特点，选择对业绩敏感度较高且公司有一定控制能力的最终要素而确定。证券分析师通常会选择对公司未来业绩最为敏感，且公司的主观控制能力较强的指标。企业高管在讨论企业发展规划时，必然会选择未来公司的主要努力方向，

并落实到具体的业绩指标上。因此，证券分析师要掌握企业发展的趋势和速度，就需要对关键业绩指标有充分的理解和实时的跟踪。

无论企业使用什么考核体系，必然存在与公司未来盈利能力最相关、弹性最大且公司可控的指标。如果是企业无法控制的指标，例如，完全竞争市场的产品价格，则该指标纳入考核并不合适，也无需作为关键业绩指标来予以披露。

企业在发展的不同阶段，例如主营业务改变，或者市场份额发生变化时，关键业绩指标可能并不相同。这并不说明不需要跟踪关键业绩指标。解决的办法很简单，因为企业管理层在某个时点展望未来，必然需要确定某个核心任务。与这个中心任务相关，自然可以确定一个关键业绩指标。因此，证券分析师可以跟随企业重点方向的调整而相应选择关键业绩指标。

从需求来看，证券分析师非常看重关键业绩指标的信息含量。对任何公司外部的相关方而言，容易理解的商业模式和清晰且可跟踪的业绩指标，肯定将减小投资风险，增加投资者信心。这也是证券分析师热衷寻找企业关键业绩指标的原因。

（二）业绩驱动要素和业绩考核指标

上市公司对不同的高管有不同的考核体系，而且考核导向包括经济效益、社会责任等多方面。但业绩考核指标可能包括关键业绩指标，并进而可能部分反映业绩驱动要素，这是证券分析师关注业绩考核指标的最根本原因，也决定了证券分析师关注业绩考核指标的范围和使用方式。

经常有上市公司反映，业绩考核指标属于公司内部信息，如果要求将考核指标对外披露，可能带来两个损害：一是扩张计划和工作重点等商业秘密被竞争对手知晓；二是投资者会将考核指标等视做公司对外的业绩承诺，如果出现未达到考核标准的情况，公司有可能遭遇投资者的不理性行为，而且监管部门可能也会要求公司进行季度总结和反省。

对于这两个损害，一方面，证券分析师并不需要上市公司完整地、事无巨细地披露全部考核指标。作为企业管理的一部分，考核指标是企业工作的风向标，具有商业价值，而且很多指标对于证券分析师并无价值。仔细分析来看，证券分析师关注的其实只是众多考核指标的极小部分——与证券分析师预测公司未来趋势有关的部分。举例来说，对于互联网应用平台企业，证券分析师可能关注的只是活跃用户数，而并不是对诸如人力资源总监所需要考评的员工满意度指标等。

证券分析师希望通过跟踪公司的关键业绩指标，把握公司所在行业的脉搏，掌握公司变化趋势，为盈利预测提供及时而相关的指引。从这个目的来说，证券分析师代表了投资者的立场，希望知道公司走向何方，以及现在行走的状态。

另一方面，通过投资者教育，越来越多的投资者认识到，公司的财务预算信息以及考核指标从法律意义上不能等同于公司对投资者的业绩承诺。当然，不可避免在中小投资者群体中还存在一些误解，还需要持续的教育。不过，从证券分析师的需求来分析，上市公司并不需要公布全部，只需要提供某个（最多某几个）业绩考核指标的信息，如果这些指标不涉及最终的业绩项目如收入或净利润，也就没有理由被认为是一种业绩承诺。

（三）价值驱动要素

从证券分析师使用的基于现金流折现的绝对估值方法来看，决定企业股票价值的因素，主要是未来的现金流（盈利能力）和折现系数（风险）。因此，证券分析师高度关注这两方面的信息。

资本市场对股票的定价，依据在于公司未来可能给投资者的回报。这是一个由无数市场参与者给予的平均预期，当然最终的股价所对应的一致预期并不等于这个平均预期，但不可否认，平均预期是一致预期重要的影响因素。影响平均预期的因素，都可以成为企业股票的价值驱动要素，但主要集中在企业盈利的成长性和确定性。

举例来说，上市公司公告大额订单，这个信息在未来将直接增加营业收入，并消除了能否拿到订单的风险，因此提升了企业价值和股票价值。又例如，公司总裁离职，这个信息可能在未来改变公司的营业收入，并增加了不确定性，也将改变公司股票价值。上述价值驱动要素将直接影响公司股价，因此必然是证券分析师最关注的重点。

对上市公司而言，所有推动未来现金流和风险发生重大改变的因素，包括并购重组、资本开支、大额订单、研发进展、人事变动等，都应当通过合适的信息渠道予以披露，上市公司的及时披露和证券分析师的评价推荐，将有助于迅速消除市场的信息不对称。

三、证券分析师对完善上市公司信息披露的作用和建议

根据上文的分析，我们讨论了证券分析师解读上市公司信息的主要过程和对上市公司信息需求。在实务工作中，我们考虑到目前上市公司信息披露质量尚弱，在一定程度上不利于证券分析师定价作用的发挥，故在本章节指出目前上市公司披露方面的主要问题，并对上市公司未来信息披露提供建议。

（一）目前上市公司在信息披露方面存在的主要问题

1. 缺乏关键业务指标描述

在证券分析工作中可以发现，有相当多上市公司并未在定期报告中披露关键业务指标，如果同时上市公司本身行业特殊、有较大的盈余管理空间，这就可能导致投资者对公司未来业绩趋势无所适从，难以给上市公司一个公正合理的定价。

例如，某家淡水鱼养殖类的上市企业，向投资者披露的信息包

括：公司淡水湖面养殖面积居于全国第一，并且近几年还持续不断收购增加水面面积，发展前景看好。但通过仔细研究发现，上市公司利润每年均低于预期，历年成本居高不下；公司在定期报告中仅披露水面面积，但未披露每年的投苗量、捕捞量和预计库存量和各类水产品的正常生存年龄。因此，投资者仅通过上市公司披露的内容很难预计未来业绩趋势，甚至也无法清楚地衡量公司的道德风险（例如捕捞过程中可能存在利润漏出情况）。

证券分析师[①]在遇到这类公司时，无非是两种态度：避之大吉；或给予较高的贴现率，以覆盖信息不对称的风险。从股票市场价格走势来看，该上市公司被市场贴上了关联交易及信息披露不透明的标签，股价长期在 6 ~ 8 元徘徊，难以充分利用市场的再融资功能。

反观很多传统行业，通常都通过一些明确的财务或业务指标描述未来业绩趋势，如房地产公司的预收账款等，使得投资者能够基本了解未来几年业绩趋势，大大提高了信息披露对投资者的有用性。如果能补充一些对该类核心业绩指标的披露和描述，无疑有利于进一步提升投资者对该行业的理解和认识。

2. 缺乏对行业和公司发展趋势的细致分析

目前，有相当一部分上市公司在撰写年度报告的“董事会报告”部分时，言语空洞，堆砌辞藻，却没有触及行业发展的最实质性因素。例如，在 2008 年年报中，很多上市公司将业绩下降归结于汶川地震、奥运会等因素，让投资者啼笑皆非。又如，很多公司对未来成长性论证的逻辑过于简单，如不考虑经济发展阶段差异、监管差异、消费习惯差异等，仅仅简单比较中国的人均消费量、产值和世界平均水平的关系，以简单的算术指标说明行业发展空间。这种披

① 此处证券分析师与资本市场投资者都是上市公司信息披露的接收者，两者的信息需求有一定类似性，在此情况下，证券分析师的信息要求与以进行价值投资活动为目的的机构投资者和中小投资者的需求有相似之处，故我们在此处对两者不进行严格区分。

露毫无意义，根本没有触及上市公司业绩变化的核心，信息的有效性大打折扣，甚至成为无效信息，混淆视听，妨碍投资决策。

证券分析师真正希望看到的信息在于：行业层面的竞争格局变化、上下游的变化、产业链条上利益分配的比例和格局，公司层面上公司各类经营财务指标和同行业对比及原因分析等，而这些信息在年报的"管理层讨论和分析"中却很少触及。

上述低效或无效的信息披露导致的结果：（1）证券分析师和投资者进行估值时，无法具体量化该因素的影响程度，例如，即便我们假设汶川地震和奥运会对某些行业的确产生了重要影响，但我们无法将该类事件性影响进行定量化；（2）以人均消费量、产值等数据作为解释行业发展空间的原因，是典型的以结果解释结果的错误。

上市公司对信息披露的解读，直接影响到投资者对行业核心驱动因素的认识和理解，影响到行业整体的估值水平。目前新股发行市盈率不得超过同行业加权平均的25%，上市公司出于自身利益应该通过加强相关信息披露提升投资者对行业的认识和理解程度。

3. 缺乏对关键要素变化的敏感性分析

股票价格从本质上反映了市场预期的变化，而作为股票分析估值的基础，信息披露也必须反映重要信息的变化，上市公司目前在重要信息变化披露上不够积极主动、不够敏感。尤其是对于某些收入和利润占比不大的业务，往往不披露或者一带而过。而对于某些转型预期较强的公司来说，这些业务往往是市场最为关注的业务，上市公司在此类信息披露上往往缺乏主动性和敏感性。

此外，在大客户构成和成本费用披露方面，上市公司的信息披露水平也还有相当大的提升空间。例如，某公司销售收入严重依赖于下游大客户甲用于资本支出的采购，甲客户受外部经济环境影响，2012年预计资本开支较前几年出现了明显的下滑，但在该公司的定期报告中，却丝毫找不到大客户资本开支下滑可能带来影响的敏感性分析。上市公司的理由是难以定量分析其影响，但对于投资者来说，公司如果定性分析该事件对销售收入的影响，或进行敏感性分析假设不同场景，以给投资者以不同视角分析变化，将大大提高信息的有用性。

又如，公司对费用率的分析不尽如人意。公司在上市当年，往往出现费用率的大幅上升。对于费用率的上升，很多公司简单归结为前期业务拓展，或固定资产形成造成的折旧费增加、高管加薪等因素，但却缺乏细致描述：（1）没有严格区分固定成本和可变成本，为未来证券分析师进行成本费用预测带来困难；（2）没有根据未来上市公司业务规划，对未来费用率变化的趋势进行合理预判。在这种情况下，研究员往往线性地将当年费用率作为下一年费用率的预期，这样往往会夸大费用率降低市场对收益的预期，从而降低股价预期，影响上市公司的市值管理及再融资等重大资本决策。

4. 缺乏对公司核心竞争力和“护城河”的描述

随着行业竞争的加剧、上市行政审核的放松以及市场化程度的提高，越来越多的企业可能将走向证券市场。在投资者的眼里，没有“护城河”（核心竞争优势）的公司，将不可能获得长期的估值溢价，而只有那些具备核心竞争力的企业，才能持续获得投资者的认可。

著名投资者巴菲特曾经屡次阐述“护城河”的概念，帕特·多尔西理解的“护城河”四大来源，分别是：（1）无形资产，包括商标权、专利权和法定许可权，“三权鼎立”；（2）产品的转换成本；（3）客户数量的网络效应；（4）相对于竞争对手的成本优势。A 股市场历史上股价表现出色的股票中，一部分是因行业大周期波动成就的周期价值类股票，另一部分大多是具备明确“护城河”的消费类股票。

当前 A 股上市公司在描述竞争优势时，更加偏重于对品牌影响力、资金实力、存量用户群体优势、技术或研发人员优势、上下游及产业链扩张优势。严格地说，这些都没有触及最核心的公司“护城河”，例如，技术和研发人员面临被人模仿的风险，产业链布局优势在其他行业资本进入的情况下也显得不堪一击。又如，某家教育软件公司，将自身优势描述为稳定的客户群体和丰富的教师资源优势，却没有详细描述公司是如何提升存量客户回头率和购买行为，以及如何绑定核心教师资源的（因为这直接决定了教育软件内容的先进性）。

从投资者的角度来看，具备宽“护城河”和持续竞争优势的公司可以使用现金流折现估值模型，以持续增长的眼光为公司定价，但是如果不具备“护城河”的公司，我们仅假设其目前能享受短暂的“蜜月期”，更倾向于以市净率（PB）或产业景气周期内市盈率（PE）的估值方法给予公司定价。

5. 对管理层考核和薪酬政策的披露不足

目前 A 股上市公司披露管理层薪酬，但在高管奖金上披露过少，很多企业高管实际奖金数额远远超过工资的金额。薪酬政策和计提奖金政策的高度不透明，使越来越多的公司患上了严重的大公司病，管理层在个人利益驱使下大量投资到不相关行业或盈利能力低下的资产，以一种隐性方式侵占本应属于股东的利益，治理缺位问题严重，那些依靠制度优势获取大量隐蔽资产升值的公司尤其如此。

例如，浙江某上市公司，依靠前几年获得的廉价地产资源和优质已上市股权投资调节利润。公司这几年没有拓展太多的新项目，但每年的处置资产收益使得管理层的薪酬都维持在百万元以上。公司高管奖金计提政策中规定了根据净资产收益率（ROE）所处的区间决定高管的奖金，但实际上 ROE 和国债投资收益率上浮一定比例为比较基准，以处置资产的形式轻松实现高于比较基准的 ROE 是非常轻松的。在这种情况下，上市公司管理层出于任期考虑，基本没有动力投入一些不增加目前收益但有助公司长期发展的项目，导致公司可持续发展乏力。而本应归属于上市公司股东的权益，通过这种方式在无形中被高管所占用了。

据和讯网统计数据，在过去一年时间里，共有 33 家创业板公司的 67 名高管辞职。与主板相比，创业板公司高管辞职比例过高。机构投资者担心辞职高管离开公司后从事和公司竞争的业务。因此，通过披露历史信息，对高管和实际控制人历史上的行为进行研究对未来具备一定的指引作用。

从投资者的角度看，有严重公司治理问题的公司甚至不能用 PB 方法估值，因为高管的动机决定了公司的净资产是被逐步消耗掉的，而且高管考核指标的设置决定了其投入资本回报率很难超过资本成本，这些业务的存续价值为负数。该类公司从长期看必然遭到投资者的抛弃。

（二）信息披露修正主要建议

1. 披露管理层在经营活动中使用的关键指标

部分行业的上市公司调节利润相对容易（如传媒、生物医药、水产养殖、地产等），部分行业公司的业绩波动较大（如精细化工等），我们认为，如果上市公司披露经营管理活动中使用的各种关键业绩指标，不仅有助于投资者站在产业资本和公司经营的角度更为深刻地理解一个行业，而且有助于投资者根据这些核心指标对公司未来的发展方向进行预判。

例如，对于某些工程类公司，当期业绩往往是以前报告期订单的结算，而订单相关信息已经反映在股价中。因此投资者更加关注的是该期获取订单的信息，因为这决定了今后报告期的利润。如果上市公司仅从会计信息的角度披露当期业绩，显然远远无法满足投资者的信息需求。

美国财务会计准则委员会（FASB）总结出了一套自愿披露的框

架来指导上市公司，用来确认自愿披露哪些信息是有助于投资者做出投资决策的，以及是否应该做出自愿披露。其中第一点就是确认对上市公司成功的关键因素。每家上市公司总有对它经营起到重要作用的业务。以制药行业为例，制药行业在研究开发活动和产品开发渠道上作了充分的披露，相比之下，其他行业的披露就显得稀少得多。出现这种现象的原因可能是公司在制药行业领域认识到充分披露研发活动和产品开发渠道的信息是衡量业绩水平的关键因素，同时，也是投资者借此来评估管理层的计划和策略。而其他行业虽然产品开发同样重要，比如计算机系统，考虑到自愿披露该领域的信息所带来的收益远远无法抵消对公司不利的风险，因此，它们相对披露较少信息。而对于化工性质为主的公司来说，它们将会特别关注成本控制这一因素。

证券分析师和投资者之所以希望上市公司除了财务指标外，列举出一个最关键核心的且对未来业绩具备指引作用的业务指标，原因在于这样可以使投资者在业绩指标外，还能拥有另外一个从侧面审视上市公司经营运作的通道。另外，披露行业特殊业务指标，实际上有助于投资者对公司财务理解的深刻化。通过深度剖析财务指标变化的过程，能够促使上市公司从投资者的角度深层次分析财务指标变化的本质原因。

举例来说，目前按监管机构规定，报告期主要会计报表项目、财务指标与上年度期末或上年同期相比增减变动幅度超过30%的，应在报告正文中说明情况及主要原因。但是对于变化低于30%的公司，如果其内在驱动要素在方向和数量上已经发生了巨大的变化，这时仅从财务指标判断问题便是舍本逐末。

我们以创业板市场为例对目前上市公司情况进行说明（见图3-2)，创业板市场上行业较多的是软件开发服务、系统集成、医疗器械、通用机械、电气自控设备。建议这些行业的上市公司可选择

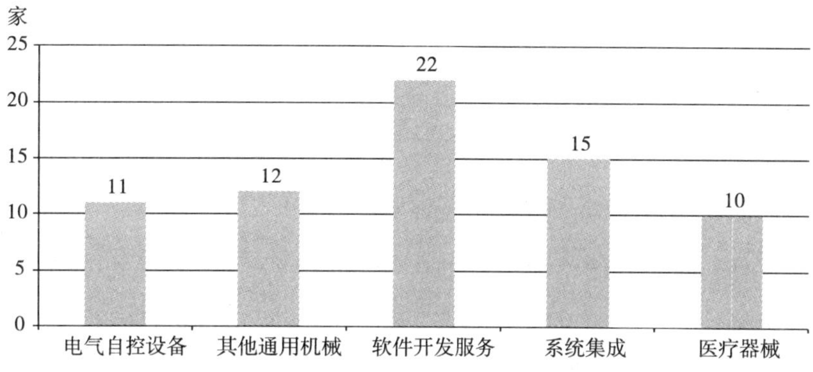

图 3-2　创业板中公司行业分布

一些非财务的指标进行披露，如医疗器械可披露客户数量和粘度、销售租赁模式占比、软件开发服务行业可披露研发费用开支计划以及专利权的获取、产品储备等情况。披露该项指标和核心目的在于帮助投资者更好地判断未来业绩趋势。如上市公司确实认为披露涉及商业机密泄露，可通过申请豁免等方式对企业秘密进行一定的保护。

2. 收入分类口径变更的追溯调整要求

从投资者角度来看，披露收入口径变更的历史信息有重大价值。如果上市公司上市后频繁变更信息披露口径，如变更收入结构披露口径，从产品披露转向行业披露，或从行业披露转向产品披露，或将几个细分行业并成一个大类行业，这为投资者进行纵向比较造成困难。从历史上看，上市公司变更披露口径，一般是因为重组或兼并收购、资产剥离等行为导致的业务增加或减少，但也可能意味着今后上市公司业务方向的重大变化，或是故意隐藏趋势下行的业务部类。

因此，证券分析师希望公司信息披露时保持分部统计口径一致性，如果调整口径，希望能追溯过往 3 年的历史数据。另外，公司必须按照业务类别和地区披露分类收入，按照产品类别分类建议放入可选动作，如某些产品类别过于丰富（如巨星科技、德力股份等）且细分产品直接毛利率差异不大的公司，可申请豁免。但对于产品类别低于5类的公司，且细分产品毛利率较大、复合增长速度较快，或者代表公司未来发展方向，且是资本市场关注重点题材的业务，建议按照实质重于形式的原则进行细分披露。

此外，对频繁调整业务分部口径的上市公司，建议上市公司以较大篇幅，充分披露其变更分部口径的理由，并同时与同行业上市公司进行比较，以说明变更分类口径的合理性。

3. 细化对股权投资相关内容的披露

提出该条建议，主要是基于今后控股公司上市的情况不断增多，很多传统行业的上市公司在主业增长乏力的情况下，利用资金优势不断介入到一些新兴行业中。在上市公司对相关行业不甚了解，或专业技术依靠合作伙伴供应的情况下，上市公司的投资资金面临较大的风险。此外，上市公司常年依靠控股子公司的权益法投资收益或成本法股权的分红盈利，这导致该类公司的盈利波动受分红政策或子公司损益情况影响较大。如果没有详细的细分信息，投资者很难判断未来公司盈利的可持续性。从投资者的角度看，控股型公司往往在财务上具备收入低且和利润关联度小，投资收益高且和利润关联度大等特征，如果不强化子公司的披露将不利于投资者形成市场的一致预期。

因此，投资者要求对上市公司旗下盈利能力较强的控股子公司做进一步详细披露，如母公司在董事会中委派人员数量、职位，技术专业人员是否由母公司委派（尤其涉及主业扩张的多元化公司），是否和管理层存在对赌协议等。而对于比例较小或关联较小的子公司，建议披露持有股权的目的，以及过去几年的分红情况。有条件的上市公司可披露成本法股权投资相关公司的净利润、净资产等方面的数据和情况，并按照现行上市规则对比其上市的可能性。

此外，需要对子公司的分红政策等进行描述，可披露过去几年的分红情况和分红占企业净利润的比例，有助于投资者对未来进行合理推断。我们建议对于投资收益占净利润比例较大的上市公司（如占比30%以上），需要按此要求强化对分红相关信息的披露（见图3－3）。

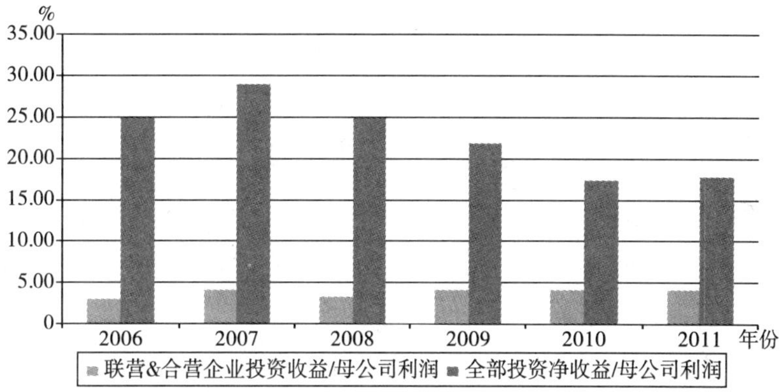

图3－3 投资收益/A股净利润比例

4. 增加披露实际控制人的资本运作历史

随着A股市场的发展和融资并购工具的增加，诞生了很多资本运作高手，他们以低买高卖、包装上市公司并转手套现、在市场上制造题材为着力点。典型者如市场上一些冠以××系的财团及个人，他们个人手中的资产和资源基本有限，凭借空手套白狼的做法，以3～5年为一个周期，不断重复掏空上市公司、损害中小投资者利益的事情。历史上，猴王A、大元股份、创兴资源、四环生物、ST金泰、ST南华等公司都曾经出现过被这些资本掮客严重掏空的现象。李增泉等（2004，2005）分别从股权结构和控股股东动机的角度研究了中国上市公司的“掏空”（Tunneling）问题。

例如，A股市场中，中小板上市的某高速公路信息化上市公司，其管理层在10年前为天津某上市公司的高管，当时公司大股东的管理能力一直广受市场质疑，并且不断通过频繁的股权买卖争取溢价，而其在业务经营上则一直没有起色。因此，有经验的投资者必然会质疑其在新平台或新公司上的管理能力。

鉴于A股市场投资者整体上还比较年轻，新进入市场的投资者缺乏经验，如披露其过去在资本市场的行为（尤其是重大资产重组、买壳卖壳、分拆上市、融资回购以及受监管机构调查及处罚的情况），有助于投资者了解高管的经营能力，提高风险意识，这是对新进入资本市场投资者的一种必要保护。

此外，对于部分资本运作方法的深入研究，也有助于通过司法手段追究其法律责任，为中小投资者追回不必要的损失。对于监管机构而言，通过这些素材的积累，有助于监管机构建立控股股东和高管人员诚信记录库，具备明显的正外部效应。

5. 细化披露公司重要客户变化情况

该条建议着眼点主要在于创业板中有很多存在严重的大客户依赖的公司，大客户依赖严重影响投资者对上市公司业务持续性的判断。

根据华夏时报的一份统计，2009年“过会”的131家创业板公司中，有40家公司前五大客户对营业收入的贡献超过50%。如果说超过50%有依赖大客户的嫌疑，那么“过会”公司中有三成公司的业绩对大客户有一定的依赖性。例如，万邦达对中国神华、中国石油下属公司有严重依赖性；天立环保对新疆圣雄能源开发有限公司有依赖性；宝德股份对宝鸡石油机械有依赖性；劲胜股份对惠州三星电子有依赖性。

因此，投资者希望对上市公司客户所在行业的兼并收购以及客户的融资等情况进行详细分析，披露客户选择供应商的主要标准，以便于投资者分析未来维持客户关系的可能性。对于大客户变更较容易的公司，建议公司说明变更大客户的原因，是因为客户的忠诚度较差，还是因为公司拥有丰富的客户资源，可以选择高利润客户等。

从证券分析师的角度，进行客户分拆分析有助于进行上下游验证，如通过对比上下游成本占比、毛利率趋势来对未来产品价格趋势等进行分析，具有非常重要的意义。

6. 细化披露费用政策

提出该条意见是基于创业板公司收入规模较小，费用率较高，利润调节能力较强，且幅度巨大。从 2011 年创业板全部公司的净利润分析来看，母公司净利润为 240 亿元，而管理费用、销售费用和财务费用分别为 158 亿元、119 亿元和 -15 亿元。动态看，目前由于超募资金严重，故大幅降低财务成本，2~3 年后超募资金逐步使用完毕、创业板估值系统降低后，财务成本大幅上升必将吞噬很大一部分公司的利润，这时如果管理费用和营销费用控制不力，则整个创业板公司利润大幅下滑似乎是不可避免的。

从年报分析，2011 年很多创业板公司出现管理费用大幅超越收入增速的现象（见图 3-4），这其中不仅有上市前后上市公司进行费用调节和盈余管理的原因，很多公司在上市后也主动提出了给高管加薪。更有甚者，在业绩大幅滑坡、普通员工收入仅仅略高于低保标准的情况下依然增加管理费用，可能激化股东和公司管理层、职工和公司管理层之间的矛盾，违背上市公司最起码的社会责任。

有鉴于此，投资者希望上市公司积极披露费用政策和来年的费用规划，并在费用大幅超出预计 50% 以上时，在年度报告中进行说明，以便于投资者对未来的费用率趋势进行判断。

7. 细化披露高管考核指标及完成情况

提出该条建议的原因是，部分上市公司高管考核流于形式，与上市公司经营业绩关联度不高，起不到足够的激励作用。很多上市公司高管考核的指标都不对外披露，代理人问题严重，激化了股东

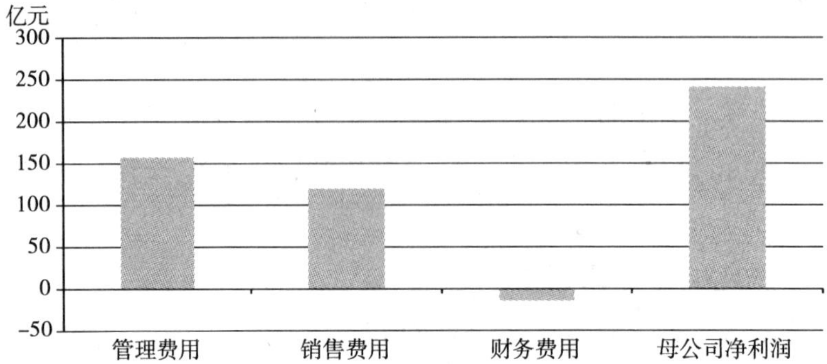

图 3-4　2011 年创业板整体费用和母公司净利润情况

和高管的矛盾。

目前，主板中很多企业对高管考核实际销售金额/计划销售金额、实际利润金额/计划利润金额、实际市场份额/目标市场份额、市场费用/销售金额、客户增加数量、存量客户回头率、坏账率、新产品储备及研发费用投入等指标。此外，不同所有制性质企业考核标准有较大差异，例如，国企主要考核资产、销售、利润等规模性指标，而民营企业则主要关心利润和市值的变化，因此披露核心考核指标和业绩分析指标有助于投资者从管理层动机判断公司后续的资本开支、利润释放等方面的动作。

因此，投资者希望将高管考核的财务指标进行公示，并将考核指标的基准值进行公示。对于那些盈利预测完成情况较差，但高管薪酬、管理费用反而大幅增长的公司，要求上市公司重点披露管理费用大幅增长的合理性以及和同行业上市公司的比较。

这一做法在国外也十分普遍，FASB 总结出了一套自愿披露的框架来指导上市公司用来确认自愿披露哪些信息是有助于投资者做出投资决策的，以及是否应该做出自愿披露。其中包括，确认经营数据与业绩衡量标准。管理层执行业务和计量的效果需要有计量业绩的标准，这些标准可以起到衡量公司执行战略和计划效果的作用，也可以让投资者了解公司目标的完成程度。

8. 细化披露公司核心竞争力情况

投资者希望公司分析说明报告期内公司核心竞争能力（如设备、专利、非专利技术、特许经营权、土地使用权、水面养殖权、探矿权、采矿权、核心技术人员、独特经营方式和盈利模式、允许他人使用自己所有的资源要素或作为被许可方使用他人资源要素等）方面的重要变化及对公司所产生的影响。如果发生因设备或技术升级换代、核心技术人员辞职、特许经营权丧失等导致公司核心竞争能力受到严重影响的，应详细说明具体情况及公司拟采取的措施。

例如，对于医疗服务和医疗器械行业，最核心的竞争力是客户关系和客户粘性，所以投资者需要了解经销商的专业知识能力和医生使用这些器械的学习能力以及对同类产品的使用习惯、转换成本等。

四、本章总结

中国证券分析师行业的发展与中国资本市场发展紧密相连，从20世纪90年代开始了从无到有，由弱到强的发展路径，随着《新财富》等媒体对证券分析师排名活动的开展，中国资本市场也涌现了大量有市场话语力量的明星分析师。中国证券分析师活动也与目前我国资本市场实际制度背景相契合，一方面，根据Hope（2003）的跨国比较，证券分析师的盈利预测精度与本国披露要求和披露执行力度息息相关，透明的信息披露体制有利于提高财务分析师的预测精度和定价作用，另一方面，给定较弱的信息披露环境，证券分析师更多地通过私有信息渠道进行信息收集工作，相对于海外分析师，本土分析师具有较多私有信息渠道并体现了“本地优势”，Bae、Stulz和Tan（2008）基于跨国研究发现，上市公司所在国盈余质量较弱、信息披露要求较差的情况下，本土分析师预测精度明显优于海外分析师，中国证券分析师的“本地优势”在统计结果中体现得较为明显，故对我国分析师作用的评价须结合资本市场实际制度环境客观分析。由于我国资本市场公开信息环境较弱，若未来上市公司信息披露得不到进一步增强，较弱的资本市场信息环境会造成中国证券分析师职能的“弱化”和“异化”。“弱化”体现在证券分析师难以通过高质量的公开信息进行收集和分析定价，影响证券分析师预测精度和投资决策有用性的进一步提高；“异化”体现在证券分析师利用私有信息渠道获取上市公司层面信息的盛行，并进一步影响证券分析师独立性。因此，加强证券分析师行业的健康发展，未来强化上市公司公开信息披露尤为重要。

参考文献

[1] 曹胜：《国内分析师预测能否反映市场预期？——基于MBE的市场反应分析》，载《中国会计与财务研究》，2010（2）。

[2] 黄燕铭：《证券分析师盈利预测偏差动因研究》，工作论文，2006。

[3] 李增泉、孙铮、王志伟：《掏空与所有权安排》，载《会计研究》，2004（12）。

[4] 李增泉、于谦、王晓坤：《掏空、支持与并购重组》，载《经济研究》，2005（1）。

[5] 吴东辉、薛祖云：《财务分析师盈利预测的投资价值——基于深沪A股市场的证据》，载《会计研究》，2005（8）。

[6] 朱红军、何贤杰、陶林：《中国的证券分析师能够提高资本市场的效率吗?》，载《金融研究》，2007（2）。

[7] Bae, K., R. M. Stulz and H. Tan, “Do local analysts know

more? A cross – country study of the performance of local analysts and foreign analysts", *Journal of Financial Economics*, 2008, 88 (3): pp. 581 – 606.

[8] Beyer, A., et al., "The financial reporting environment: Review of the recent literature", *Journal of Accounting and Economics*, 2010, 50 (2 – 3): pp. 296 – 343.

[9] Fama, E. F., "Efficient Capital Markets: A Review of Theory and Empirical Work", *The Journal of Finance*, 1970, 25 (2): pp. 383 – 417.

[10] Grossman, S. J. and J. E. Stiglitz, "On the Impossibility of Informationally Efficient Markets", *The American Economic Review*, 1980, 70 (3): pp. 393 – 408.

[11] Hope, O., "Disclosure Practices, Enforcement of Accounting Standards, and Analysts' Forecast Accuracy: An International Study", *Journal of Accounting Research*, 2003, 41 (2): pp. 235 – 272.

[12] Morck, R., B. Yeung, and W. Yu, "The information content of stock markets: why do emerging markets have synchronous stock price movements?", *Journal of Financial Economics*, 2000, 58 (1 – 2): pp. 215 – 260.

[13] T. J. Wong and Joseph Piotroski, "Institutions and Information Environment of Chinese Listed Firms", *Working Paper of Chinese University of Hong Kong*.

[14] Yu, F. F., "Analyst coverage and earnings management", *Journal of Financial Economics*, 2008, 88 (2): pp. 245 – 271.

第四章

分行业信息披露的必要性及来自机构投资者的声音

第四章　分行业信息披露的必要性及来自机构投资者的声音

构建以投资者需求导向的上市公司信息披露体系是一个长远的发展目标，原因在于投资者的需求是复杂而且是随着市场的发展而不断发展的。近年来，机构投资者对上市公司分行业信息披露需求的呼声也已经出现，这对未来的上市公司信息披露体系的构建提出了新的挑战。本文从上市公司信息披露时所涉及的财务外部性、实际外部性、代理成本以及规模经济的角度出发，全面论证了在我国实行上市公司分行业信息披露制度的必要性，同时又结合我国证券市场的现实环境论述了推进该制度的可行性与紧迫性。紧接着本章从理论迈向实务，进一步探讨了在推进分行业信息披露制度时所应遵循的一般性原则与具体方法，并以创业板上市公司为例详细加以说明。

一、问题提出的背景

本章提出上市公司分行业信息披露这一问题，其出发点完全基于如下两点认识：（1）资本市场的发展对于一国经济发展而言具有举足轻重之作用；（2）信息披露对于构建一个高效、健康的资本市场又至关重要（Healy and Palepu，2001）。

资本市场是一国经济配置资金用途的场所，如何将储蓄最优地配置于各种投资机会是所有经济体都必须妥善解决的重大问题。一方面，资本市场将整个经济体面临的投资机会集加以整合、排序，那些风险较低而回报较大的投资机会将优先获得融资；另一方面，资本市场又将投资产生的部分收益返还于资金提供者以偿其功，诱使其继续提供资金。如此周而复始循环不断，经济发展自然蒸蒸日上。上述过程若要圆满流畅，逆向选择与道德风险是必须加以克服的两大问题。其一，必须使投资者在做出投资决策之前对资本市场中的众多企业有一相当清晰的认识与了解；其二，必须确保在投资者做出投资之后，其所投财物不被肆意侵占，惟其如此，投资者才能于资本市场中泰然自若，积极参与。应当看到，逆向选择与道德风险都是就程度而言的，它们都无法从根本上避免，但纵观欧美发达国家资本市场的发展历程，良好的信息披露可以在极大程度上缓解逆向选择与道德风险带来的负面作用，因此，有关上市公司信息披露制度的研究向来是学界与实务界争相关注的热点，意义重大。

本章将针对我国证券市场的发展现状来探讨分行业信息披露制度的引入这一问题。我国股票市场自 20 世纪 90 年代初起经过 20 余年的发展，已经取得了相当可观的成就（李扬，2011）：截至 2010 年底，中国股票市场上市公司共计 2 063 家；发行总股份 3. 3 万亿股，其中流通股 2. 6 万亿股；股票总市值为 26. 5 万亿元。上市公司门类齐全，遍布各个行业，共有 23 个行业大类，每大类下又细分为若干子类；在全球股市的排名中，A 股市场规模仅次于美国，位居全球第二。以上数据表明：（1）我国上市公司整体在国民经济中具有极强的代表性，为投资者提供了丰富的投资机会；（2）上市公司横跨众多行业、数量众多，其复杂程度势必给投资者造成巨大的信息不对称。俗语说："没有规矩，不成方圆。"如此规模巨大，复杂纷繁的股票市场若要高效运转，就必须有一个良好的信息披露制度来保障信息在投资者与上市公司之间畅通无阻地传递反馈。

有鉴于此，本章首先试图探讨为何要建立分行业信息披露制度。

在此基础上进一步提出如何推进分行业信息披露。

二、为何要建立分行业信息披露制度

对这一问题的探讨，我们将从建立分行业信息披露制度的必要性、可行性、紧迫性三个角度加以分析。

（一）建立分行业信息披露制度的必要性

建立分行业信息披露制度必须经过以下几个步骤：首先需要弄清当不存在政府硬性规范时，上市公司自愿披露会达致何种状态；其次要弄清如何评价政府管制信息披露的效率；最后要弄清楚分行业信息披露制度是否能增进股票市场的运行效率。以上三个问题环环相扣，层层递进，下面我们将对其一一加以考察。

1. 无管制状态下的公司自愿披露

国外已有研究表明（Grossman and Hart，1980；Grossman，1981；Milgrom，1981；Milgrom and Roberts，1986），在理想条件下即使不存在政府管制，公司亦会自动将所有信息向投资者披露。这些条件包括：①信息披露不存在成本；②投资者能确切知道公司拥有私有信息；③所有投资者对公司披露的信息做相同的解读，并且公司知道投资者如何解读其披露的信息；④公司经理的目标是最大化公司价值；⑤公司能够令人相信其披露的私有信息的真实性；⑥公司无法在事前做出遵从于某种披露政策的承诺。

然而，在现实世界中上述六个条件无法完全满足。首先，信息的传递是有成本的（Grossman and Stiglitz，1980），这使得经理人做出信息披露决策时必须要权衡收益和成本，全面的信息披露得不偿失；其次，公司内部人员拥有私有信息这件事情外部投资者可能并不知晓，也就无从对公司股价进行“惩罚”；再次，现代公司治理研究表明经理人关心的是自身利益最大化而非公司价值最大化（Jensen and Meckling，1976），因此，上述促使经理人进行充分披露的动机客观上亦不成立。由于现实世界中这些不完美的存在，公司自愿披露尽管仍会发生，却不会自动达到最优状态，均衡状态为：信息披露的数量只会达到信息披露的边际收益与边际成本相等的那一点，经理人为了私利可能隐瞒、虚报公司信息。此时政府对信息披露的管制就是必要的。

2. 评价政府管制信息披露效率的标准

通过上述的分析不难看出，公司自愿披露并不能使资本市场自发达到最优状态，此时由政府对公司信息披露进行监管，极有可能（但并非必然）提升股票市场的运行效率。根据已有研究表明，政府管制公司信息披露是否有效，取决于能否解决以下四点问题（Beyer et al.，2010）：

第一，是否能够降低公司信息的财务外部性。若 A 公司披露的信息不仅能揭示有关公司 A 的生产经营及财务状况，也能对公司 B 的生产经营及财务状况提供线索，此时公司 A 披露的信息对于公司 B 而言就具有财务外部性。由于条件①与条件④的违背，公司 A 在披露信息时将会忽略那些与公司 B 有关的信息，从社会角度看，这是一种福利损失，此时若由政府强制披露某些信息则有可能缓解财务外部性带来的问题，社会福利亦将提高（Dye，1990；Easterbrook and Fischel，1991；Admati and Pfleiderer，2000）。

第二，是否能够降低公司信息的实际外部性。若公司 A 披露的信息能直接影响公司 B 的实际生产经营决策，则此时公司 A 的信息对于公司 B 而言具有实际外部性。例如，公司 A 披露的对未来会计盈余的预测很可能直接影响到其竞争者进入或者退出有关行业的决策（Pae，2000，2002）。由于条件①与条件④的违背，公司 A 在披露信息时将会忽略这些信息，从社会角度看，这是一种福利损失。此时若由政府强制披露某些信息有可能缓解实际外部性带来的问题，社会福利亦将提高。

第三，是否能够缓解代理成本。现代企业由于所有权与经营权的分离将会产生较严重的代理成本（Jensen and Meckling，1976），导致条件④的违背。公司披露的信息能有效地帮助投资者监督管理层的行为，降低代理成本（Healy and Palepu，2001）。但由于公司披露信息的决策是由管理层做出的，因此，信息披露是投资者与管理层缔约时一项重要的讨论内容，是所有企业都要进行的一项工作（Beyer et al. ，2010）。从社会角度来看，若由政府强制上市公司进行某些信息披露，极有可能节省一笔巨大的交易成本。

第四，是否能够达到规模经济。如果任由企业自愿披露信息，每家企业将会根据自己的实际情况量体裁衣，各个企业披露的信息虽然能够真实地反映其实际情况，但各企业之间的信息不可比，投资者需要花费很多努力去学习多种规则，与条件③违背。此时若由政府统一制定披露规则，有可能降低这种成本使得社会福利得到提高（Dye and Sunder ，2001；Dye and Sridhar，2008）。

政府能否成功地缓解各种外部性，降低交易成本，取决于政府强制企业披露何种信息，只有恰当地选择披露标准，才能收到提高社会福利之效。下面我们将紧扣上述四点因素来论证建立分行业信息披露制度的必要性。

3. 分行业信息披露的必要性

按照证监会发布的《上市公司行业分类指引》规定：当公司某类营业收入的比重大于等于 50%，则将其划入相应行业；当公司没有一类业务的营业收入比重大于等于 50%，但某类业务的营收比重比其他业务营收比重均高出 30%，则将其划入相应行业，否则归入综合类。根据此标准，我国上市公司共分成 23 个行业大类（制造业取两位代码），类别囊括国民经济各个方面。对于投资者来说这些行业千差万别，要一一准确把握其特点费时费力，此时若采取分行业信息披露制度将会获得如下好处：

（1）同行业内企业的信息具有较强的财务外部性，不同行业间企业信息的财务外部性较少，以行业为单位制定信息披露制度能较好地克服这种外部性。依理论言之，同一行业内的企业具有相似的生产经营活动、处于相似的市场环境中、面临相近的风险因素等，正因为具有这些共性，关于企业A生产经营的信息不仅能反映企业A自身的状况，还能从某种程度上折射出企业A所处行业的一般状况，对于推测同一行业内其他企业的经营状况来说具有相当价值；而处于不同行业的企业因为不具备上述共性，其价值关联性较弱。

众多研究确切无疑地指出了这一现象：Foster（1981）的研究表明同行业中一家公司公布会计盈余这一事件会明显影响到该行业内其他公司的股票价格，这说明披露盈余的公司其信息对于同行业内其他公司的估值有益；Ramesh et al.（1989）进一步考察了管理层盈余预测的发布，他发现同行业内一家公司披露的管理层盈余预测不单对该公司股价具有影响，对同行业内其余公司的股价亦具有显著影响；Lustgarten和Pyo（1990）指出Ramesh et al.（1989）发现的关系可以用同行业内两家公司会计盈余的方差与协方差解释，其中协方差表示两家公司的竞争关系而方差则表示预测误差以及噪音。这些证据明白无误地指出同行业内的企业信息具有较强的财务外部性，不同行业间的企业信息则无此明显联系。

正因为如此，按照行业特点分行业设计不同的信息披露细则，一方面，可以将同一行业内企业信息间的财务外部性降至最低，最大限度地为机构投资者提供与估值有关的信息；另一方面又不会牺牲不同行业之间巨大的差异性；量体裁衣，因行业制宜。在这样的信息披露制度设计之下，信息的传递无疑是高效的。以上是我们主张进行分行业信息披露的第一个原因。

（2）同行业内企业的信息具有较强的实际外部性，不同行业间企业信息的实际外部性较少，以行业为单位制定信息披露制度也能较好地克服这种外部性。这主要是因为同一行业内的企业往往处在一种竞争、你退我进、你亡我存的关系中，一家公司的信息对另一家公司而言具有极强的敏感性。

已有研究对此亦多有论述：一家公司披露预期盈余这一信息有可能影响其竞争者做出进入或退出相应市场的决策（Pae，2000，2002）；亦或影响其竞争者的产量决策（Vives 1984，Darrough 1993，Kanodia et al.，2000）；等等。正因为如此，有研究表明在那些竞争较为激烈的行业中，公司会自发地编订其披露的信息（Verrecchia and Weber，2006）以保护其行业地位。这种现象从社会整体来看可能是一种效率损失，个别企业为维护其竞争地位对信息有不同程度的隐瞒，可能使得更多的企业做出错误的决策。

如果此时政府能按照各行业的竞争程度分别制定信息披露制度，强制企业披露一些信息，对于绝大多数企业而言，他们的决策就会基于更加充分的信息做出，从整个社会角度来看，效率无疑将提高。这是进行分行业信息披露的第二个原因。

（3）同一行业内的企业其公司治理结构相近，不同行业间的公司其治理结构相去较远，从降低代理成本的角度来看，相似的公司治理结构理应对应相似的信息披露，按照各行业特点分行业进行信息披露可以将代理成本有效降低。

同一行业内的企业其公司治理结构相近，关于这一点并未有十分直接的研究证据，但是在现代公司财务以及会计的研究方法中，行业因素一直是研究有关公司治理变量的一个重要控制变量，在探讨诸如股权结构、薪酬结构、企业绩效等诸多问题时，行业因素都是需要首先加以控制的。这充分说明行业因素会显著地影响公司的治理结构：同一行业内公司具有相似的治理结构，不同行业公司治理结构相异。

政府按照行业特点分别规定各行业需要披露的信息，可以充分根据不同行业间治理结构的不同、代理成本表现形式的不同来设计披露内容，能够极大限度地为机构投资者提供监督企业所需的信息，缓解道德风险与逆向选择问题。这是进行分行业信息披露的第三个原因。

（4）分行业进行信息披露可以取得规模经济的好处，又能避免信息过度失真。理论上来说，政府可以对所有企业都制定完全相同的信息披露标准，也可以对每家企业制定不同的信息披露标准。与这两个极端相比，分行业进行信息披露恰处于中间状态。这三种状态各有利弊，需要仔细对其收益与成本进行比较之后才能评价优劣。

当所有企业都遵循同一个信息披露标准时，有利之处在于：标准的制定与执行十分方便；各个企业披露的信息可以直接加以比较，投资者仅需学习一套标准即可进行投资。不利之处在于：众多企业采用同一个信息披露标准极有可能导致披露的信息失真，这是因为上市公司数量众多、横跨各个行业类别，同一个标准无法适应这众多相去甚远的情形，自然产生信息失真的问题。

当对所有企业分别制定适合其自身情形的信息披露标准时，有利之处在于：对于每一家企业来说，信息披露标准都是最符合其实际特点的，披露出的信息失真程度最小、信息最为准确；不利之处在于：标准的制定与执行将成为十分繁琐的活动，不切实际；各个公司披露出的信息含义不同，不可直接加以比较，投资者需要进行长期的学习方能进入资本市场投资，并且很难对各公司做出准确的估值（Dye and Sunder，2001）。

考虑到规模经济与信息失真两个因素，理想的信息披露制度应当介于上述两种情形之间：一方面应避免所有企业“铁板一块”，遵循同一个信息披露制度导致信息失真；另一方面众多企业亦不能“各自为政”，增加不必要的监管与学习成本。基于这些考虑，理想的制度因当尽可能地将“同质性”强的企业归并成集合，针对这些不同的集合来制定相应的信息披露标准，这样既能体现出这些集合间的差异性，又可获得规模经济的好处。行业分类正是判别企业是否同质的一个重要标准，从市场投资的角度来看，处于不同行业的上市公司往往有着不同的经营特点，例如，与传统行业相比，高科技行业的无形资产更多代表了增长潜力，与其定价息息相关；又比如，农业类企业其景气周期性强，盈利水平主要与产品价格、毛利以及存货质量等因素相关，而通信服务行业与经济周期相关性小，但是与技术发展周期、用户消费阶段以及行业龙头的投资行为紧密相关。例子不胜枚举，不同行业企业差异巨大，同行业内企业同质性较高，因此以一套无差异的准则来规范不同上市公司的信息披露，有可能使上市公司的经营成果无法及时、准确地反映到资本市场上。而差异化的信息披露能够最大限度地将行业和公司经营的关键信息传递给包括投资者在内的上市公司利益相关方，使他们在充分掌握信息的基础上形成对上市公司的评判和预期。分行业进行信息披露正是一个鱼和熊掌可以兼得的好制度（高莺和史晋川，2003），以上是进行分行业信息披露的第四点原因。

在本部分中，我们结合前一部分罗列的判断标准逐一分析了按行业进行信息披露的必要性。我们发现，分行业进行信息披露可以有效地降低信息的外部性以及上市公司的代理成本，并获得规模经济的好处，还能够有效地缓解市场中的信息不对称与道德风险问题，对机构投资者而言意义重大。综上所述，我们认为，在我国推进分行业信息披露制度十分必要。

（二）建立分行业信息披露制度的可行性

现阶段在我国推进分行业信息披露制度是可行的，这主要是因为以下几点理由：

首先，证监会颁布的《上市公司行业分类指引》可以作为推进分行业信息披露工作的基础。在该指引下，所有上市公司按照其营业收入比重被划入 23 个行业大类（制造业取两位代码），每个大类之下又可分为若干子类。这种划分方法经过股票市场的多年运行已经被证明为科学的，每个类别内部的企业具有很强的同质性。分行业信息披露的设计可以在此基础上对现有分类进行整合归并，将相似的各个子类进一步归集，在保证信息真实的同时获得规模经济。

其次，我国资本市场经过 20 余年的发展，产生了一大批行业专家，诸如证券分析师、审计师、资产评估师等，他们对于实务有着深入的了解，对于其所关注的行业有着深刻的认识；与此同时，伴随着资本市场的日益壮大，聚焦于资本市场领域的学者也越来越多，他们从理论高度对各种问题展开细致研究，探讨其成因，对资本市场的理解亦有独到之处。在推进分行业信息披露制度的建立过程中，这些专家学者可以成为天然的智库，为此项工作之开展献计献策。

再次，目前的市场环境有利于分行业信息披露制度的建立。当前 A 股市场低迷不振，投资者信心不足。于此时期推进分行业信息披露制度，能够增加上市公司的透明度，减少公司与投资者间的信息不对称问题，必能赢得广大投资者的支持，提振市场信心。另一方面，站在上市公司的立场上而言，它们亦乐见市场信心提振，公司股价上扬。

最后，在欧美发达国家的资本市场中皆强调一条“自愿披露”原则，这条原则使得上市公司在准则规定之外尚有充分的自由披露其想要披露的信息，用以表明其独特之处。需要指出的是，由于我国经济尚处于转轨阶段，市场化程度仍然偏低，各种市场约束力量尚未全部成形，投资者保护程度较欧美发达国家而言仍有不小差距，欧美国家上市公司之所以“自愿披露”各种信息乃是其受到所处市场中各种力量约束作用之后的均衡结果，在我国市场中这些力量较为薄弱，故不可寄望于“自愿披露”原则。在此种情形下，既能反映公司独特之处又切实可行的信息披露制度正是分行业信息披露制度。

综合以上四点理由，我们认为在我国推进分行业信息披露制度是可行的。

（三）建立分行业信息披露制度的紧迫性

推进上市公司分行业信息披露制度的建立，对于提高资本市场风险定价效率、缓解民营企业融资困难、帮助投资者筛选企业实现财富的保值增值都具有重要意义。这三个问题其实是同一问题的不同侧面：只有信息流畅，企业透明度提高，正确地对企业进行风险定价才有章可循；唯有企业价值得到正确估量，投资者才有信心积极参与证券市场，投入资金，企业也才能获取支持其长远发展的资本，两者互惠互利。当前民营企业、中小企业融资困难，恰恰是因为市场难以很好地对其进行风险定价，导致投资者裹足不前，企业因而得不到发展。要实现金融体系改革，资本市场发展，推进分行业信息披露制度应当列入优先开展的工作之一，具有现实紧迫性。

三、如何建立分行业信息披露制度

在本部分中，我们首先论述建立分行业信息披露制度应当秉持的一般性原则，其次论述具体方法，在每一部分中我们又将以创业板上市公司为例对这些原则、方法加以解释。

（一）建立分行业信息披露制度所应秉持的一般性原则

我们认为，建立分行业信息披露制度这项工作并不应该是一步到位、一劳永逸的，在推进过程中应当秉持循序渐进的原则，采用由试点到推广、在实施中逐步调整完善的分阶段方式。在具体过程中，不同行业信息披露的差异性应当体现在如下三点上，即是否披露、如何披露、重点披露还是非重点披露。现解释如下：

1. 是否披露。应根据重要性原则，选取对试点行业上市公司经营业绩影响最大的若干外部和内部指标，这些指标可以基本体现出行业景气程度、公司盈利状况、经营风险等因素，使投资者对试点行业上市公司的经营业绩能够有较为清晰的认识。我们并不认为应当对所有指标不论大小全部予以披露，这样一方面上市公司的成本大大增加，另一方面还可能使投资者“淹没”在众多信息中而无所适从。特别是对有可能涉及商业机密或者披露成本过大的信息是否披露的问题，应该与行业内上市公司充分沟通后才能确定。

2. 如何披露。针对不同行业和不同类型的企业，特殊信息可以分别在详式报告和简式报告中披露。对于对上市公司业绩造成较大影响的内部指标或外部环境变化，投资者普遍关注的行业或公司情况，企业都应详细披露，在年报全文和摘要中均详细说明并特别提示投资者重点关注；而对于其他影响力相对较小的内部指标或外部环境变化，公司可只做简单披露，在摘要中列出即可。

3. 重点披露还是非重点披露。对于具体指标的说明应根据行业模式的不同而区别对待。若指标含义模糊、容易给投资者造成混淆，但是对投资者研究分析该行业具有较大意义，上市公司应给予重点披露，对其意义、形成原因、可能造成的影响等因素进行详细阐述，并一定程度上做出业绩预测或承诺；反之，若该指标含义清晰、不容易误导投资者，在行业分析中产生的影响较小，企业可略作简介，不重点说明。

在阐明上述三个一般性原则之后，我们进一步以创业板中的医药类、石油化工类、农业类、文化传媒业、通信服务业、计算机应用服务业为例说明如何具体落实上述原则。

以生物医药类上市公司为例，除了原料药企业的经营特点类似石油化工类企业以外，其他生物医药子行业都是典型的由研发创新驱动成长的行业，产品和渠道是生物医药类公司的核心竞争因素。由于各产品间的差异性很大，分别适用于不同适应症，甚至不同的治疗领域，因此，分别对生物医药上市公司的各主营产品进行量价分析是投资者分析、预测公司业绩的重要基准；在研产品线则是生物医药类公司持续发展的动力。新药品种从立项到最终产业化需要通过多项环节，持续时间较长，因此，分析在研品种的上市时间和市场前景是判断医药类公司成长性的重要依据。基于生物医药企业的上述特点，我们建议未来相关上市公司应该重点披露以下信息：

（1）主要产品的治疗适应症和保护期。

（2）在研品种的适应症、所处的研发和审批阶段以及相关实验数据等。

（3）新建产能和新增业务的情况，包括相关产品的市场规模、原材料供应、投资额、采用的工艺和装置、建设安装进度、装置调试情况以及预计投产日期等。

（4）公司的营销策略、营销结构以及在各省市集中采购招标中主要产品的中标情况。

（5）公司产品进入《国家基本医疗保险和工伤保险药品目录》的情况。

与医药产品的消费属性不同，石油化工类上市公司通常产业链条长、产品众多，其产品应用涉足吃、穿、住、行各个方面，景气度与经济周期紧密相关，属于强周期行业。石化企业盈利主要受供需格局、上游原料价格和下游需求等因素的影响，主要与产品产量、库存、价格以及毛利等因素相关。此外，石化企业长期发展战略方向以及新产品和产能投入等因素都是关系到企业未来业绩成长前景的重要因素。基于石油化工企业的上述特点，我们建议未来相关上市公司应该重点披露以下信息：

（1）主要产品的产能、产销量、毛利率、市场供求以及市场价格变动等信息。

（2）主要原材料的市场供求和价格变动情况。

（3）新建产能和新增业务的情况，包括相关产品的市场规模、原材料供应、投资额、采用的工艺和装置、建设安装进度、装置调试情况以及预计投产日期等。

（4）在研产品和新产品的主要特点、实验室研发、中试进度、技术认证以及下游客户认证等进展。

4. 国家产业政策的变化、同行业公司发展动态以及行业发展趋势等。

农业类各子行业普遍存在集中度较低，景气周期性较强，产品同质化较高和生产周期较长等特点。农业类企业的盈利水平主要与产品价格、毛利以及存货质量等因素相关。而企业研发活动和产能建设水平是决定企业未来业绩表现的重要因素。因此，我们建议未来相关上市公司应该重点披露以下信息：

（1）主要产品的品种、产销量、毛利率、市场供求以及市场价格变动情况。

（2）在研产品和新产品的主要特点及其对公司经营业绩的影响。

（3）存货结构中主要产品的数量和成本。

（4）生产经营活动目标，特别是重要生产过程的相关信息，例如，种子企业的重要品种制种面积和产量，水产养殖企业的主要产品投苗量或投苗面积，畜禽养殖企业的种鸡、种猪存栏量等。

文化传媒行业是为社会公众提供信息、文化、娱乐产品和服务的活动，以及与这些活动有关联的活动的集合。文化传媒是意识形态的载体，承担着社会舆论导向和精神文明建设的重要使命，因此文化传媒行业存在比较严格的准入限制。我们建议未来相关上市公司应该披露能够反映政策环境、消费需求和技术推动等因素的信息。其中，消费需求方面，公司应重点披露消费结构和消费支出变化；

在技术推动方面，应说明互联网普及以及三网融合的发展如何从技术层面上推进文化传媒行业的发展。具体而言，文化传媒不同子行业的上市公司的披露要求包括：

（1）出版业和音像业上市公司应该重点披露向新媒体公司的转型计划及实施进展。

（2）广播电影电视业上市公司应重点说明新片投拍项目计划、电影排片计划、与院线约定最低票价、电视剧预售情况、收入确认时间以及主要业务人员的变动情况等信息。

（3）信息传播服务业上市公司应说明有线网络用户数、数字化用户数、双向网改比例、每用户平均收入、宽带用户数、增值业务收入、版权采购成本和计划以及新媒体披露牌照审批情况等信息。

通信服务行业与经济周期相关性小，但是与技术发展周期、用户消费阶段以及行业龙头的投资行为紧密相关。通信服务企业的总成本中首次投资的固定成本较大，因此公司的经营杠杆较高。因此，我们建议，未来相关上市公司披露的信息应能够反映其主要技术处于导入期、快速发展期、稳定增长期还是衰退期；能够揭示用户所处的消费阶段，包括固话、移动、互联网和移动互联网；应该能够说明通信运营商和互联网龙头企业的投资重点、成本、营销重点和用户发展目标；应该能够分析具体业务的用户数和每用户平均收入。

计算机应用服务企业具有轻资产、收入确认季节性强、人员费用占比较高、退税和政府补贴占比较高等特点，部分公司还存在行业依赖或大客户依赖。因此我们建议未来相关上市公司应重点披露以下信息：

（1）主营业务收入的结构，应该分别按照产品结构、下游行业应用和区域三个维度披露。

（2）管理费用结构，包括员工工资、研发费用和差旅费用等，应说明研发费用资本化的情况以及下一财季的员工扩招和研发支出计划。

(3)“非经常性损益”科目的明细，包括各类税收优惠、税收返还、财政补助和奖励等项目。

上述众多例子从实际出发说明了如何在具体工作中贯彻我们提及的原则，只有按照各行业特点，严格把握是否披露；如何披露；重点披露还是非重点披露，分行业信息披露制度的建立才可能成功。

(二) 建立分行业信息披露制度的具体方法

在前文中我们讨论了建立分行业信息披露制度所应遵循的一般性原则，在本部分中我们将提出具体方法，现阐释如下：

1. 建立适应各行业公司特点的专门性企业绩效指标体系，这亦是数量化分析行业异同的基础性工作，是其余工作的起点。不同行业其生产经营活动、行业周期、市场竞争程度各不相同，影响其盈利能力的关键因素也各有所异。针对各行业企业建立专门性绩效指标体系有利于按照重要性原则确定影响各行业中企业盈利状况的关键因素，方便投资者对企业正确估价。

譬如，由于创业板上市公司一般是处于发展初期的公司，规模不大，但是经营高科技高成长性的行业和产品，要求创新能力强，因此，创业板上市公司应该持续披露体现其创新能力的“技术人员占职工数量比”和“研发费用投入比”两个指标。其中，技术人员占职工数量比 = 技术人员人数/总职工人数，研发费用投入比 = 研发费用/营业收入。

又如，针对IT行业创业板公司普遍规模较小，经营业绩容易受个别订单影响的特点，可以规定此类上市公司应该及时披露合同金额超过一定绝对数或与上年度全年营收一定比例的订单。

对业务发展主要来自门店数量扩张和单店频效提高的连锁商业或品牌服饰企业，可以规定必须在每份定期报告中详细披露这两类数据。

对于业务发展主要基于用户数提升和每用户平均收入提高的网游、电信增值服务类企业，可以规定在定期报告中加以详细披露。

对于业务发展受上游大宗商品成本影响较大的企业，可以规定提高相关信息披露的频度，亦可要求在定期报告中重点讨论。

以上这些例子说明影响不同行业盈利能力的关键因素各不相同，为了科学、全面地估量各种因素对企业盈利的影响，选出最为重要的因素，分行业建立绩效指标体系是必为之举。

2. 应当强化对无形资产的披露要求。无形资产在不同行业表示不同的含义，其具体所指也千差万别，对于那些处于创业期的高增长企业，无形资产本身极有可能暗示企业维持高增长的能力，对此项目详细披露，有助于投资者更全面地掌握企业核心竞争能力和发展潜力。我们参阅了香港交易所对香港创业板上市公司“知识产权”披露的相关规定。“发行人应集中披露对投资者具有意义的知识产权，而在决定哪些知识产权对于上市文件披露内容而言属重要时，应考虑下列各项：①从投资者角度分析重要性——投资者要决定投资与否，什么是相关资料；②按发行人整体业务、盈利能力及前景判断重要性；③应从发行人的业务活动及营运、财务状况及前景有多依赖于有关知识产权判断重要性”。简言之，重要的知识产权指从合理的投资者角度而言，欠缺有关知识产权或有关产权不完整会严重影响发行人及其附属公司整体业务、盈利能力或前景。

以创业板公司为例，建议要求创业板上市公司在平衡好商业秘密和信息披露义务的基础上，多层次、实时地披露对其现实经营和未来发展有重要性的无形资产。由于创业板企业的无形资产大多较为独特，在市场上难以找到同类资产，财务报表使用者无法在市场上获取其公允价值，只能通过对会计披露的阅读获取相关信息，而缺乏适合于创业板企业的无形资产计量标准。因此，建议准则修订中针对创业板公司无形资产的重要地位和特点对其设定特殊计量要求，从而限制企业通过对选择相关会计处理方式而进行利润操纵甚至是造假行为。

3. 加大对业绩预测及业绩预测准确性的要求。投资者、债权人及其他利益相关方不仅要获得对以往业绩评价的依据，更加需要获得对企业未来业绩的预期，进而做出投资决策和其他决策。创业板公司信息披露规则修订稿规定公司可以编制年度盈利预测，在实际经营业绩低于或高过盈利预测 20% 的情况下，仅规定公司说明差异原因，而并未有任何实质性处罚措施，在客观上并不能约束上市公司通过盈利预测来进行市值管理。在这点上，如何明确“业绩预测”并不等同于“业绩承诺”，从而消除上市公司对潜在的法律责任风险的担心，有待相关法规的完善以及监管工作的细化。

4. 充分披露非财务信息。非财务信息是一类理解企业生产经营状况的重要信息，财务信息能够反映的行业间差异毕竟有限，而非财务信息正是重要的信息补充，美国的 FASB 和国际会计准则委员会对此都有明确的规定，我国亦应当尽快强化此类信息的披露。

以创业板上市公司为例，其年报往往着重于披露企业的财务信息，尽管有少数创业板企业披露包括企业社会责任在内的非财务信息，但是披露信息的深度、广度以及质量却仍有待提高。非财务信息的质量包括信息的真实性、披露的充分性以及披露的及时性等几个方面。只有充分披露非财务信息，才能使投资者全面分析企业经营活动，准确地预测企业的经营前景，从而进行可靠的投资决策。

5. 充分吸收市场各方，包括监管部门、交易所、上市公司和投资者的意见和建议。在推行差异化披露的过程中，上市公司可能会担心这些信息的披露有可能造成“商业机密”的外泄，从而或被竞争对手利用，或将造成上市公司在与上游、下游的谈判中处于不利地位。我们认为，中国资本市场除了应该加强投资者教育以外，对上市公司的辅导和教育也有不少可以改进的空间。例如，上市公司应该明白，在成熟的市场经济中，股权融资其实才是各种融资方式中成本最高的一种。既然已经选择了上市，并从社会获取资金融通的便利，作为公众公司，它们就有义务向利益相关方披露足够判断其经营实绩和投资价值的关键业绩指标。此外，在一个成熟的资本市场上，应该也是有奖优罚劣机制的，也就是信息披露工作做得好的“透明”的上市公司，理应能够获得相对更高的估值溢价。当然，分行业的差异化信息披露仅仅是这个成熟资本市场建设工作的一环，今后还应该通过各种资本市场制度的完善以及机构投资者成熟度的提高才能够达到这种理想状态。

四、结论

上市公司分行业信息差异化披露制度的建立，将会是中国资本市场监管的一个里程碑式的事件。无论对监管部门、上市公司，还是投资者都将发挥长远的正面作用。

1. 可以有效地满足投资者研究分析上市公司的需求。一方面，投资者将可以直接获得行业发展以及公司经营的有效信息，避免了他们受到过多市场噪音影响而对公司错误定价；另一方面，可以逐步杜绝所谓的“内幕信息”，引导投资者从行业和公司基本面对上市公司进行研究和投资，促进资本市场迈向成熟。

2. 降低上市公司的运行成本。分行业进行差异化信息披露将促进上市公司进一步变得“透明”，这样能够促进上市公司利益相关方对其信心的提升和评价，从长远看，“让人放心”的企业在一定的社会和经济环境中运营成本能够得到降低。

3. 增强了监管的针对性。过去，过多的无效信息在很大程度上增加了监管部门的监管成本，而统一化的披露标准由于缺乏对各细分行业特殊情况的考虑，也容易留下一定的监管空白，从而导致内幕交易等违法违规现象时有发生。实行分行业信息披露制度后，监管部门可以专门根据不同行业的特殊情况，制定有针对性的监管方案，提高监管效率。

参考文献

[1] 徐聪：《试论我国上市公司差异化信息披露制度之构建》，载《证券法苑》，2011（1）。

[2] 刘健：《上市公司会计信息披露与监管中存在的问题及改造措施》，载《经济研究导刊》，2010（2）。

[3] 李扬：《金融蓝皮书：中国金融发展报告（2011）》，北京，社会科学文献出版社，2011。

[4] 高莺、史晋川：《对企业信息披露进行分行业监管的经济学分析》，载《数量经济技术经济研究》，2003（7）。

[5] Admati，A. R.，Pfleiderer，P.，"Forcing firms to talk：financial disclosure regulation and externalities"，*The Review of Financial Studies*，2000，13，479－519.

[6] Beyer，A.，Cohen，D. A.，Lys，T. Z.，Walther，B. R.，"The financial reporting environment：review of the recent literature"，*Journal of Accounting and Economics*，2010，50，296－343.

[7] Darrough，M.，"Disclosure policy and competition：Cournot and Bertrand"，*The Accounting Review*，1993，68，534－561.

[8] Dye.，"Mandatory vs. voluntary disclosure：the case of financial and real externalities"，*The Accounting Review*，1990，65，1－24.

[9] Dye，R. A.，Sunder，S. S.，"Why not allow FASB and IASB standards to compete in the U. S.?"，*Accounting Horizons*，2001，15，257－271.

[10] Dye, R. A., Sridhar, S. S., "A positive theory of flexibility in accounting standards" *Journal of Accounting and Economics*, 2008, 46, 313-333.

[11] Easterbrook, F., Fischel. D., "In: the economic structure of corporate law", Harvard University Press, Cambridge, MA, 1991.

[12] Foster, G., "Intra-industry information transfers associated with earnings release", *Journal of Accounting and Economics*, 1981, 3, 201-231.

[13] Grossman, S. J., Hart, O., "Disclosure laws and takeover bids", *Journal of Finance*, 1980, 35, 232-334.

[14] Grossman, S. J., "The information role of warranties and private disclosure about product quality", *Journal of Law and Economics*, 1981, 24, 461-484.

[15] Grossman, S. J., Stiglitz, J. E., "On the Impossibility of Informationally Efficient Markets", *The American Economic Review*, 1980, 70 (3), 393-408.

[16] Han, J. C. Y., Wild, J. J., Ramesh, K., "Managers' earnings forecasts and intra-industry information transfers", *Journal of Accounting and Economics*, 1989, 11, 3-33.

[17] Healy, P. M., Palepu, K. G., "Information Asymmetry, Corporate Disclosure, and The Capital Markets: A Review of the Empirical Disclosure Literature", *Journal of Accounting and Economics*, 2001, 31 (1-3), 405-440.

[18] Jensen, M. C., Meckling, W. H., "Theory of the firm: Managerial behavior, agency costs, and ownership structure", *Journal of Financial Economics*, 1976, 3, 305-360.

[19] Kanodia, C., Mukherji, A., Sapra, H., Venogupalan,

R., "Hedge disclosures, future prices and production distortions", *Journal of Accounting Research*, 2000, 38, 53－82.

[20] Milgrom, P., "Good news and bad news: representation theorems and applications", *Bell Journal of Economics*, 1981, 17, 18－32.

[21] Milgrom, P., Roberts, J., "Relying on the information of interested parties", *Rand Journal of Economics*, 1986, 17, 18－32.

[22] Pae, S., "Information sharing in the presence of preemptive incentives: economic consequences of mandatory disclosure", *Review of Accounting Studies*, 2000, 5, 331－350.

[23] Pae, S., "Discretionary disclosure, efficiency, and signal informativeness", *Journal of Accounting and Economics*, 2002, 33, 279－311.

[24] Pyo, Y., Lustgarten, S., "Differential intra－industry transfer associated with management earnings forecasts", *Journal of Accounting and Economics*, 1990, 13 (4), 365－379.

[25] Vives, X., "Duopoly information equilibrium: Cournot and Bertrand", *Journal of Economic Theory*, 1984, 34, 71－94.

[26] Verrecchia, R. E., Weber, J., "Redact disclosure", *Journal of Accounting Research*, 2006, 44, 91－814.

第五章

投资顾问与中小投资者对上市公司信息披露的需求

第五章　投资顾问与中小投资者对上市公司信息披露的需求

一、概述

要构建以投资者需求导向的上市公司信息披露体系，首先应了解投资者的需求，然而不同类别投资者的需求有明显的差异，在我国的资本市场上，中小投资者始终是不可被忽视的基本力量。在较为成熟的国家，机构投资者扮演着主导的作用。与此不同，中国资本市场却以中小投资者为主，机构投资者整体规模偏小，发展不平衡。考虑到现阶段中小投资者在我国资本市场的重要作用，本报告将中小投资者的信息需求作为研究对象，分析目前中小投资者对上市公司信息披露的评价。由于反映中小投资者信息需求的公开资料较少，我们在报告中采用问卷调查和座谈的方法进行研究①。

Bushman、Piotroski 和 Smith（2004）将上市公司信息透明度定义为“市场参与者对企业层面特质信息的可得性”，作为不同性质的资本市场参与者，机构投资者和中小投资者对企业层面的公开信息的需求有显著差异，主要受以下三个方面影响：首先，两者收集和分

---

① 我们在问卷调查和座谈中，主要以创业板上市公司信息披露作为主要研究对象，考虑到创业板上市公司信息披露相对健全，体现了监管部门对未来上市公司信息披露的新思路，创业板上市公司也在国内上市公司中具有一定的代表性，创业板的中小投资者占比较高。本研究报告立足于中国资本市场上市公司信息披露，不限于单纯对创业板上市公司的讨论。

析信息的能力不同，机构投资者从业人员平均学历较高，常通过团队协助的方式进行研究，并得到了金融分析师等信息中介的支持，有能力对上市公司信息作深入分析。而广大中小投资者学历水平参差不齐，主要通过长期形成的经验进行投资决策，外部可依靠的信息来源主要是网络、新闻媒体和营业部的投资顾问，无法得到及时和深入的财务分析报告。其次，两者的交易特征不同，相对于与机构投资者，中小投资者投资期限更短，换手率更高①，更有可能在市场上扮演投机者甚至“噪音交易者”的角色，表现为中小投资者追逐和炒作市场新闻，特别是上市公司重组、高送转和高盈利等信息，频繁调整其投资组合，缺乏对上市公司基本面的深入分析，更多关注于上市公司值得炒作的财务信息，而对其他信息需求较少。最后，两者对上市公司的影响也有显著差别，机构投资者可以发挥积极有效的公司治理作用，如参与股东大会或董事会运作，制定更有效的薪酬激励手段，及时替换不合格的管理层，故机构投资者有动机对非财务信息特别是上市公司治理的信息主动深入分析，而中小投资者难以扮演公司治理的积极推动者，只能通过“搭便车”“用脚投票”等方式表达对公司治理情况的评价，故对公司治理层面等非财务信息需求较低。

根据上文分析，笔者推断中小投资者会表现出和机构投资者不同的需求特征。笔者通过中信证券的营业部系统组织了中小投资者对阅读上市公司年报摘要情况进行问卷调查，并利用问卷调查数据得到了分析结果，发现如下：

在我国，中小投资者持有证券资产市值集中在 10 万～50 万元，

① 根据交易所数据披露，上海证券交易所 100 万元市值持有以下账户占持股总账户的 98.8%，持有市值占总市值的 40.9%；深圳证券交易所类似，分别为 99.3% 和 45.9%；2006 年和 2007 年持股期限小于 3 个月的账务占总账户的 70%（基本为中小投资者），而个人投资者的换手率是机构投资者换手率的两倍以上。

总体上，他们对上市公司信息有一定需求，表现为行情系统和披露网站是他们的主要信息源，会选择通过年报摘要和年报了解公司财务信息。中小投资者的信息需求体现为两个特点，一是对上市公司财务信息具有选择性关注的特征，他们比较关注影响公司股价变化的短期利好信息，如每股收益等盈利指标、公司重大投资信息等，它们可以成为未来炒作公司股价的题材，但相对忽略了公司风险因素和公司治理因素，但后者对公司基业长青尤为重要。以上证据表明，目前我国中小投资者投资期限较短，对公司层面信息需求有限。二是对公司信息有进一步的需求，表现为广大中小投资者开始关注上市公司治理情况，如要求披露前十大股东信息，对公司董事会报告等对未来业绩有预测性的信息有更高期待，同时他们也认可了董事会秘书和证券业务代表等上市公司信息披露部门的作用。我们进一步针对样本比例最高的小型投资者（持有市值 10 万 ~ 50 万元）分地区样本进行了分析，我们的结论较为稳健。

调查问卷结果显示，目前中小投资者有对上市公司信息披露进一步的需求，笔者通过邀请一些有代表性的中小投资者举行座谈，听取了他们对于未来信息披露的建议，得到的反馈意见如下：

中小投资者使用部分财务数据进行投资决策，证券投资顾问在公司信息收集和分析上起到了重要作用。中小投资者对目前上市公司信息披露评价一般，反映在披露信息中存在不可信、没有用和读不懂等几个显著特点；同时，中小投资者对未来增加上市公司信息披露表明出了较多热情，他们希望未来可以进一步增加披露内容，特别在于管理层对未来经营讨论、风险揭示与预防以及部分公司治理信息披露等方面，披露语言和数据更加通俗易懂，必要时图文结合，我们对具体披露建议进行了整理。

本章其余部分如下，第二部分是本章的调查问卷分析，通过分析调查问卷得到了目前我国中小投资者信息需求情况；第三部分是本章的座谈结果分析，根据座谈结果得到了中小投资者对未来信息披露的进一步要求；第四部分是本章的总结，总结了分析成果并提出一定政策建议；此外，本章的附件部分列示本次调查的问卷设计及实施地点。

二、调查问卷设计与分析

本部分提供了本次问卷调查的详细过程，包括调查过程、总体分析结果和子样本分析结果。此外，我们在本章附件中列示了本次调查问卷设计。

（一）调查过程

1. 调查方式：本次问卷调查采取随机抽样和不记名的方式。

2. 问卷设计：问卷问题主要包括两类：第一类是有关客户类别信息，包括所处地域和证券资产规模；第二类包括获取年报信息的方式、渠道、关注的问题以及希望的改进等共 12 个问题，详见本章附件一。

3. 调查期间：2012 年 4 月 16 日至 4 月 20 日。

4. 调查地点：中信证券股份有限公司及其控股的中信证券（浙江）有限责任公司和中信万通证券有限责任公司在湖北、湖南、山东、陕西、上海、四川和浙江 7 个省市共 50 家营业部。其中，有效完成问卷调查的营业部共有 46 家，详见本章附件二。

5. 调查对象：在上述 50 家营业部各随机邀请 20 名，共计 1 000 名中小投资者。

6. 问卷回收情况：本次调查共发放问卷 1 000 份，在调查截至目前共回收 921 份（浙江义乌城中中路营业部回收 21 份），回收率为 92.1%，都为有效问卷。

（二）问卷调查的统计与分析

回收问卷以后，我们对问卷进行了三个层次的统计和分析。第一层次是对所有有效问卷的全样本统计和分析；第二层次是针对证券资产总值占比最大的一类中小投资者（10 万～50 万元）进行抽样，随机挑选 30 个营业部共计 600 份问卷，第三层次是基于所有有效问卷，我们区别了不同地域（环渤海、华中、华东和西部）进行统计和分析（以下统计和分析中的序号均按照调查问卷的原文排序）。

1. 全样本统计和分析

（1）中小投资者的证券资产总值在 10 万～50 万元的比例最高，达到 41%。200 万元以上的中小投资者人数最少，仅为 8%（见图5－1）。

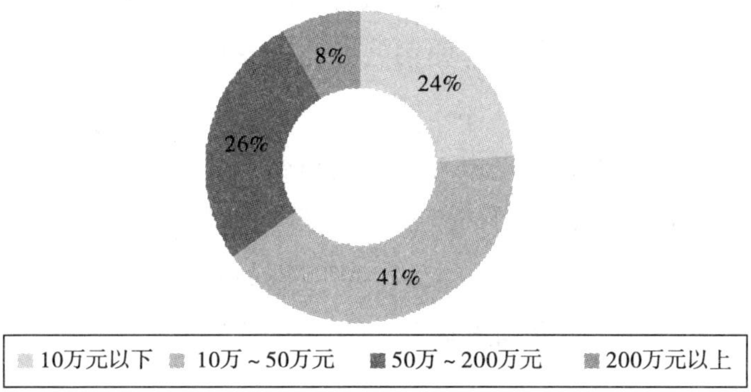

图 5－1　中小投资者证券资产总值比例分布图

（2）在投资者年报信息来源中，40% 的中小投资者仅阅读年报摘要，13% 的投资者只阅读全文，两者全部阅读的占比达到 39%。上市公司年报内容繁多，使用较多的财务和公司业务的专业词汇，多数中小投资者不愿意或者没有能力完全阅读。从这个角度看，对创业板年报规则进行修订，尤其是对年报摘要的形式和内容根据中小投资者的需求做较大幅度的改进，可以进一步促进中小投资者深入阅读财务报表，对吸引中小投资者关于上市公司信息有一定的必要（见图 5－2）。

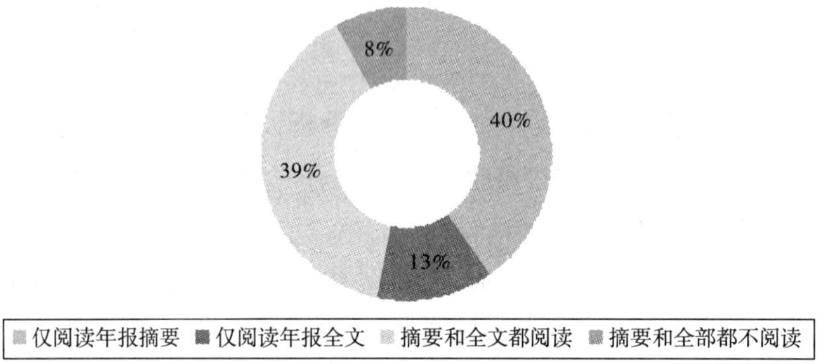

图5－2　中小投资者年报阅读情况

（3）中小投资者获取年报信息的主要渠道排名前三位分别是行情系统、指定披露网站和指定披露报纸，分别占29%、24%和19%。目前中小投资者普遍使用钱龙、同花顺、大智慧以及其开户券商提供的交易行情系统作为首选信息来源。这些行情系统除了有信息更新速度较快的优点以外，一般覆盖面较宽，可以提供包括宏观分析、行业分析和公司信息，也包括年报的主要信息，因此成为中小投资者首选的信息渠道来源；指定网站和报纸由于具有较高的权威性和实效性，也受到投资者青睐（见图5－3）。

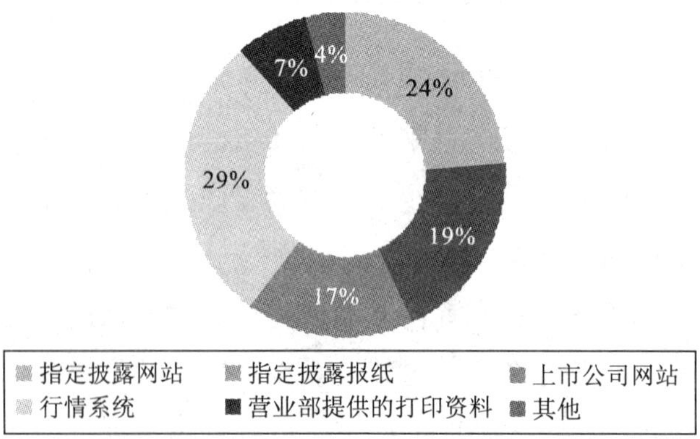

图5－3　中小投资者获取年报信息渠道

（4）在年报摘要中，中小投资者认为最重要的信息排序依次为“会计数据和财务指标”（占 30%）、“利润分配方案”（占 27%）和“重要事项”（占 19%）。若以重要性为权重（由高至低分别赋予8～1 的权重）加权计算，则“会计数据和财务指标摘要”“利润分配方案”以及“重要事项”仍排在前三位，但领先幅度有所减少，分别为 17%、17% 和 16%。这说明中小投资者最关心的是企业的盈利能力，但是却相对忽视“风险因素”和“公司治理情况”等重要信息。由此可以看出，中小投资者进行投资决策首要考虑的是短期业绩因素，相对忽略公司治理和公司风险等对公司长期业绩有极重要因素的影响。故未来引导中小投资者关注企业长期指标也尤为重要（见图 5－4）。

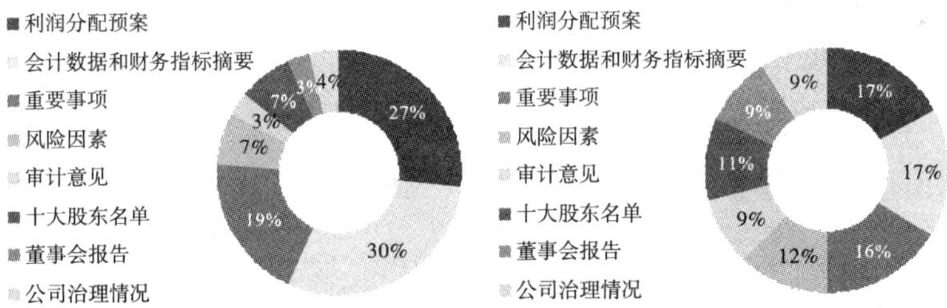

注：左图为单项排序、右图为加权排序。

图 5－4　中小投资者关注的年报信息

（5）公司股东结构是反映公司治理程度的重要变量，调查问卷中专门对公司股东结构的披露进行了设问。调查结果显示，53% 的中小投资者认为应该在年报摘要中同时披露前十名股东和控制框图，另外有 26% 的中小投资者认为只须披露前十大股东。合计有 81% 的中小投资者重视前十名股东的信息，说明他们已经开始把前十大股东及其变动信息作为指导投资决策的因素（见图 5－5）。

（6）上市公司董事会秘书和证券代表是联系公司和资本市场的信息窗口。传统观点一般认为董事会秘书和证券代表主要对金融分

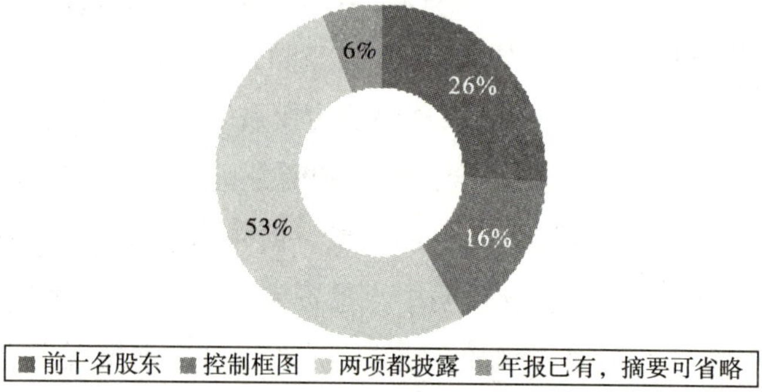

图 5-5　中小投资者对公司股东结构的关注度

析师和机构投资者较为重要，但我们调查结果显示，75% 的中小投资者认可董事会秘书和证券事务代表的信息披露作用，只有 8% 的投资者认为仅披露董事会秘书信息即可，10% 的投资者认为仅披露证券事务代表的信息即可。由此可以看出，中小投资者非常重视上市公司的投资者关系管理，希望能够通过董事会秘书和证券事务代表这个窗口，及时掌握上市公司信息（见图 5-6）。

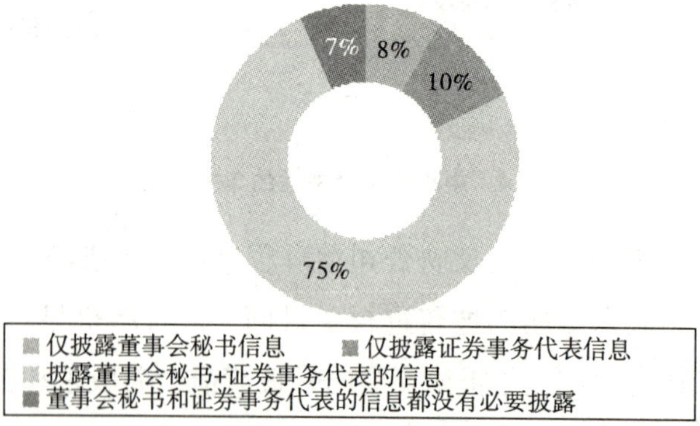

图 5-6　中小投资者对上市公司负责信息披露人员的关注度

（7）在“最重要的重大事项披露”的单项排序中，40% 的中小投资者选择“重要在手合同”，而“尚未竣工的募投项目”和“股权激励占比”以 13% 的占比并列第二。同时，中小投资者普遍对

“客户或供应商变动”“担保质押抵押情况”“预计负债和未决诉讼”和“行政处罚事项”重视程度不够，尽管这些因素可能提供了公司潜在风险的重要信息。若以“重要性”为权重（由高至低分别赋予7～1的权重）加权计算，则“重要在手合同”和“尚未竣工的募投项目”仍排在前两位，分别占比20%和15%，而“担保质押抵押情况”提升到第三名，占比亦为15%。整体来看，在上市公司的各种重大事项中，中小投资者明显偏重“重大在手合同”和“尚未竣工的募投项目”等对上市公司股价的正面刺激因素甚至潜在的操作题材，却明显忽视“预计负债和未决诉讼”和“行政处罚事项”等潜在风险因素（见图5－7）。

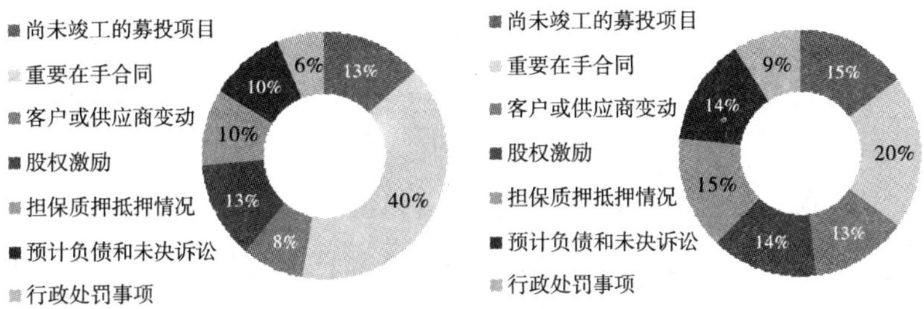

注：左图为单项排序、右图为加权排序。

图5－7　中小投资者对应披露的重大事项的关注度排序

（8）就“最重要的财务数据”单项排序，44%的中小投资者选择“每股收益”，其次是“每股净资产”的11%，其他指标普遍分布在1%～7%，其中“扣除非经常损益净利润”、“总资产周转率”和“研发投入占营业收入比例”仅占1%。若以“重要性”为权重（由高至低分别赋予10～1的权重）加权计算，每股收益仍是最受关注的财务指标，但是重要性已大幅下降到14%；每股净资产排名第二，占比基本不变，为12%；而资产负债率的关注度则上升10%。虽然如此，从整体看来，投资者显然重“量”但并不重“质”，对公司的每股指标背后的经济含义和具体的权益定价过程并不深究[①]（见图5－8）。

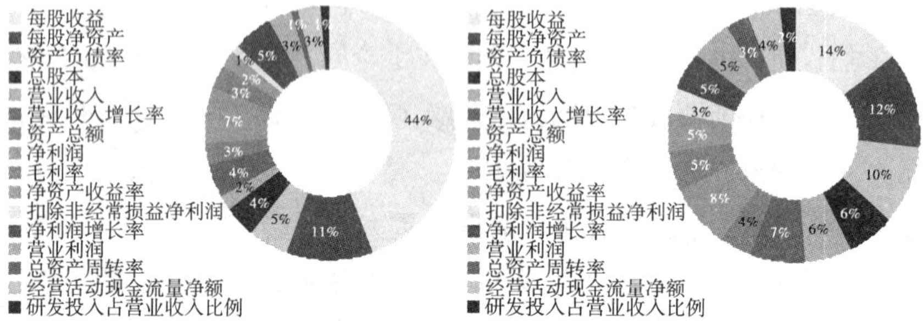

注：左图为单项排序、右图为加权排序。

图5－8　中小投资者对财务数据的关注度排序

（9）调查专门对投资者对上市公司风险关注程度进行了分析，在年报摘要中，中小投资者认为“最应该披露的风险因素”排序依次为“政策风险”（占33%）、“经营风险”（占16%）和“行业特点风险”（占19%），其他风险的占比全部在10%以下。若以“重要性”为权重（由高至低分别赋予7～1的权重）加权计算，则前三位排名仍为政策风险、经营风险和行业特点风险，占比分别为14%、14%和12%。整体来看，目前中小投资者最关心的风险是政策风险，目前我国市场机制发展不足，政府在资源配置中占主导，国家通过货币政策、信贷政策、产业政策影响实体经济发展，而国家政策的多变更进一步影响了公司的经营情况，投资者关注公司的政策风险具有一定的合理性。但事实上，影响上市公司的风险因素多样，原材料上升、产品价格风险大跌等行业或个体风险的概率高于政策风

① 以每股收益（EPS）指标为例，一方面，该指标容易受到上市公司财务行为变化的机械影响，如公司进行股本转增、公司再融资行为实施等，此时每股收益并不能反映公司业绩的真实变化，另一方面，公司每股收益容易受到管理层财务操纵、盈余管理的影响，投资者单纯依靠每股收益进行企业估值定价，反而忽略了更重要的财务信息。

险的概率，上述风险频发并对公司盈利能力造成直接影响，该问题表明中小投资者对来自市场的企业个体风险认识仍显不足（见图5－9）。

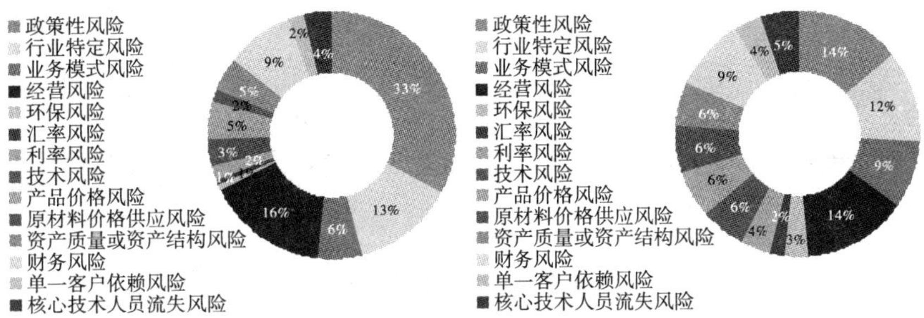

注：左图为单项排序、右图为加权排序。

图5－9　中小投资者对上市公司各类风险的关注度排序

（10）业绩预测和未来业绩目标是投资者了解企业未来业绩变化的重要参考因素，披露量化目标除了可以增加上市公司经营信息的透明度，还可以提高数据的可比性，对中小投资者的投资决策有帮助。调查发现绝大多数（76%）的中小投资者希望上市公司披露数量化目标；其中51%的中小投资者认为，上市公司应当披露数量化目标，而且一旦披露就属于业绩承诺；25%的投资者认为，应当披露数量化目标，但是数量化目标不属于业绩承诺。中小投资者普遍欢迎上市公司披露数量化目标，我们认为，根源在于中小投资者对上市公司的业绩预测能力普遍偏弱，故上市公司披露数量化目标有利于成为其投资决策的重要参考（见图5－10）。

（11）董事会报告是上市公司提供重要非财务信息的来源。在年报全文中，31%的中小投资者认为“董事会报告”最突出的问题在于缺乏稳健性，对外报喜不报忧，对存在的问题和风险揭示不足；27%认为内容空泛且没有结合本公司具体情况提供实质性内容；26%认为是只是重复财务数据的简单增减百分比，没有提供新的信

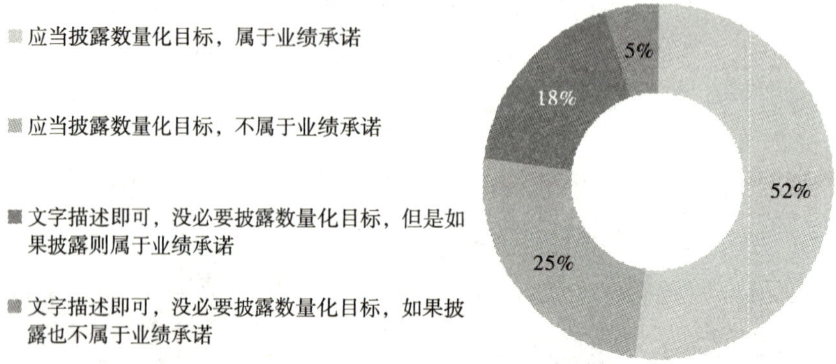

图 5－10 中小投资者对上市公司业绩预测及数量化目标的认识

息。中小投资者普遍对“董事会报告”提供的信息不满意，未来亟须改进（见图 5－11）。

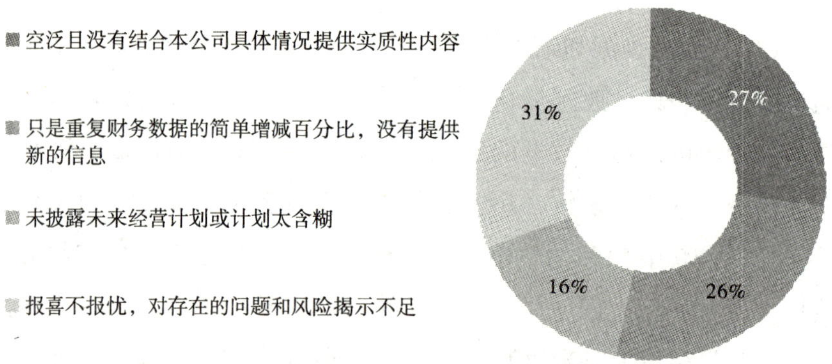

图 5－11 中小投资者认为董事会报告存在的主要问题

（12）调查中小投资者对董事会报告的具体内容的关心程度。在年报全文“董事会报告”中，中小投资者对问卷挑选的几项特定信息都比较关心，没有显现特别偏好，相对偏重于与公司业务相关的宏观经济层面或外部经营环境的发展现状和变化趋势，以及公司的行业地位或区域市场地位的变动趋势。与此同时，中小投资者将“报告期内总体经营情况”排在最后一位。可见中小投资者更为关注外部宏观信息，对公司个体层面的信息关注较少（见图 5－12）。

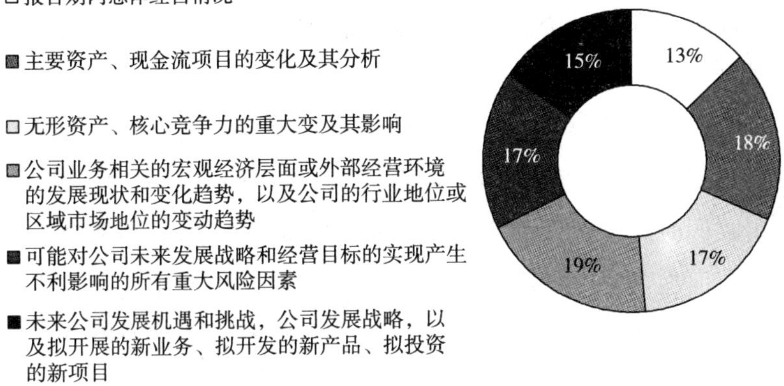

图5-12　中小投资者对董事会报告内容的关注度

（13）调查检验了中小投资者对监事会报告的评价。65%的中小投资者认为监事会报告存在重要性，但是最大比例来自选项“重要”，而认为不重要和重要性更高的比例基本相当。所以，总体而言，我们认为中小投资者对监事会报告对投资决策重要性的认识偏中性，重视层度低于董事会报告（见图5-13）。

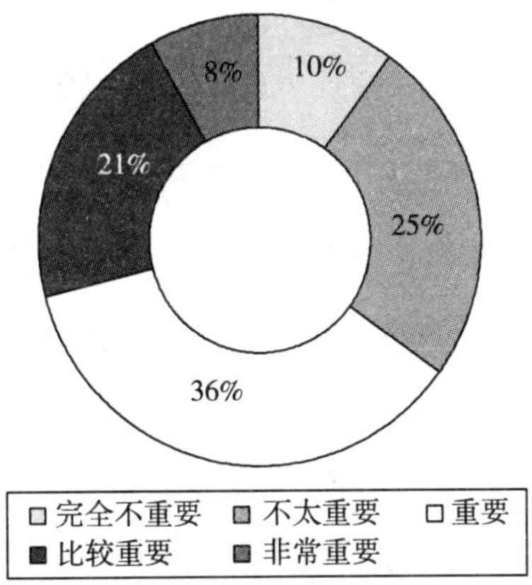

图5-13　中小投资者对监事会报告的评价

2. 基于小型投资者的专门分析

笔者选取30家营业部共600份问卷做了统计，以其中类型占比最多，即证券资产总值在10万~50万元的315名中小投资者作为样本，考虑到这部分投资者在中小投资者中较有代表性，我们对其问卷反馈结果进行了专门分析。

(1) 相较于全样本，小型投资者更依赖于仅阅读年报摘要，人数占比达到51%，比全样本人数占比高出11个百分点。此外，小型投资者在同时阅读摘要和全文都阅读的人数占比明显小于全样本人数占比，而在仅阅读年报方面，小型投资者人数占比基本在1/5左右，远小于仅阅读年报摘要的51%的比例。可见，小型投资者更青睐短小的公告信息（见图5-14）。

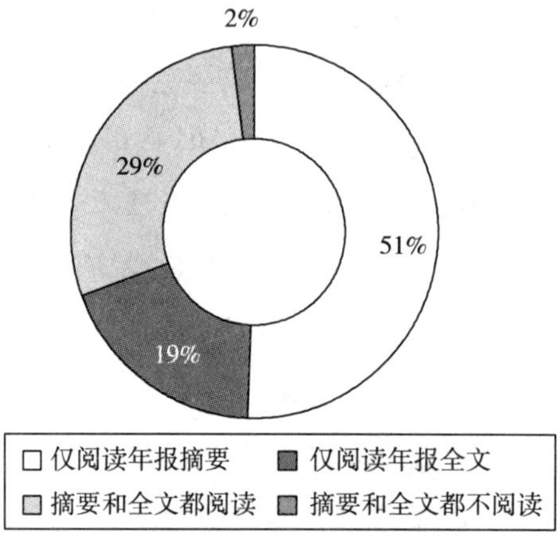

图5-14 小型投资者年报阅读情况

(2) 小型投资者在信息获取的渠道方面与全样本差异甚微，行情信息系统都是两者的主要信息来源，分别占比28%和29%，只是在指定披露网站方面，小型投资者偏好度更高一些，高出整体样本7个百分点。这说明，总体而言，小型投资者更依赖电子渠道获得上市公司信息，对传统纸媒的依赖度更低（见图5-15）。

(3) 在最重要的披露信息方面，36%的小型投资者选择会计数据和财务指标摘要，相比之下，全样本该选项占比为30%，小型投

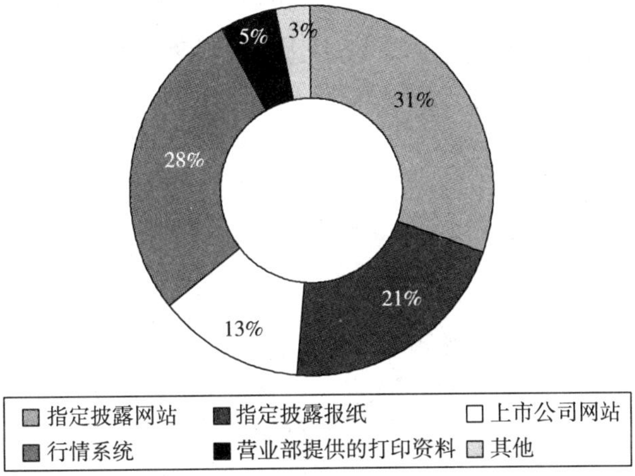

图 5-15　小型投资者获取年报信息的渠道

资者在该选项高出全样本 6 个百分点；而排在第二位的利润分配方案上，小型投资者高出全样本 2 个百分点。因此，显然小型投资者更关注会计数据和财务指标，但在风险因素、前十大股东和公司治理情况等方面，小型投资者的关注度不高，相比之下甚至还低于全样本 2~5 个百分点，说明小型投资者更重视影响公司业绩表现的短期因素，而对长期因素的关注度较低（见图 5-16）。

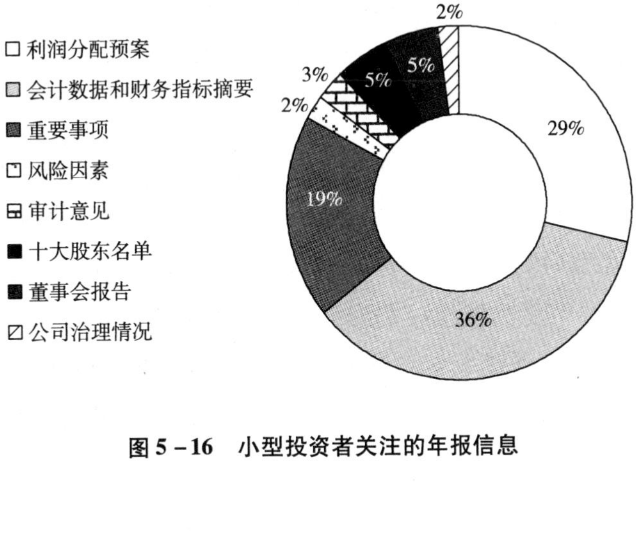

图 5-16　小型投资者关注的年报信息

（4）在控股权披露方面，小型投资者和全样本都认为前十名股东和控制框图应一并披露，人数占比分别达到54%和53%，只是在前十名股东和控制框图中，小型投资者更偏重前十名股东信息（见图5－17）。

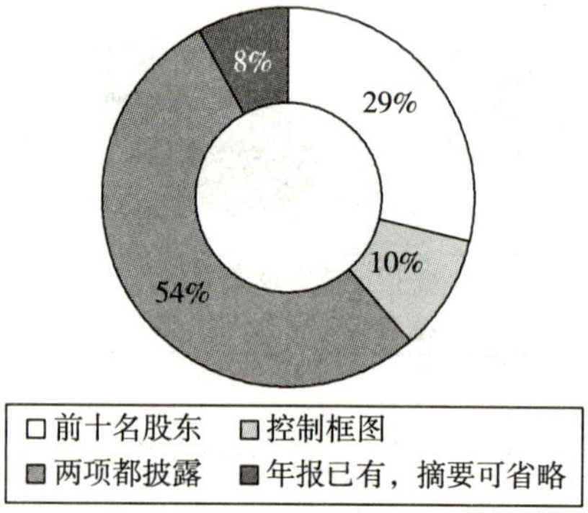

图5－17 小型投资者对公司股东结构的关注度

（5）在董事会秘书和证券事务代表信息的披露方面，小型投资者和全样本中的绝大多数都认为披露"董事会秘书＋证券事务代表"的信息披露重要，并且两者占比基本相同（76%和75%），但董事会秘书和证券事务代表的信息都没有必要披露方面，小型投资者人数占比高于全体样本9个百分点，在证券事务代表方面低于全样本7个百分点。这种情况说明小型投资者对董事会秘书和证券事务代表的作用重视程度稍低（见图5－18）。

（6）小型投资者和全样本都主要关心重要在手合同，人数占比分别达到33%和40%。在行政处罚事项方面，小型投资者关注度更高一些，达到14%，比全样本占比高出8个百分点。这也说明小型投资者投资决策更为依赖短期因素（见图5－19）。

（7）相对于全样本更关注每股收益（44%），小型投资者的关注比例是29%。相比之下，小型投资者更关注营业收入、资产总额、净资产收益率、扣除非经常损益净利润、营业利润、总资产周转率、

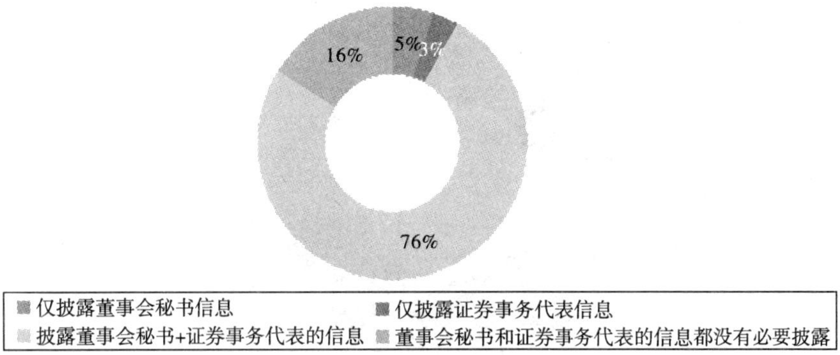

图 5－18　小型投资者对上市公司负责信息披露人员的关注度

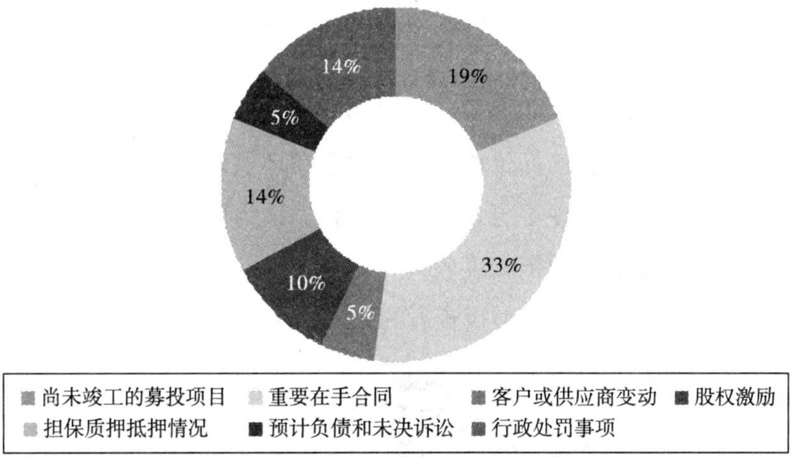

图 5－19　小型投资者对应披露的重大事项的关注度排序

经营活动现金流量净额等指标，对同比增速、增长率等指标的关注度要低一些。这一点和我们预期相反，表明小型投资者开始关注公司的多种财务指标，有动机进行财务信息的收集工作（见图 5－20）。

（8）在最重要的风险中，小型投资者更看重“业务模式风险”“产品价格风险”“资产质量或资产结构风险”，分别比全样本占比高 4～9 个百分点。但在行业特定风险、财务风险上，小型投资者重视程

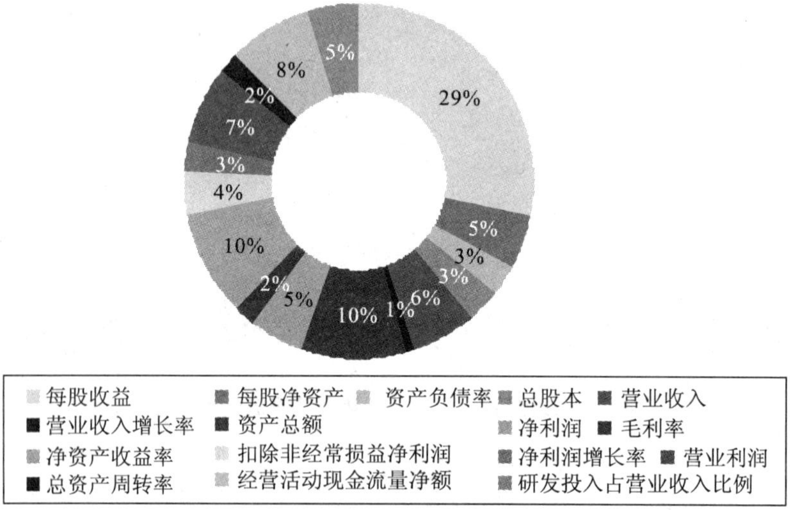

图5－20　小型投资者对财务数据的关注度排序

度没有全样本高；在产品价格、资产质量和环保风险等方面，小型投资者相对于全样本体现了更多的关注，我们认为由于目前小型投资者对网络媒体等信息来源依赖度较高，而后者目前曝光了企业较多这方面的问题，从而引起了小型投资者的关注（见图5－21）。

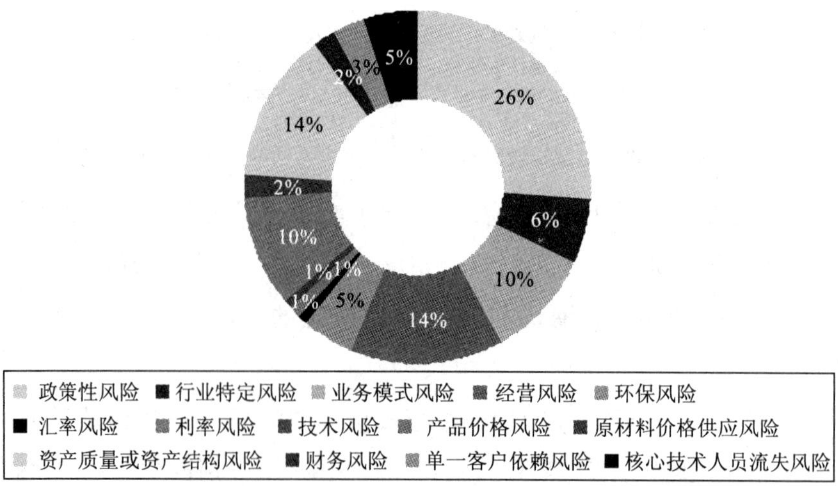

图5－21　小型投资者对上市公司各类风险的关注度排序

（9）整体来看，小型投资者和全样本对业绩披露数量化基本一致，但无论披露数量化目标与否，小型投资者对是否属于业绩承诺要求都低于全样本；在“应当披露数量化目标，不属于业绩承诺”选项中，小型投资者占比高于全样本 4 个百分点；而在“文字描述即可，没必要披露数量化目标，但是如果披露则属于业绩承诺”选项中，小型投资者人数占比低于全样本 4 个百分点。综合以上情况，小型投资者对于业务目标是否构成业绩承诺的要求都弱于全样本，表明对公司管理层业绩预告方面要求更低（见图 5 – 22）。

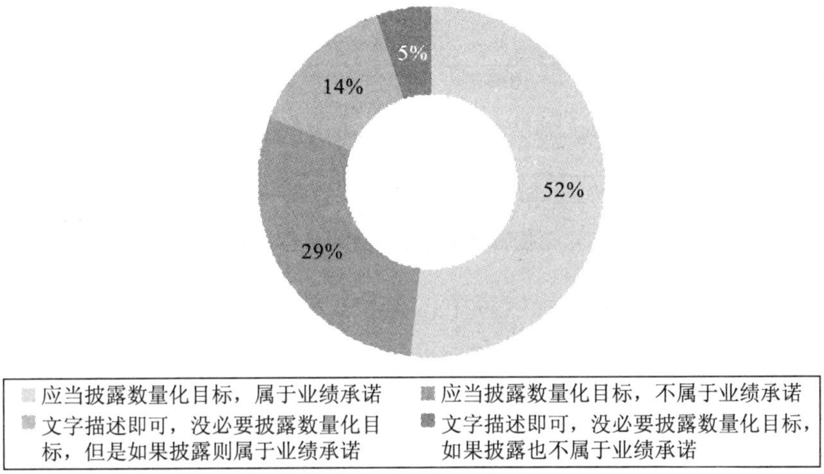

图 5 – 22　小型投资者对上市公司业绩预测及数量化目标的认识

（10）小型投资者和全样本对年报中“董事会报告存在的最突出的问题”选择上有一定差异。小型投资者对“未披露未来经营计划或计划太含糊”关注程度更高一些，相较于全样本高出 8 个百分点，而在“空泛且没有结合本公司具体情况提供实质性内容”选项低于全样本 13 个百分点。显示小型投资者更关注公司所描述的“未来”发展情况，而对这些计划本身是否具有针对性，是否对其投资决策具有有益的帮助，他们并没有能力加以鉴别。这也说明证监会和证券交易所对年报准则加以修订，特别是对年报摘要的内容和形式进行改进，鼓励上市公司讨论并披露对未来企业定价有作用的信息，这一改革举措的确有重要意义（见图5－23）。

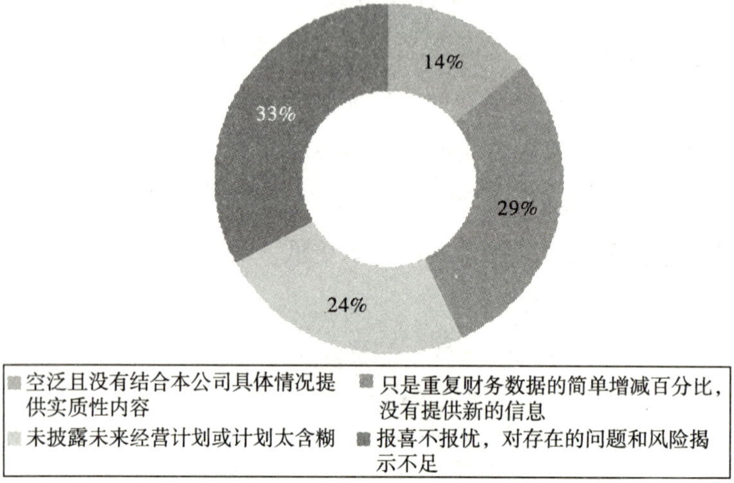

图5－23　小型投资者认为董事会报告存在的主要问题

（11）在董事会报告内容中，小型投资者更关注“公司业务相关的宏观经济层面或外部经营环境的发展现状和变化趋势，以及公司的行业地位或区域市场地位的变动趋势”和“可能对公司未来发展战略和经营目标的实现产生不利影响的所有重大风险因素”，这两项分别高于全样本7个和11个百分点，显示小型投资者对宏观和政策因素更为关注，也更为担心“重大风险因素”，表明小型投资者其实对公司个体信息获取有限，更多依赖宏观和政策等外部因素作为其投资决策的依据（见图5－24）。

（12）小型投资者对监事会重视程度较高，并且远高于全样本，其中“比较重要”选项高出全样本23个百分点，显示小型投资者对公司的风险和公司治理情况更关注，对监事会的期望更高（见图5－25）。

3. 基于地域差异的专门分析

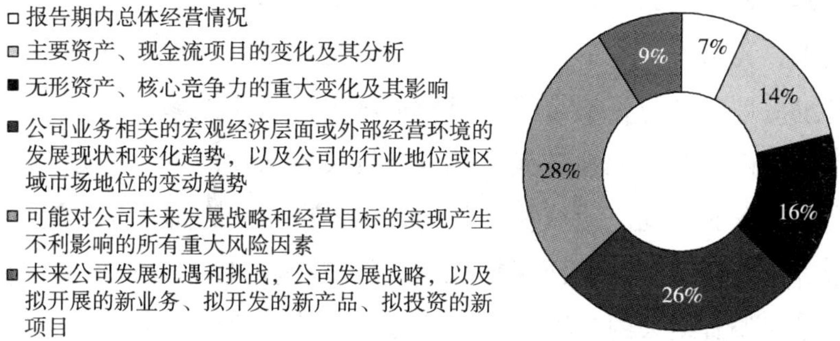

图 5－24　小型投资者对董事会报告内容的关注度

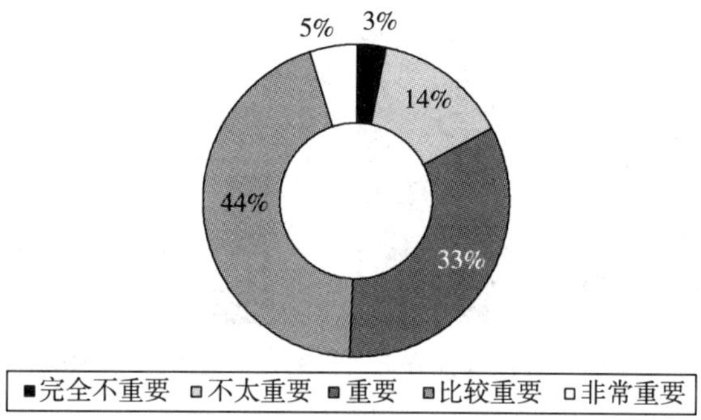

图 5－25　小型投资者对监事会报告的评价

由于我国各地区经济发展不平衡，各地区投资者参与资本市场的广泛程度和熟悉程度也有显著差异，我们将全部 46 家营业部按地域进行分类，分为西部、华中、华东和环渤海对区域性投资者偏好作进一步分析。

（1）整体来看，由于地区经济发展水平不一，投资者证券资产总值地区差异较大，华中地区明显以资产在 10 万元以下的为主，占比达到 44%，其他三个地区该范围投资者人数占比均不超过 25%，而在资产总额超过 200 万元的投资者这一范围，华中地区占比仅为 3%；但数据也显示，西部地区在 50 万～200 万元这一范围为 35%，占比位于所调查地区第一，而在 10 万～50 万元达到 40%，占比位于所调查地区第二，高于华东和环渤海等发达地区。对于以上描述性结果，我们分析如下，我国各地区参与资本市场程度不同，华东和环渤海地区参与资本市场较早，呈现出群众广泛参与的特点，而西部地区由于开放程度较低，最早进行投资活动的多为地方中高收入阶层，反而呈现出地域精英化的特点；由于在西部仅选取了两个营业部40名投资者，因而调查结果不可避免有样本选择偏差问题，故此处对调查结果的分析应更加审慎（见图5－26）。

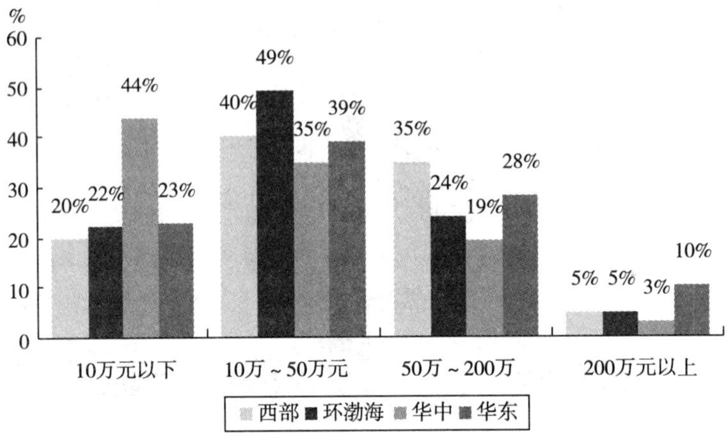

图5－26　证券资产总值地区差异

（2）整体来看，西部地区投资者在获取年报信息方面和其他地区差异较大，在该地区38%的投资者仅阅读年报全文，远远高于其他三个地区，而在仅阅读年报选项又远低于其他三个地区。我们认为，造成这种现象的原因主要与该地区的投资者结构有关，根据上一题调研结果显示，西部地区主要投资者集中在10万～200万元，比例高出其他地区，投资者证券资产总值相对较高，更有意愿全面获取上市公司的信息；同时，我们也发现，即使排除较少的西部样本，上述数据也显示在仅阅读年报全文与摘要和全文都阅读选项中，经济发达的环渤海和华东人数占比也在华中地区之上，因此，可以初步得出结论，证券资产总值越高的投资者，愿意花更多时间精力进行上市公司财务信息的收集和分析活动（见图5－27）。

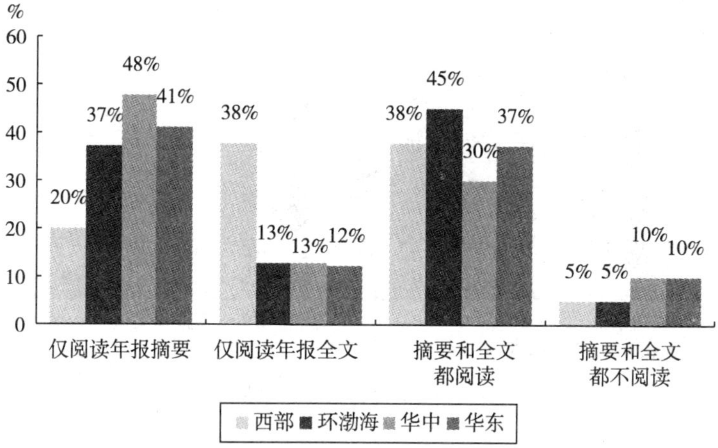

图5－27 不同地区中小投资者的年报阅读情况的差异

（3）我们分析了不同地区的信息来源情况。整体来看，经济结构和发展水平类似的环渤海和华东地区在四个选项中人数分布差异很小，基本保持一致，而华中地区在信息来源上偏好指定网站，与其他地区主要依赖行情系统形成鲜明对比（见图5－28）。

（4）整体来看，华东地区和环渤海地区在年报信息披露倾向上整体比较接近，除了地方经济发展情况，这也和投资者资产总额结构比例相关；而华中地区和其他三个地区显示出较大差异，在最重要选项上有46%的投资者选择会计数据和财务指标摘要，根据上面的分析，华中地区有48%的投资者仅阅读年报摘要，是该地区投资者最主要获取信息的来源，而年报摘要主要披露的是会计和财务指标，较少涉及其他方面，因此，我们认为，华中地区投资者的阅读习惯影响了他们对信息的重视程度（见图5－29）。

（5）四个地区投资者都非常倾向披露前十名股东和控制框图，占比均超过50%，可以看出投资者对该信息非常重视，在细分区域

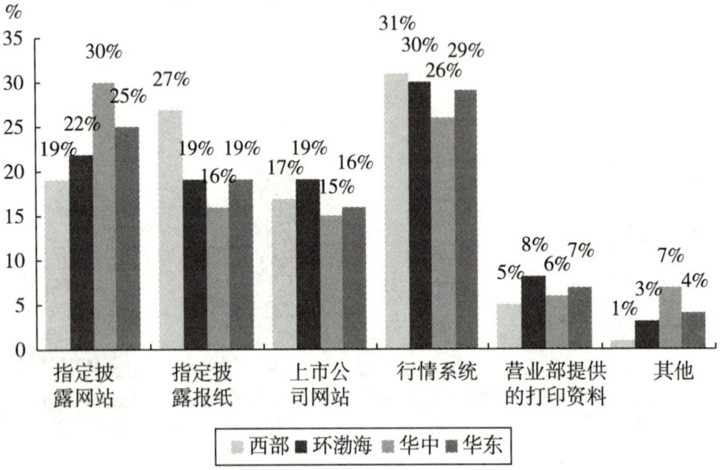

图 5－28　不同地区中小投资者获取年报信息渠道的差异

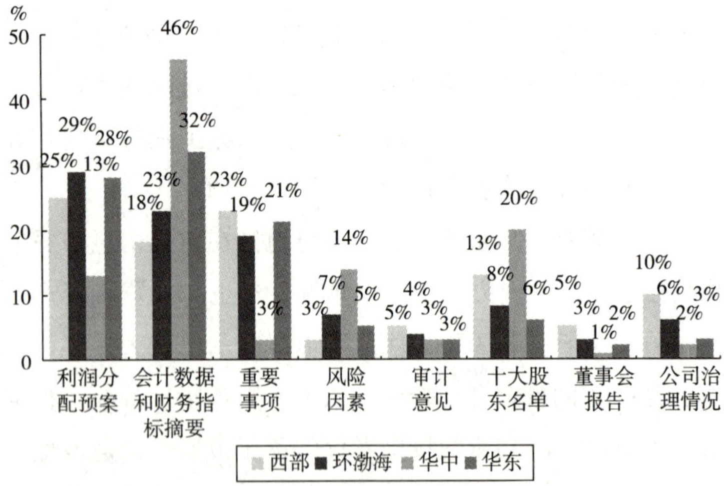

图 5－29　不同地区中小投资者关注的年报信息的差异

中，西部地区和其他三个地区略显差异，可能是由于采样过少（40人）的原因（见图 5－30）。

（6）整体来看，四个地区投资者都非常重视披露董事会秘书 +

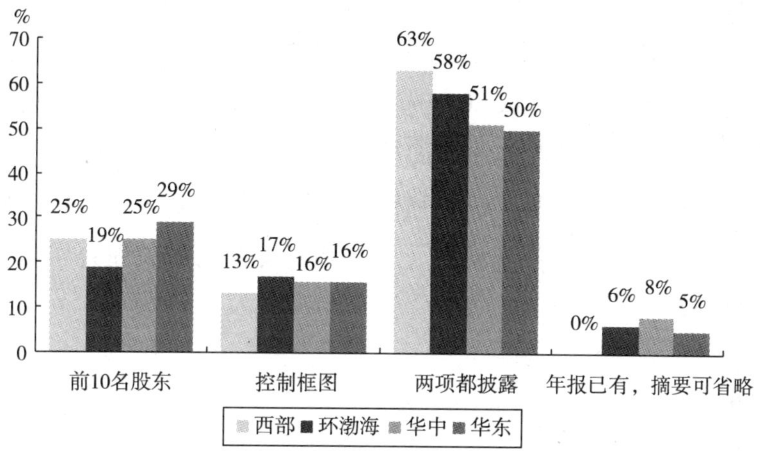

图5－30　不同地区中小投资者对公司股东结构关注度的差异

证券事务代表的信息，人数占比基本都达到75%以上，在环渤海和西部甚至达到了80%，调查结果和预期基本一致，董事会秘书和证券事务代表信息在中小投资者的投资过程中的重要性得到充分的认识（见图5－31）。

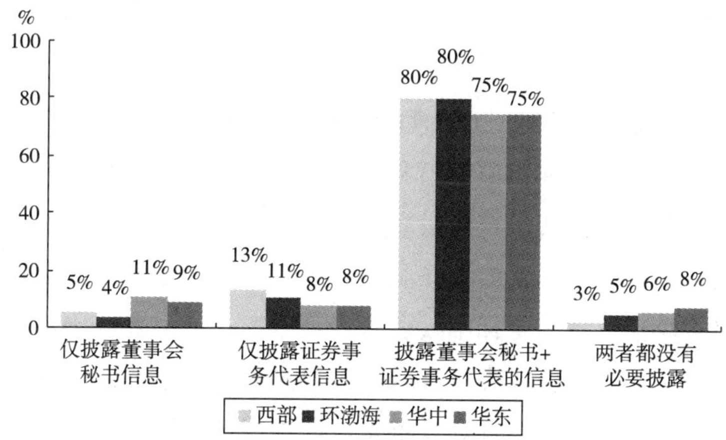

图5－31　不同地区中小投资者对上市公司负责信息披露人员关注度的差异

（7）在有必要披露的重大事项中，四个地区的选项分布较为分散，但是普遍重视“重要在手合同”，人数占比分别达到43%、34%、48%和45%，而在第二重视的选项上，上述地区显示出较强的地域性差异，华中地区20%选择了预计负债和未决诉讼，偏向于关注企业潜在风险，西部地区的投资者25%选择了尚未竣工的募投项目，偏向于关注企业潜在盈利机会，环渤海15%选择了担保质押抵押情况，华东地区14%选择了股权激励，偏向于关注公司治理情况（见图5－32）。

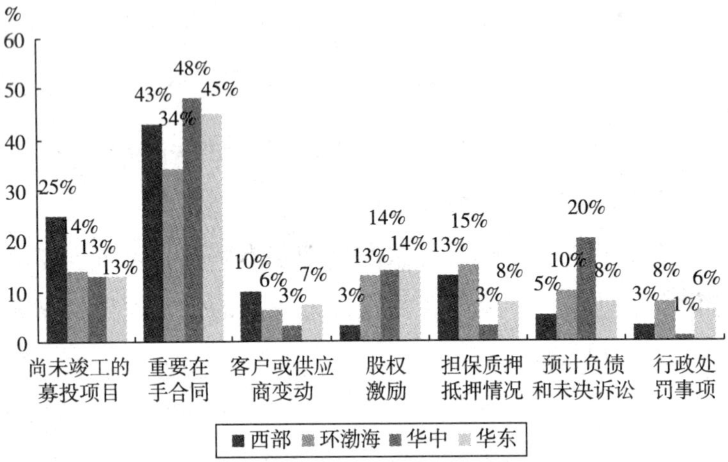

图5－32　不同地区中小投资者对应披露的重大事项关注度的差异

（8）在年报摘要披露的财务指标中，不同地区中小投资者普遍最关心每股收益，其次是每股净资产和净利润，而研发投入占营业收入比例、扣除非经常损益净利润、营业收入则位居倒数三位。不同地区中小投资者与全样本投资者表现基本一致，普遍比较关心盈利绝对水平，对偿债能力、营运能力和盈利质量等方面重视程度不高，这与我国目前中小投资者重视短期炒作机会，较少关注公司基本面的投资策略相一致（见表5－1）。

表5－1　不同地区中小投资者对年报摘要财务指标的关注情况　单位：%

	每股收益	每股净资产	资产负债率	总股本	营业收入	营业收入增长率	资产总额	净利润
西部	37	16	3	1	3	1	1	11
环渤海	43	17	3	5	2	2	3	9
华中	44	5	1	1	0	7	6	6
华东	46	9	7	4	1	4	2	6
	毛利率	净资产收益率	扣除非经常损益净利润	净利润增长率	营业利润	总资产周转率	经营活动现金流量净额	研发投入占营业收入比例
西部	8	3	2	3	3	3	6	2
环渤海	1	2	1	3	5	2	1	1
华中	4	5	2	9	3	2	4	1
华东	3	2	1	6	3	1	4	1

（9）不同地区投资者对年报摘要中应披露的风险因素选择相对一致，普遍认为上市公司面对的最主要风险是政策性风险，其次才是经营风险和行业特定风险。投资者对行业及公司经营的不熟悉导致其往往高估政策性风险而低估了公司经营、原材料、利率风险等其他风险（见表5－2）。

表5－2　不同地区中小投资者对上市公司各类风险的关注度情况　单位：%

	政策性风险	行业特定风险	业务模式风险	经营风险	环保风险	汇率风险	利率风险
西部	34	13	3	13	1	1	3
环渤海	31	11	7	19	1	1	3
华中	30	11	8	16	1	1	1
华东	35	15	5	15	1	1	2
	技术风险	产品价格风险	原材料价格供应风险	资产质量或资产结构风险	财务风险	单一客户依赖风险	核心技术人员流失风险
西部	1	4	1	6	10	2	32
环渤海	6	6	3	4	2	2	27
华中	5	3	2	6	12	1	32
华东	4	5	1	5	5	3	26

（10）虽然比例略有不同，但是各个地区中小投资者对于业绩的数量化披露都有很高期望，绝大多数认为应当披露数量化目标，并且属于业绩承诺（见图 5－33）。

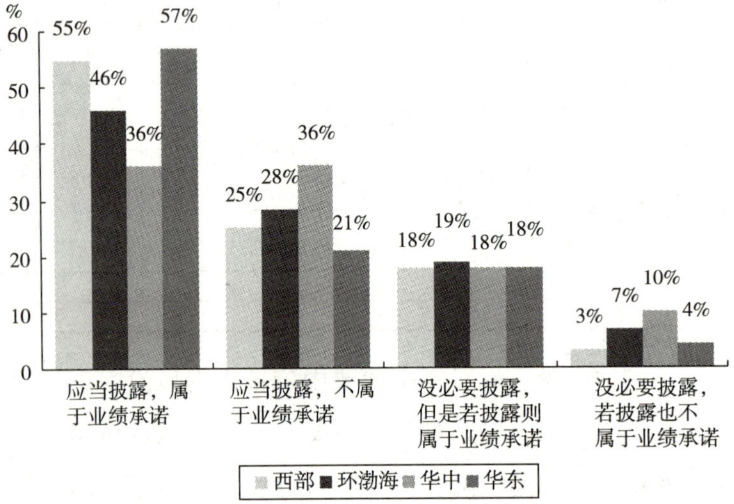

图 5－33　不同地区中小投资者对上市公司业绩预测及数量化目标的认识

（11）细分区域来看，环渤海和华东地区整体情况接近，但与其他两个地区略显差异。各地区投资者普遍认为董事会报告“报喜不报忧，对存在的问题和风险揭示不足”是最主要的问题，在这一点和之前的分析结果一致。在之前的分析中，我们认为目前中小投资者普遍低估了公司经营、原材料和利率等常见的风险，却高估了相对低发的政策性风险，这需要未来在投资者教育上加强相关工作（见图 5－34）。

（12）调查分析了不同地域投资者对董事会报告有用性的认识。从地区分布来看，经济较为发达的环渤海和华东地区选择比较接近，华中和西部地区略显差异，但从整体来看各地区投资者对“董事会报告”披露的各种信息并没有特别的偏好，对公司各个环节都比较关心（见表 5－3）。

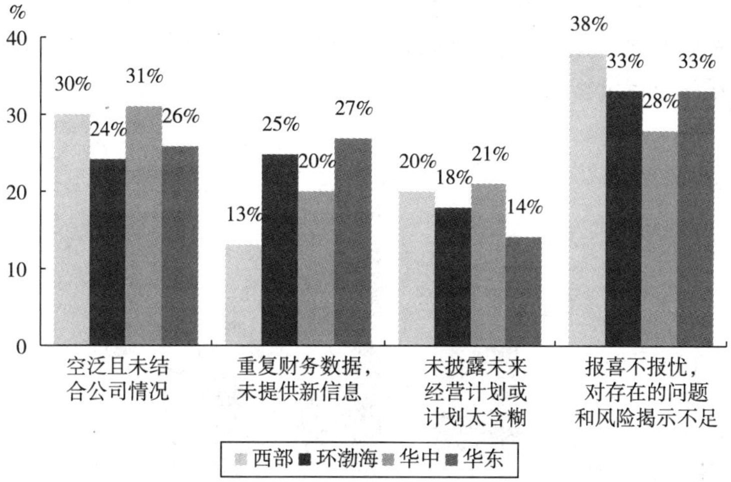

图 5－34 不同地区中小投资者对董事会报告存在问题的认识差异

表 5－3 不同地区中小投资者对董事会报告内容的关注度情况 单位:%

	报告期内总体经营情况	主要资产、现金流项目的变化及其分析	无形资产、核心竞争力的重大变化及其影响	公司业务相关的宏观经济层面或外部经营环境的发展现状和变化趋势，以及公司的行业地位或区域市场地位的变动趋势	可能对公司未来发展战略和经营目标的实现产生不利影响的所有重大风险因素	未来公司发展机遇和挑战，公司发展战略，以及拟开展的新业务、拟开发的新产品、拟投资的新项目
西部	15	19	14	16	20	17
环渤海	13	19	17	20	17	14
华中	11	20	22	17	18	14
华东	13	18	16	19	17	16

（13）对监事会报告的决策有用性，四个地区整体分布结构十分接近，“重要”的选项占比最高，其余分别在上下两侧较为平均分布，这与在全样本中的分析结果一致。考虑到国内不少上市公司的公司治理并不完善，监事会流于形式或管制要求，缺乏独立性，没

有对管理层或控股股东形成有效约束。因此，中小投资者对监事会的作用并无很高期待，这应该是上市公司完善公司治理结构的重要突破点（见图5－35）。

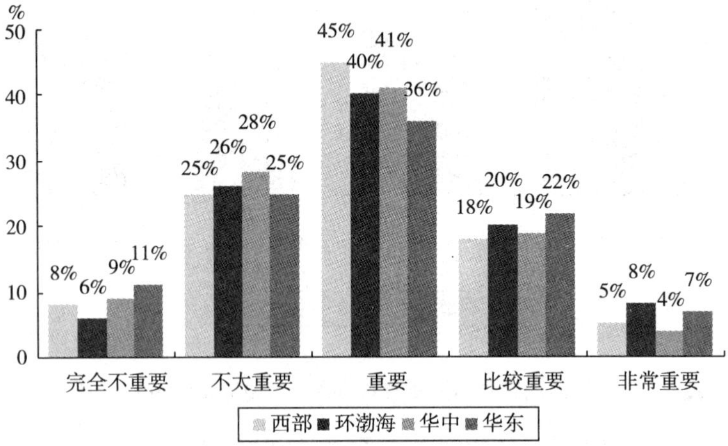

图5－35　不同地区中小投资者对监事会报告的评价差异

（三）问卷调查基本结论

通过此次对中信证券系统46家营业部的中小投资者问卷调查，发现证券资产总值在10万～50万元的中小投资者是营业部客户的主体（占比约41%）。由于年报页数繁多且用词专业，多数中小投资者不愿意或者没有能力完全加以阅读。因此，若今后希望进一步满足中小投资者的信息需求，减少中小投资者收集和分析公司财务信息的成本，可以尝试对上市公司年报规则进行修订，尤其根据中小投资者的需求对年报摘要的形式和内容做改进。

行情系统（包括第三方和券商的行情交易系统）是中小投资者获得上市公司年报信息最主要的渠道来源，加上指定披露网站和上市公司网站，电子媒介已经能够覆盖七成以上中小投资者的信息来源需求；传统纸媒——指定披露报纸的占比已经下降到不足两成。可以预期，未来电子媒介的占比有可能进一步提高，因此，包括年报、年报摘要等在内的上市公司信息披露，以及相关监管都应该适应这一趋势发展的需要，可以考虑进一步通过网络资源发布信息。

在上市公司的各项信息中，中小投资者明显更为关注短期因素甚于关注长期因素；中小投资者的投资决策依赖宏观经济和政策信息，而对行业和公司本身的中观和微观信息关注较少；中小投资者对上市公司股价的正面信息关注高于负面信息；中小投资者对“董事会报告”有较高的期待，对“监事会报告”的意义重视不够，普遍希望从董事会秘书和证券事务代表这个窗口获得更多有关上市公司的动态信息，也希望上市公司披露数量化目标，并将其视为业绩承诺的一种形式。

本调查分析结果表明，不仅包括年报准则在内的信息披露制度，整个证券市场都还有许多制度建设和改进的空间，而这个改进过程必须充分考虑到中小投资者的信息需求特点；此外，要进一步加强中小投资者资本市场教育，包括法律知识、财务知识以及风险识别知识等，形成价值投资的投资理念，有利于资本市场进一步健康发展。

三、座谈分析

中信证券曾组织营业部投资顾问对中小客户进行调研，了解了营业部客户对上市公司尤其创业板上市公司年报信息披露的习惯、感受以及意见反馈，为我们本次研究积累了宝贵资料。此外，在创业板上市公司年报修订工作会议①上邀请部分中小投资者参加座谈，得到了中小投资者对未来上市公司信息披露特别是年报信息披露的

① 本次修订工作会议于2012年3月28日召开，参会人员有证监会有关领导、交易所、证券投资机构等专业人士，此外，中信证券营业部组织了八位有代表性的客户参加。本报告整理了会议相关资料，详细会议记录留待需要时取用。

方向的需求情况。总体上，我们发现通过座谈得到的中小投资者需求和第二部分问卷调查反馈有一致性，同时，他们对未来上市公司信息披露有更细致的要求，座谈资料整理如下。

（一）中小投资者阅读上市公司年报和财务信息习惯

总体上，我们发现中小投资者主要关注企业经营业绩增长率、每股收益等盈利指标，也对上市公司分红配股、增发、重要的战略性项目实施进展等财务问题较重视。上述事项是短期内影响公司股价上扬的重要题材，本次的座谈结果和之前调查问卷结果较为一致，我们不再做进一步展开。值得注意的是，在座谈中，多数中小投资者肯定了营业部投资顾问对上市公司信息收集工作的积极作用，特别是很多中小投资者只是借用交易软件和财经网站简单了解上市公司信息，投资顾问可以指导他们进一步阅读和分析公司年报等资料，提高了中小投资者的信息分析能力。

（二）中小投资者阅读上市公司财务信息披露评价

1. 财务信息的可信性评价

总体上，中小投资者对上市公司信息披露的真实性有一定质疑，个别投资者强调中国上市公司财务数据受管理层或大股东操纵较大，报表财务数据不可信，缺乏对未来投资的有用性。个别投资者仍坚持用“赌博论”的观点评价中国资本市场，指出：“中国的股市实际就是赌博的市场……有的人组建上市公司赚钱很容易，他们不是为了经营，就是为了卖公司……因为有的人组建公司上市后马上就卖了，这些人过于急功近利，没有为股东作一个长远的规划”。[①] 在这种前提下，中小投资者对上市公司财务信息更不足为信。

对于中小投资者对财务信息可信性的质疑，我们从以下方面进行分析：首先，我国上市公司，特别是早期上市公司来自于国有企

① 楷体字部分引自座谈记录中投资者原话，下文与此一致。

业改制，本身财务负担和政策负担较重，盈利能力不强，要满足证监会的上市和其后的再融资要求需要进行较多盈利调整。在中国资本市场发展初期，各项制度建设不完善，外部审计独立性不足，上市公司财务造假频出，降低了中小投资者对信息披露真实性的信心，如被揭露的代表性事件有“琼民源事件（1998 年被证监会正式处罚）”、“红光实业事件（1998 年被证监会正式处罚）”和“银广夏事件（2002 年被证监会正式处罚）”[①] 等，中小投资者质疑我国上市公司财务数据真实性有一定制度背景。尽管如此，投资者并不能武断上市公司财务数据都是虚假的。一方面，在分析具体披露中要区别盈余管理和盈余操纵两个概念。由于现实中上市公司进行财务会计信息披露有多种目的，对内要考核管理层，评价业绩，预测投资绩效，对外要满足监管部门管制要求，合理避税，为金融分析师、机构及中小投资者提供估值信息。在我国，公司再融资活动以及退市要求更是直接与企业盈利指标直接挂钩，这要求管理层需要对会计政策选择灵活判断，在会计政策使用的“真”与“假”之间斟酌考量。针对特定动机进行盈余管理，只有方法得当，不仅不违反会计准则要求，反而有利于企业经营的顺利进行[②]，管理层的盈余管理行为有利于投资者为企业正确定价，但如果管理层违反准则规定，如使用虚构真实交易等手段欺骗审计师、监管部门以及投资者等资本市场参与者，这就构成了盈余操纵甚至财务信息舞弊行为，将给投资者带来巨大损失。对于企业的盈余管理行为，监管部门应该事前增加上市公司信息披露，促进投资者可以正确识别；对于财务操

---

① 这一段时间，即使在美国等成熟资本市场国家，上市公司会计造假频传，并得到了媒体和监管机构较多关注和制裁，如 Enron 公司，World Com 公司等因财务舞弊事件被美国证监会严惩。

② 如海外研究发现，管理层进行盈余平滑有利于投资者估值定价，管理者为避免亏损或利润增长率降低的盈余管理行为有利于公司与客户供应商签订契约的顺利完成（Burgstahler 和 Dichev，1997）。

纵行为，监管部门应该事后进行严厉惩罚，提高其盈余操纵的成本。另一方面，相对于其他信息来源，上市公司财务信息披露是真实性更高的信息来源，上市公司财务报表经会计师事务所审计，机构投资者和金融分析师也能深入公司内部进行调研，在一定程度上减少了事前的财务信息舞弊行为，而监管机构并非“无牙的老虎”，一旦发现上市公司财务造假，其事后处罚措施可以为上市公司带来显著成本①，而传统中小投资者青睐的微博、短信和网络论坛的信息缺乏第三方验证，甚至有可能被“庄家”利用，相对更缺乏可信性。为进一步提高信息披露的及时性和有用性，可以将定期的企业财务报表披露和不定期的临时披露相结合，还可以根据上市公司所处的不同行业进行差异化的特殊信息披露。

2. 财务信息的可用性评价

在座谈中，我们发现中小投资者热衷于追逐炒作题材进行短线投资，如公司盈余的大幅度变化、公司分红的高送转②行为、公司并购重组（特别是借壳、整体上市等事件）预期等现象。目前有研究表明这些潜在炒作题材常在上市公司公开披露之前就出现了股价的异常波动现象（何佳、何基报，2002；张春、祝红梅，2003），在事件公开披露前表现为股价大涨，披露后反而表现不佳，这与目前我国在打击内幕交易执法过程过于宽松，公司公开市场信息环境较差的制度背景有关。但处于信息劣势的中小投资者能否善于获得此类内幕消息，及时进场获利并退出离场，我们对此表示怀疑。个别投资者强调：“我看K线是为了能赚钱，而不看报表，因为市场不给盈利的机会，报表就是废纸。我们买股票关键想看它能为投资者带来

① Chen、Firth、Gao和Rui（2005）发现证监会对中国上市公司处罚公报具有显著为负的市场反应，事后审计事务所更容易出具非标意见，公司管理层更换频率更高。

② 从财务学上看，公司股本转增、公司送股行为只是影响所有者权益的结构，并不能为股东直接创造价值，但有证据表明，我国上市公司发生高送转后常出现股价恢复性上涨的“填权”行情，故受到中小投资者追捧。

什么。比如中石油，中签后但现在还是赔本。”在如此短视的投资理念指导下，中小投资者陷入了对公开信息“不相信—不使用—不赚钱”的投资怪圈。对于此问题的解决，我们除了进一步加强中小投资者的财务知识普及外，面向资本市场打击内幕交易，提高公开信息的有用性显得更为根本。

3. 财务信息的可读性评价

座谈信息表明，目前上市公司财务信息的可读性较差。晦涩、难懂是广大中小投资者的集中评价。投资者具体评价体现为两个方面：一是年报行文用语的内容都涉及专业知识体系或专业术语，这对于多数非金融从业者的中小投资者是一种障碍；二是财务数据目前只披露提供当年或近期数据，缺乏足够的比较（如同行业比较或历史数据比较），而后者对投资者判断企业在同行业中的竞争地位和相对业绩较为重要。

（三）中小投资者对未来上市公司财务信息披露的改进建议

在座谈中，中小投资者对未来提高上市公司财务披露表现出了显著兴趣，如一名投资者专门结合2012年度引起广泛关注的“重庆啤酒疫苗”[①] 事件进行讨论，强调了上市公司增加公司风险披露的重要性，即“重庆啤酒如果在自己的报告中提示了疫苗有风险，成功或失败会带来什么后果，在风险提示中具体说明哪块有风险，而且尽早提示了，可能会对投资者有所帮助。”笔者将中小投资者的具体建议列示如下，希望有助于监管部门未来修改上市公司财务信息披露时使用：

1. 投资者希望年报摘要中多采用索引方式，可以容纳更多信息。

2. 年报披露中对风险提示和企业未来发展预测做进一步的详细

① 重庆啤酒（600132. SH）长期炒作其收购公司佳辰生物进行乙肝疫苗研制概念，股价在2011年底达到了80元以上的高位。但2012年4月17日管理层宣布项目研发失败后，公司连续遭遇了10个跌停，投资者损失惨重。

说明，风险提示要有实质性的内容，最好能说明有较大投资风险的项目，同时，在风险提示中，希望能够增加企业针对风险拟采取的防范措施。

3. 对某些公司治理层面的信息进行详细说明，如公司历史股权变更情况、前十大股东及其变动、高管减持（特别是高管辞职后减持）以及股权激励计划实施等情况。

4. 管理层未来经营分析部分应细化，清楚描述企业未来计划和计划的实现过程。

5. 不涉及商业机密的研发信息和投资信息应进一步详细披露。

6. 公司所处的行业信息应进一步披露，特别要增加公司在同行业比较方面的信息，如分产品毛利率和市场份额等排名情况。

7. 中小投资者开始重视了会计师事务所等中介机构提供的信息，投资者认为如事务所对上市公司出具保留意见的，具体段落应该用红色等醒目字体进行标识。

8. 未来上市公司年报和公告可以进一步通俗切实，避免空话套话的使用，如可以尝试将经营数据图形化或产品和项目图片化。

四、研究结论和政策建议

中小投资者在我国资本市场现阶段扮演了主导性的作用，但以往研究对中小投资者的信息需求关注相对不足。本章借助于问卷调查数据和座谈资料，专门研究了中小投资者目前对上市公司信息披露的评价和信息需求特点。笔者发现，中小投资者总体上并不满意上市公司信息披露现状，在信息披露上表现出了选择性关注的特点，如主要关注公司的盈余业绩指标和重大投资信息，但缺乏对上市公司财务信息做进一步收集和分析的动机；中小投资者也认为目前上市公司信息披露环境差强人意，未来有进一步提高的潜力。

Morck、Yeung 和 Yu（2000）发现，与成熟资本市场相比，中国上市公司股价有显著与大盘同涨同跌（Synchronicity）的特征①，不利于投资者及时了解公司的基本面信息，从而阻碍了资源的合理配置。除了传统的投资者保护和法律渊源的制度性因素，我们认为，我国资本市场的投资者结构和信息需求特征也是造成我国资本市场公开信息有用性较低的重要因素。临渊羡鱼，不如退而结网，本文研究成果表明，目前广大中小投资者对公司信息披露的改善表现出了强烈兴趣，也向信息披露提出了建设性意见。譬如，在披露内容上，未来可以加强风险披露、管理层对未来业绩的讨论和公司治理情况的详细信息；在披露方式上，文字表达可以更通俗易懂，必要时可以图文结合。中小投资者的建议具有及时性和可操作性，监管部门如能在进一步论证的基础上颁布相关实施措施，将可以有效提高上市公司信息披露的有用性，提高投资者进行长期价值投资活动的参与性，最终将有利于我国资本市场效率的显著改善。

附件一：

调查问卷

为了进一步了解投资者对创业板上市公司年报信息的使用和需求情况，不断完善信息披露规则，我们就投资者获取年报相关信息的方式、投资者的关注重点、披露中需要改进的地方等，设计调查

① 我们利用2000年到2010年上市公司股价数据，计算了上市公司股价同涨同跌指标（Synchronicity）、大涨概率（Jump）、大跌概率（Crash）等信息环境指标，我们发现目前上市公司信息环境与Morck、Yeung 和 Yu（2000）研究结果尚无显著改善，中国资本市场信息环境提高的任务任重道远。读者有兴趣可以向我们索取相关统计资料。

问卷。所有问题均为选择型，依问题不同分为单项和多选两种，具体在每一问题后标出。另外，对年报摘要和年报全文我们分别设计了不同问题，请留意问卷中的专门提示。

感谢您对本次问卷调查的配合和支持！

1. 开户营业部：中信证券股份有限公司______省______市___________营业部

2. 您的证券资产总值（含证券市值、基金市值和可用资金）大约在：（　　）。（单选）

A. 10 万元以下　　B. 10 万 ~ 50 万元

C. 50 万 ~ 200 万元　　D. 200 万元以上

3. 关于获取年报相关的信息，您会采取以下哪一种？（　　）（单选）

A. 仅阅读年报摘要　　B. 仅阅读年报全文

C. 摘要和全文都阅读　　D. 摘要和全文都不阅读

4. 您获取年报信息的主要渠道是（　　）。（多选）

A. 指定披露网站　　B. 指定披露报纸

C. 上市公司网站　　D. 行情系统

E. 营业部提拱的打印资料　　F. 其他

5. 年报摘要中，您认为以下哪些信息有必要予以披露，请按重要性予以排序（　　）。（可多选）

我认为以下事项有必要披露，重要性由高到低依次是：								
重要性	8	7	6	5	4	3	2	1
选择								

A. 利润分配预案　　B. 会计数据和财务指标摘要

C. 重要事项　　D. 风险因素

E. 审计意见　　F. 十大股东名单

G. 董事会报告　　H. 公司治理情况

6. 年报摘要中，您认为披露前十名股东和控制框图哪个更有价值？（　　）（单选）

A. 前十名股东　　B. 控制框图

C. 两项都披露　　D. 年报已有，摘要可省略

7. 年报摘要中，您董事会秘书和证券事务代表的信息应该如何披露？（　　）（单选）

A. 仅披露董事会秘书信息

B. 仅披露证券事务代表信息

C. 披露董事会秘书 + 证券事务代表的信息

D. 董事会秘书和证券事务代表的信息都没有必要披露

8. 年报摘要中，您认为下列哪些重大事项有必要披露，请按重要性予以排序。（　　）

我认为以下事项有必要披露，重要性由高到低依次是：							
重要性	7	6	5	4	3	2	1
选择							

A. 尚未竣工的募投项目　　B. 重要在手合同

C. 客户或供应商变动　　D. 股权激励

E. 担保质押抵押情况　　F. 预计负债和未决诉讼

G. 行政处罚事项

9. 年报摘要中，请按照重要性排序，在下列指标中选出您认为最重要的十项财务数据或指标。（　　）

重要性由高到低	10	9	8	7	6	5	4	3	2	1
选项										

A. 每股收益　　B. 每股净资产

C. 资产负债率　　D. 总股本

E. 营业收入　　F. 营业收入增长率

G. 资产总额　　H. 净利润

I. 毛利率　　J. 净资产收益率

K. 扣除非经常损益净利润　　L. 净利润增长率

M. 营业利润　　N. 总资产周转率

O. 经营活动现金流量净额　　P. 研发投入占营业收入比例

10. 年报摘要中，您认为应该披露哪些风险因素？(　　)

我认为以下风险因素有必要披露，重要性由高到低依次是：							
重要性	7	6	5	4	3	2	1
选择							

A. 政策性风险　　B. 行业特定风险

C. 业务模式风险　　D. 经营风险

E. 环保风险　　F. 汇率风险

G. 利率见险　　H. 技术风险

I. 产品价格风险　　J. 原材料价格供应风险

K. 资产质量或资产结构风险　　L. 财务风险

M. 单一客户依赖风险　　N. 核心技术人员流失风险

11. 年报全文中，您认为公司对未来展望应当披露数量化的目标吗？如果披露，您认为所披露的数量化目标属于公司业绩承诺吗？(　　)（单选）

A. 应当披露数量化目标，属于业绩承诺

B. 应当披露数量化目标，不属于业绩承诺

C. 文字描述即可，没必要披露数量化目标，但是如果披露则属于业绩承诺

D. 文字描述即可，没必要披露数量化目标，如果披露也不属于业绩承诺

12. 年报全文中，您认为年报“董事会报告”存在的最突出的问题是(　　)。（单选）

A. 空泛且没有结合本公司具体情况提供实质性内容

B. 只是重复财务数据的简单增减百分比，没有提供新的信息

C. 未披露未来经营计划或计划太含糊

D. 报喜不报忧，对存在的问题和风险揭示不足

13. 年报全文“董事会报告”的以下信息中，您认为当前最应该得到加强的是（　　）。(可多选)

A. 报告期内总体经营情况

B. 主要资产、现金流项目的变化及其分析

C. 无形资产、核心竞争力的重大变化及其影响

D. 公司业务相关的宏观经济层面或外部经营 环境的发展现状和变化趋势，以及公司的行业地位或区域市场地位的变动趋势

E. 可能对公司未来发展战略和经营目标的实现产生不利影响的所有重大风险因素

F. 未来公司发展机遇和挑战，公司发展战略，以及拟开展的新业务、拟开发的新产品、拟投资的新项目

14. 年报全文中，您认为监事会报告对决策有用吗？（　　）(单选)

A. 完全不重要　　　　B. 不太重要

C. 重要　　　　　　　D. 比较重要

E. 非常重要

附件二：

有效完成问卷调查的中信证券营业部清单

编号	省份	城市	营业部	编号	省份	城市	营业部
1	湖北	襄阳	解放路	24	上海	上海	巨鹿路
2	湖北	武汉	建设大道	25	上海	上海	溧阳路
3	湖北	武汉	徐东大街	26	四川	成都	玉林北街
4	湖南	长沙	芙蓉路	27	浙江	杭州	延安路
5	山东	青岛	大沽路	28	浙江	杭州	曙光路
6	山东	济南	山大路	29	浙江	杭州	文三路
7	山东	青岛	标山路	30	浙江	湖州	环城西路
8	山东	即墨	即墨	31	浙江	金华	中山路
9	山东	青岛	东海西路	32	浙江	宁波	中山东路
10	山东	青岛	南京路	33	浙江	绍兴	解放南路
11	山东	青岛	香港中路	34	浙江	绍兴	万商路
12	山东	青岛	山东路	35	浙江	温州	车站大道
13	山东	青岛	深圳路	36	浙江	义乌	城中中路
14	山东	青岛	平度	37	浙江	余姚	南雷路
15	山东	淄博	张店美食街	38	浙江	海宁	硖西路
16	山东	胶州	湖州路	39	浙江	杭州	朝晖路
17	陕西	西安	科技路	40	浙江	杭州	定安路
18	上海	上海	沪闵路	41	浙江	杭州	市心南路
19	上海	上海	浦东大道	42	浙江	嘉兴	吉杨路
20	上海	上海	石化	43	浙江	乐清	鸣阳路
21	上海	上海	安亭	44	浙江	临安	钱王街
22	上海	上海	漕溪北路	45	浙江	温岭	东辉北路
23	上海	上海	东方路	46	浙江	诸暨	永兴路

参考文献

[1] 张新、祝红梅：《内幕交易的经济学分析》，载《经济学(季刊)》，2003（4）。

[2] 中国证券监督管理委员会编著：《中国资本市场发展报告》，北京，中国金融出版社，2008。

[3] Burgstahler, D. , and I. Dichev, "Earnings management to avoid earnings decreases and losses," *Journal of Accounting and Economics*, 1997, 24 (1): 99 – 126.

[4] Bushman, R. M. , J. D. Pitroski, and A. J. Smith, "What Determines Corporate Transparency?", *Journal of Accounting Research* 2004, 42 (2): 207 – 252.

[5] Chen, G. , M. Firth, D. N. Gao, and O. M. Rui, "Is China's securities regulatory agency a toothless tiger? Evidence from enforcement actions", *Journal of Accounting and Public Policy*, 2005, 24 (6): 451 – 488.

[6] Morck, R. , B. Yeung, and W. Yu, "The information content of stock markets: why do emerging markets have synchronous stock price movements?", *Journal of Financial Economics*, 2000, 58 (1 – 2): 215 – 260.

第六章

上市公司对投资者信息需求的回应

第六章　上市公司对投资者信息需求的回应

要构建以投资者需求为导向的信息披露体系，固然要清楚地了解投资者的需求，但是也应当听取上市公司的反馈，因为信息披露是有成本的，而这种成本表面上是由上市公司承担，但最终还是要由投资者来承担，无限制的信息披露需求最终也会损害资本市场的效率。

始于2011年的创业板年报准则修订改变了以前由监管部门拟订征求意见稿并向市场公开征求意见的做法。在本次修订过程中，鉴于机构投资者较强的专业性，监管层首先征求了基金、券商等机构投资者的意见，在综合考虑机构投资者对年报披露的信息需求的基础上形成了初稿。之后请部分创业板上市公司根据该初稿进行了试填，并邀请部分创业板上市公司进行了座谈。通过这两种方式，比较全面地收集了创业板上市公司对机构投资者信息需求的反馈意见。机构投资者的信息需求与上市公司的披露意愿借此进行了直接的"对碰"，结果为深入分析上市公司年报披露存在的问题以及改进方向提供了直接的线索及依据。

一、创业板上市公司关于机构投资者需求的反馈

机构投资者的需求可以归纳为以下17个方面的问题，而上市公司对这些问题却多有异议，具体如下。

（一）披露上市公司内部管理使用的关键业绩（务）指标

机构投资者认为，目前上市公司年报的披露内容过于集中于会计指标，属于会计导向的披露，而非经营导向披露。上市公司应向投资者说明会计数字背后的含义，因此，应该鼓励上市公司披露管理层在经营管理活动中使用的各种关键业绩或业务指标，并分析指标变化的原因及其发展趋势。

上市公司认为，披露关键业务指标及其变化原因，容易导致商业机密泄露，因此，应由公司根据其具体情况来选择是否披露。而且，上市公司的信息披露并非仅仅局限于股东，而是面向全社会以至全世界，将公司的关键业绩或业务指标向全社会公开，相对于非上市公司来讲，这对上市公司很不公平，很可能导致上市公司在市场竞争中处于不利地位。

（二）披露财务数据的变动原因及其可能反映的重大趋势

机构投资者认为，在年报的管理层讨论与分析中，上市公司不能只重复财务报告的内容，应充分解释财务数据的变动原因，并且要披露财务数据可能反映的重大趋势。

上市公司认为，披露财务指标未来变化的重大趋势涉嫌财务预测，容易引起对中小投资者的误导，一旦发生股价异动，可能给公司带来操纵股价的嫌疑，因此，建议不作强制披露要求。

（三）对公司的核心优势、研发投入、风险因素等进行定量分析

机构投资者认为，单纯的文字描述分析缺乏准确性和深度，对于一些重要内容，上市公司应进行定量分析。因此，上市公司在对公司的核心优势、研发投入、风险因素等进行讨论时，应结合财务数据，分析对公司经营情况的影响。

上市公司认为，上市公司的核心优势、风险因素等短期内与公司业绩之间并不是直线关系，财务数据难以与核心优势、风险因素

一一对应起来，因此，核心优势、风险因素等结合财务数据进行分析存在一定困难，不应作强制要求。

（四）披露参股公司的分红政策

机构投资者认为，上市公司应加强对参股公司的披露力度，帮助投资者了解这些参股公司未来可能对上市公司业绩的影响。因此，对于和公司主业关联较小的子公司，上市公司应披露持有目的和未来经营计划；对成本法核算的长期股权投资，应披露其分红政策。

上市公司认为，公司对参股公司并没有控制权，对于参股公司的分红政策，上市公司无权或无力要求其予以披露。因此，这一披露要求的执行存在困难。

（五）披露实际经营业绩与盈利预测或经营计划产生差异的具体原因

机构投资者认为，上市公司必须对实际经营业绩未达到预测数或计划的原因做出解释，若公司实际经营业绩较曾公开披露过的本年度盈利预测或经营计划低20%以上或高20%以上，应从收入、成本、费用、税负等相关方面详细说明造成差异的原因。

上市公司认为，这种要求是有必要的。应避免一些公司过于笼统的披露，告诉投资者造成盈利预测未能实现的具体原因，也有利于投资者对公司业绩未来发展趋势进行判断。

（六）披露管理层考核任务的完成情况

机构投资者认为，为了使投资者了解上市公司业绩的驱动要素，把握上市公司业绩的未来发展趋势，上市公司应回顾分析经股东大会审批通过的对董事会和高管年度考核的主要任务指标的最终完成情况。

上市公司认为，这种考核指标最好不要披露。因为，主要考核指标跟企业家的风格有关，有的是说到做到，而有的则是完成目标的80%就算达标了。这种披露事实上会被市场理解为一种业绩承诺，容易对市场产生误导。建议要么作为盈利预测来披露，要么不披露。另外，考核指标及是否完成的解释说明，容易泄露公司商业机密。

（七）按业务分部披露营业收入及经营业绩情况

机构投资者认为，上市公司应采取适当的分类方法，对营业收入及最终经营成果进行分类披露，以利于投资者了解上市公司收入、成果的构成。对于占公司营业收入或营业利润总额10%以上的业务分部，应分项列示其营业收入、营业成本、营业利润率，并分析其变动情况。公司应当保持业务分部统计口径的一致性，如确需调整的，公司应提供调整后的过去3年数据。

上市公司认为，分部或分行业、分地区可能对一些公司适用，可能对一些公司不适用，建议不采用主营业务分产品披露而采用分业务类别披露，或者由公司自行选择其一进行披露。主要的考虑是创业板公司规模相对较小，业务相对单一，按照分产品披露收入、成本和营业利润易被竞争对手过多掌握相关信息对保护自身市场竞争不利，而选用业务披露便于自我保护。

（八）披露在手订单及完成进度

机构投资者认为，订单是了解上市公司未来业绩的关键信息，因此，对于订单收入占比超过50%的公司，公司应披露重大的在手订单情况，并披露前期订单在本年度进展和本年度新增订单的完成比例。

上市公司认为，对于合同多的企业来讲，披露合同进度工作量太大，而且实践中合同进度经常需要按照实际情况来调整。因此，按交易所的上市规则的要求进行披露即可，没有必要再扩大重要订单的范围。

（九）披露成本构成

机构投资者认为，为帮助投资者了解上市公司成本费用的变化趋势是否合理，公司应披露本年度成本的主要构成，如原材料、人工工资、折旧等，如果涉及商业秘密的，公司可仅披露占比最高或最主要的单个项目，披露内容应包括当年和历史发生额以及在成本中占比情况。

上市公司认为，公司本年度成本的主要构成不建议披露。尤其是创业板公司，其规模较小，尚处于快速发展中，成本构成过细披露将有助于竞争对手的研究，不利于公司的竞争。而且，客户或市场一旦获悉公司的成本资料，必然会找公司议价，将会给公司的产品定价带来不利影响。另外，对于公司的成本构成，除机构投资者外，广大的中小投资者可能并不关心这类信息。

（十）披露控股股东投资或控股其他上市公司的情况

机构投资者认为，股东背景经常会对上市公司产生很大影响，这种影响可能是积极的也可能是消极的。因此，上市公司应披露控股股东目前控股和参股的其他上市公司的股权情况；对控股股东为自然人的，还应披露其过去10年曾控股的上市公司情况。

上市公司认为，这一要求有过度披露的嫌疑。上市公司的股东只承担有限责任，如果其同时是公司高管或与上市公司发生关联交易，则其控股的公司按上市规则目前的要求已进行了披露。如果其仅是上市公司的控股股东，那么其持有其他公司的股权与其拥有的存款、房产等资产一样，都是其私人信息，若要求其进行披露，可能降低资本市场的吸引力。

（十一）披露下年度股东大会对董事会和管理层的主要考核指标

机构投资者认为，股东大会对董事会和管理层的下年度主要考核指标是判断上市公司下年度业绩的重要信息，上市公司应该向投资者加以披露。但公司应明确告诉投资者这种考核指标并不是对投资者的业绩承诺。

上市公司认为，新年度的考核指标属于公司内部管理信息，对于许多公司来讲，属于商业机密，不宜对外公开披露。另外，即使公司明确提示投资者考核指标并非业绩承诺，也并不能避免对投资者的误导，因为，市场上的炒作资金需要的仅仅是炒作的题材，并不关心其是否能够最终实现。

另外，考核指标的披露虽不构成对股东业绩的承诺，但对竞争对手掌握公司的动态和计划安排提供了充分条件，加大了公司竞争风险。但对行业风险和公司所处行业地位以及总体经营目标可进行整体描述。而且，一些公司对高管的考核非常仔细，且每年都在变化，公开披露不太现实，建议披露考核结果即可。

（十二）完整地披露人力成本

机构投资者认为，鉴于劳务派遣越来越成为企业用工的一种重要方式，为使上市公司完整地披露其全部人力成本，对于劳务外包数量较大的上市公司，应该披露劳务外包的工时总数和支付的报酬总额。

上市公司认为，这种披露是有必要的，可以使投资者了解公司完整的人力成本信息，披露也不存在困难。

（十三）按业务年度归集并披露收入、成本、利润等信息

机构投资者认为，一些公司的经营存在很强的季节性，为使投资者正确了解公司年度业绩，对于业务年度与会计年度不一致的行业，建议上市公司披露按业务年度口径汇总的收入、成本、销量、净利润、期末存货的当期和历史数据。

上市公司认为，这种披露难度很大也没有必要。第一，业务年度无法准确定义，周期性行业或产品生产周期跨年度的企业，也未必能准确定义业务年度；第二，用另外一个会计年度的概念来归集收入、成本、费用、利润等指标成本很高，工作量很大；第三，公

司披露两种口径的收入、利润等指标，市场究竟以哪个为准判断公司业绩，业务年度归集的收入利润数据，审计师要不要审，这都会造成混乱；第四，一般的投资者不需要业务年度数据，真正关注公司的投资者会对公司的业务特征进行研究，没有必要进行这种披露。

（十四）披露新年度经营计划

机构投资者认为，新年度经营计划代表着管理层对公司下一年度经营的基本判断，因此，公司应根据年报内容，简要披露新年度经营计划。公司应选择该盈利预测的核心变量进行业绩变动的敏感性分析。但投资者应该明确的是，上述经营计划、敏感性分析并不能作为管理层对投资者的业绩承诺事项。

公司认为，公司年度经营计划（收入、成本、费用、研发）不建议披露。另外，年度经营计划如果全部体现为财务指标，则存在对未来发展过度定量的问题，由于经营中的不确定性因素太多，这种定量存在很大困难，尤其是对外公开披露更应坚持谨慎性原则，一旦披露出去，当股价大幅波动时，又会产生是否需要对经营计划进行修正的问题。即便是大型中央企业，披露经营计划也是做不到的。基于这些问题，建议及时进行业绩预告即可。另外，经营计划是否涉及需要承担法律责任或社会责任，这也是需要考虑的问题。

（十五）披露并提示重要客户/供应商变动风险

机构投资者认为，鉴于重要客户或供应商对公司的极端重要性，在重要客户/供应商发生变动时，上市公司应提示风险和披露公司对策。

公司认为，应该由公司根据重要性原则判断是否需要进行披露。对于像神州泰岳这样的大客户变更对公司经营有重大影响的公司，大客户变更必须进行披露。而对于大客户变更对公司影响较小，公司可以轻易变更大客户的公司，即使第一大客户或供应商变更，也无须披露。因此，需要对“重要”这一概念进一步明确其内涵。

（十六）披露股权激励计划的基本内容

机构投资者认为，上市公司在年报中应披露有效的股权激励计划的行权价、数量和行权条件等核心内容。

公司认为，这些信息已在临时报告中披露，没有必要在年度摘要中重复披露。

（十七）披露核心的非财务指标

机构投资者认为，上市公司应披露生产效率、产销量等核心的非财务指标。上市公司则基本持反对态度。

关于披露公司生产效率，公司认为这个较难计算，用于学术研究可以，建议不放入正式年报；关于产销量及价格，公司认为属于公司商业信息，披露此方面的信息对公司的发展非常不利，建议删除此条要求；关于披露生产量、销售量及库存量，公司认为不宜披露，因为审计报告中“库存商品”中已经披露这些项目的金额，披露数量暴露了公司的定价。另外，电子产品零组件多为电子竞标，单价信息变化较快且属于公司商业信息，公司认为应免予披露。

除上述针对具体问题提出的异议外，一些公司对创业板上市公司年报披露的原则也提出了意见，主要的有以下几点：（1）机构投资者对上市公司透明度的要求过高，创业板公司需要几年的时间来过渡；（2）信息披露应以促进创业板上市公司的发展为目的；（3）应尽可能保护公司的商业机密；（4）应充分权衡披露的成本、效益及准确性，披露上走得太远，会给公司带来许多负面成本；（5）不应将中介机构应承担的义务加之于上市公司；（6）应考虑过多披露可能会降低创业板公司的吸引力；（7）应考虑披露可能给公司带来的法律后果及社会影响问题。

综上所述，机构投资者对年报信息的需求意愿与创业板上市公司的提供意愿之间存在较大分歧。如何解决，需要正确分析二者差异产生的原因，在同时兼顾二者合理诉求的前提下妥善加以解决。

二、机构投资者与上市公司间信息披露需求差异产生的原因分析

（一）基于委托—代理关系的分析

上市公司的投资者与管理层之间存在着委托—代理关系。作为委托人的投资者和作为受托者的管理层各自都是利益最大化的主体。而二者利益的不一致必然导致二者之间存在多方面的冲突，这种冲突时常在公司治理层面和信息披露层面表现出来。

从信息披露层面来看，由于投资者游离于公司日常经营之外，其与管理层之间存在着天然的信息不对称问题。投资者为了保护其投资利益以及满足下一步决策的需要，要求尽可能多地掌握公司经营相关信息。而管理层的目标是更好地履行其受托责任及尽可能降低其需要承担的风险。过多的信息披露一方面增加了管理层的履责成本，另一方面可能导致公司在市场竞争中处于不利地位，有时还可能给管理层带来法律诉讼方面的风险，因此，管理层对信息披露的意愿是有限的，这与投资者无限的信息需求之间必然会产生尖锐的分歧。

（二）基于资本市场机制不完备的分析

在一个机制健全的资本市场上，管理层的努力通常会通过公司的市场价值表现出来，公司市场价值的变化因此成为管理层努力程度的一个主要决定因素。而在我国目前的资本市场条件下，管理层

的努力程度与公司市场价值之间的关系在许多时候并不一致，在信息披露方面尤其如此。管理层几乎不可能从高质量的信息披露中获取市场溢价，决定了其没有动机去提高信息披露的质量。

（三）基于民营上市公司治理缺陷的分析

创业板上市公司的突出特征是家族控制或“一股独大”。这种特殊的股权结构导致许多创业板上市公司在治理机制方面存在典型的“三合一”问题，即股东大会、董事会、管理层高度合一，机构投资者或社会公众投资者对上市公司缺乏控制力或影响力，难以对上市公司的信息披露施加直接的影响，上市公司管理层因此并没有提高对外信息披露质量的压力。机构投资者除了“用脚投票”以外，只能寄希望于外部监管机构，而监管机构制订的规则又存在一个执行程度的问题。

（四）基于机构投资者行为特征的分析

目前，我国资本市场上的机构投资者，从其投资行为角度来看，其尚未成为战略意义上的投资者。许多时候，机构投资者的行为类似于散户投资者，充满了投机性。这招致了上市公司的诸多不满。在上市公司对投资者身份不认可的前提下，其自然没有动机提供更多的投资相关信息。

三、面对问题，该如何权衡

综上所述，机构投资者与上市公司之间关于信息披露的差异，其产生有着深层次的原因，涉及我国资本市场的许多基础性机制问题。这种根本性问题并非一朝一夕所能解决。目前所能做的，是尽可能找寻可以获得二者共同认可的措施，尽量提高上市公司信息披露的质量。

（一）以非财务信息披露为主

我国资本市场依然是一个以散户投资者为主体的市场，这在创业板市场表现得尤其突出。散户投资者习惯于将上市公司披露的涉及未来业绩的财务信息视为一种业绩承诺，即使上市公司已在醒目的位置向其充分提示风险及免责声明。在这种条件下，为了避免使上市公司承担不必要的法律风险，在涉及未来的信息披露方面，可以要求上市公司尽可能多地进行描述性分析，避免要求其提供直接的财务成果信息。

（二）以正在进行的事项的披露为主

从投资的角度来看，投资行为是利用上市公司过去及现在的信息对公司未来做出判断，从而做出投资决策。因此，对于公司未来发展趋势，投资者或市场中介机构应履行自身的职责，做出自己的判断。不应要求上市公司向其加以描绘。上市公司的义务仅在于向投资者提供过去已经发生的事项的信息及公司目前正在从事的事项的信息。如果说上市公司目前的信息披露过多地集中于过去事项，可以要求上市公司未来更多地向投资者揭示其目前正在从事的事项，由投资者自己根据这些信息对上市公司未来的发展趋势做出判断。

（三）应考虑保护上市公司的商业机密或商业利益

上市公司在市场生存及最大限度地获得商业利益是投资者利益的根本保障。因此，在保护上市公司商业机密或商业利益方面，上市公司和投资者的利益应该是一致的。投资者无论要求上市公司提供过去事项的信息还是正在从事的事项的信息时，必须要考虑这种披露是否会泄露公司商业机密，损害公司商业利益。

（四）提高上市公司透明度应分步进行

创业板公司普遍规模小，业务单一，在产业链中处于相对不利地位。其面临着较大企业激烈的市场竞争，议价能力和抗风险能力也比大企业要弱得多。过高的透明度势必给公司经营带来很大的冲击。因此，在目前对大型上市公司信息披露的改革尚未启动之际，不宜过早地要求创业板上市公司单方面提高透明度。

第三部分

上市公司
信息披露问题的破解

第七章

以投资者需求导向实现年报准则修订的方法创新

第七章　以投资者需求导向实现年报准则修订的方法创新

构建以投资者需求为导向的上市公司信息披露体系，是一项复杂而需要长期实践的工作，其目标是切实提高信息披露的质量，促进资本市场的长期健康发展。在实践中，上市公司信息披露质量已经成为一个全球性问题，各国监管机构及专业机构在此问题上尽管在基本原则和方向上差别不大，但并没有达成完全一致的意见。在美国证券交易委员会的相关规定中可以发现，信息披露质量的重要因素在于信息的可比性、透明度和充分披露性。巴塞尔银行监管委员会（Committee on Banking Supervision，Basel）认为，公开披露可靠及时的信息对信息使用者非常重要。投资管理研究协会（AIMR）、标准普尔公司（S&P）、国际财务分析和研究中心（International Centre for Financial Analysis and Research，CIFAR）等机构都做了一些研究，但结论也各有不同。

要全面考虑这些影响信息披露质量的因素，加之信息供给方及需求方存在的差异，信息披露规则的制订是一件复杂而艰巨的工作。但同时，Healy 和 Palepu（2001）的研究表明，投资者和公司管理层之间的信息不对称，是构成上市公司信息披露的内在原因。也正是这些差异的存在，使信息披露制度有了不断改进和完善的推动力。

创业板上市公司年报准则自 2009 年发布以来，在实践中发挥了重要的作用，但也逐渐反映出一些问题，如管理层讨论与分析的部分内容仍然不够深入、年度报告摘要与全文趋同等，与投资者的需求存在差距。因此，在总结上述问题的基础上，创业板上市公司年报准则修订起草小组着手对其进行修改与完善。为了满足投资者的需求，本次修订工作的一个重要特点是在工作方法上进行创新，第一是明确了修订工作必须以满足投资者的信息需求为导向；第二是开门立法，将专业机构纳入修订工作的过程中，充分吸取业界和学界对创业板年报的最新研究成果；第三是充分听取投资者的意见和建议，甄别不同类型投资者对信息披露的不同需求；第四是针对不同类型投资者的差异化需求，在年报准则的不同部分做出有针对性的分层次安排；第五是让信息供需双方，即上市公司和投资者见面讨论，就双方关注的问题进行充分的争论和交流，并逐步达成共识；第六是邀请上市公司根据修改的规则多次进行模拟填报，对修订阶段性成果进行实践检验，不断发现问题，进行调整。

一、明确导向

以往的信息披露规则中，可能更多的是从监管者的角度，要求公司披露风险因素、规范运作等相关情况。这一取向的主要背景是由于我国资本市场的基础还比较薄弱，市场机制不够完善，市场自身约束能力不够，因此有针对性地加强信息披露监管是提高上市公司透明度的现实选择。根据统计（任怡琛、柳青，2008），2002—2007 年我国共有 167 家上市公司因信息披露违规受到处罚，处罚次数 224 次。违规事项中，信息披露重大遗漏所占比例最高，为 98 次，比例达 43.8%；其次为虚假陈述，发生 73 次，比例为 32.6%。整体看，信息披露违规较为普遍，且发生了银广夏、蓝田股份等信息披露恶性案件。鉴于这一情况，信息披露可能主要需要考虑真实性、准确性、充分性和完整性的问题，因此信息披露规则规定得较为详尽，要求上市公司尽量具体地披露合规运作方面的主要情况。

但监管者与投资者看待问题的角度确实存在一定差异，一些监管者认为重要的情况投资者却可能认为与判断公司价值关系不大。近年来，公司年报篇幅越来越长，披露的信息越来越多，但其中重要的有价值的信息反而可能淹没在大量冗余信息当中，并不能真正满足投资者的实际需求。随着市场机制的逐步完善，公司治理水平不断提高，外部制约力量不断增强，对信息披露的需求也呈现两个明显的趋势，第一是从真实、准确、充分和完整逐步向更强调有效性转变，第二是从强制性信息披露向自愿性信息披露转变。

为充分体现信息披露的有效性，此次年报准则修订工作放弃了以往修订工作中惯常采用的先确定修订大纲、完成起草、再征求投资者意见的做法，而是通过先行了解投资者的需求，从投资者的角度出发来确定披露的重点和详略。在修订工作前期准备和修订过程当中，通过多次召开座谈会和问卷调查等形式，尽最大可能来听取投资者意见、掌握投资者对信息披露需求的第一手资料，以年报真正使用者的实际需求来决定规则的框架和内容。

在前期准备过程中，针对上市公司年报披露内容、方式等普遍性问题征求了投资者意见，收集到的主要意见建议包括如下内容。

（一）年度报告的内容应进一步体现投资者重点关注的问题

1. 增加上市公司风险的揭示。投资者认为目前国际上的信息披露都是以风险为导向的，企业在信息披露时，对公司所面临的风险要详细揭示。我国上市公司必然会面临一些突发性事件，这些事件和风险中有些是可以合理预见的，在定期报告或者临时报告中对公司面临的风险进行充分揭示，有助于投资者做出合理判断，更好地保护投资者。

2. 增加重要期后事项的披露。目前创业板要求上市公司在披露年报时对当年第一季度的业绩情况进行预测，不少企业表示有难度，但是认为公司应该及时披露那些重要的期后事项，对于年度结束后至年报披露前的这段时间内发生的可能对公司经营或者业绩有重要影响的事项应该及时披露。

3. 信息披露的差异化。投资者认为医药、电子、软件等行业变化较为迅速，行业生命周期短，一项新的技术出现可能会导致原有产品的淘汰。建议对这些行业进行差异化披露，对那些单个产品占公司营业收入达到一定比例以上的，要对这些产品进行详细披露。同时由于行业变化快，为避免重要财务数据的泄露，建议披露每个月的营业数据，通过订单的覆盖、执行情况来判断公司的经营状况和发展前景。

（二）年报披露方式应不断改进

投资者认为新媒体对信息披露方式的影响很大，尤其是微博的兴起，对于信息传播起到了迅速的扩散作用，企业和监管部门要研究如何利用好新媒体技术来改进信息披露方式，同时要加强对新媒体信息披露的监管。

目前证监会明确上海证券交易所网站、深圳证券交易所网站、《中国证券报》、《上海证券报》、《证券时报》、《证券日报》等为信息披露的指定媒体，但是实践中不少企业表示在指定报纸上进行信息披露的费用较高。机构投资者表示他们在工作中实际使用的都是从交易所网站下载的资料，报纸对其工作影响不大，建议适当简化在纸质等传统媒体上信息披露的内容，对披露内容进行压缩、概要，同时可在报纸上提示投资者，要想获得更详细的信息，可以到交易所网站去查询，这样就可以减少在纸质媒体上披露的内容，进而降低披露成本。

二、专家参与

在创业板年报修订过程中，专业机构的持续参与是一项重要特色。一些知名证券公司、基金公司以及创投公司等专业机构被邀请加入到修订工作中，与监管部门共同组成规则起草小组，从始至终参与规则修订工作，一方面从不同角度提供专业意见，另一方面也是保证修订工作坚持以投资者需求为导向，避免最终的规则与投资者意见出现大的偏差。

（一）各方充分讨论，形成新的创业板年报准则框架

年度报告的框架结构，将会给投资者获取信息的第一印象，符合投资者需求的编排顺序，有利于投资者快速获取所需要的信息；内容编排过于凌乱，则投资者需要花费很大精力从大量信息中去寻找他们所需要的只言片语。因此，监管部门与专业机构通过数次非常深入的讨论，对年报准则的基本框架体系逐步形成了共识。对于董事会报告的内容如何排列，年度报告各章节的顺序如何安排，财务数据如何列示等，涉及年报框架的部分，首先被讨论和确定下来，成为具体内容修改的基础。

（二）有序分工合作，完善创业板年报准则内容体系

参与修订工作的专业机构各自承担了年报准则部分内容的研究和规则撰写工作，构成了年报准则的内容体系。参与修订小组的专业机构人士在日常研究和工作中都对中小企业进行过深入研究和现场调研，对于公司的核心价值驱动因素、风险因素、管理层对公司运营的影响、行业环境等都有非常深刻的了解和思考，因此由这些专业人士负责年报准则具体内容的撰写工作，从专业分析的角度进行年报内容增、删、改、简等工作，使规则的要求更清晰、明确，语言的表达更简练、准确。

（三）深入论证分析，推动年报准则内容的不断充实和完善

在修订工作中，监管部门和专业机构不断进行讨论，举行不同类型的座谈、问卷调查和现场调研等活动，不断就修订过程中取得

的阶段性成果进行论证分析，并根据实践情况进行调整，使年报准则的内容和形式更符合投资者需求，同时也降低上市公司的披露成本，从而不断提高披露的有效性。

三、甄别需求

考虑到机构投资者与中小投资者对信息披露的需求客观上存在差异，分别采用不同方式，力图更为深入地了解不同投资者的意见和建议。

（一）了解机构投资者的需求

针对机构投资者，先后邀请上海和深圳证券交易所、券商投研部门、创投、基金公司、创业板上市公司等单位召开了若干次座谈会，听取其对信息披露制度和具体规则的意见。

另外，部分创投机构介绍了它们判断企业价值的六个主要因素，从某种角度上也可以为信息披露内容提供借鉴。

第一，核心管理团队的能力。主要关注管理团队的专业管理能力，以及管理层的愿景和持续追求的能力。不少企业上市以后，高管就急于套现，管理团队的不稳定会对企业的发展产生不利影响，因此要寻找那些有能力且愿意踏踏实实做企业的管理团队。

第二，企业的成长性。成长性是创业板公司最重要的特性，判断企业的成长性可以从两个方面来考虑，一是企业的创新能力，包括：（1）技术创新的能力。很多拟上市公司都是细分行业的龙头、高新技术企业，对技术的要求比较高。（2）商业模式的创新。好的商业模式能够带动企业的发展。（3）管理模式的创新。如创业板中的蓝色光标，通过人才培养，实现管理的输出。二是关注企业的竞争能力。重点关注企业的市场份额，产品的竞争能力，盈利能力以及公司品牌的市场地位。

第三，公司所处行业及其地位。通过行业分析，关注企业的成长空间，要投资国家鼓励发展的行业；关注企业在行业中所处的地位。

第四，企业发行上市的审核标准。研究企业发行上市的案例，对企业的公司治理、规范运作等进行关注，对那些可能在未来符合发行上市标准的企业进行投资。

第五，企业的财务指标和财务状况。重点关注企业的经营指标、扣税后的利润、产品的毛利、应收账款、存货以及业务发展情况等。

第六，企业的信息披露情况。关注其披露信息的真实性，必要时与税务、工商等部门进行了解，与同行业企业进行比较，对其财务情况的真实性进行核实。

（二）发现中小投资者的需求

针对中小投资者数量众多、较为分散的情况，经过认真研究，决定采取问卷调查方式，以在更大范围内了解投资者需求。调查问卷通过中信证券的50家营业部向1 000位个人投资者发放，在营业部和投资者的选取上注意地区分布和持股量的均衡，力图扩大覆盖面和代表性。在问卷内容上也反复修改多次，希望在简明扼要的前提下尽量客观全面地反映投资者的想法和意见。

另外，起草小组也到营业部与中小投资者代表进行了面对面的座谈与交流，听取对创业板上市公司年报摘要修订的建议和意见。反馈意见主要包括：

1. 审计机构意见类型如果是有保留意见，应该用红色等醒目颜色加以标识；风险提示要有实质性的内容，最好能说明有较大投资风险的项目，并希望说明公司针对风险拟采取的措施。

2. 企业未来发展预测要详细说明；管理层对企业未来发展的预期不构成业绩承诺，中小投资者可以理解。

3. 公司历史股权变更情况有助于中小投资者判断企业经营者的

经营行为，应详细说明。

4. 中小投资者非常关心前十大股东及其变动情况；在股东情况中，要突出流通股股东的信息，包括持股变化情况、人均持股情况等。

5. 财务数据应该挑与投资者有切身利益关系，有助于判断企业价值的指标重点披露；希望列出毛利率、市场份额、排名等指标，尤其在这些指标有较大幅度变化时，要说明原因。

6. 管理层经营分析应该讲清楚企业的计划以及计划实现过程；尤其表现在经营分析写得还不够，不能只讲空话，要结合具体数据，说明内容，并且与财务指标等数据有逻辑关系；行业分析非常重要，要详细说明；研发、投资等非保密的信息要详细披露；希望增加对企业经营者经历的介绍。

7. 建议加入高管减持（尤其是高管辞职后减持）、股权激励计划等情况说明。

8. 中小投资者目前通常在网上获取相关信息，很少通过报纸。

9. 摘要中对于临时报告已经披露的信息，可采用索引方式，这样可以容纳更多信息。

10. 年报摘要的语言应通俗易懂。

四、分层应对

根据周勤业、卢宗辉、金瑛（2003）的问卷调查结果，信息披露应有层次性，年报正文主要为机构投资者使用，而摘要主要为个人投资者提供简明扼要的信息。根据此次年报修订过程中与投资者座谈和通过问卷调查了解到的情况，得到了类似的结论，不同类别的投资者对信息的需求侧重有所不同。中小投资者要求上市公司的信息披露语言通俗简单、重点突出，注重公司对年报经营结果的表达；机构投资者要求信息披露翔实细致，并尽可能提供有关背景材料，注重收集相关信息，形成对公司经营过程的分析。从调研的情况看，年报摘要的主要目标群体是中小投资者，年报全文的主要受众则是机构投资者。

根据不同投资者的不同需求，年报准则修订中做出了有针对性的安排，简化年报摘要、提高年报全文披露要求，同时在年报全文及摘要的内容顺序排列上，也尽可能充分吸取投资者建议，做到重点突出，清晰明确。

（一）关于年报摘要

针对目前摘要与全文内容趋同问题，为提高摘要披露的有效性，修改后的年报准则对年度报告摘要部分做了大幅简化。简化的基本思路是在摘要中只着重披露投资者最关心的公司财务状况及经营情况两部分内容。只保留公司基本情况（主要内容为公司主要会计数据和财务指标）、股东及股本结构情况、管理层讨论与分析、重大事项等内容，并且大幅度压缩了这些部分的披露篇幅，使年报摘要的披露篇幅不超过一张 A4 纸。

（二）关于年报全文

结合机构投资者注重对公司经营过程的分析的需求，在年报全文中更强调为投资者提供相关过程信息，在以下方面做了有针对性的调整。

1. 在 MD&A 部分增加了非财务信息披露的相关要求

为提高年报披露的有效性，使年报信息披露不仅要反映过去的经营成果和资产状况，还要关注未来的变化，包含经营环境、公司战略以及行业发展趋势等方面，应使披露内容具有充分的相关性、关联性、重要性以及可控性，避免空洞的辞藻堆砌和无重点的流水式叙述。

（1）鼓励公司披露管理层在经营管理活动中使用的各种关键业绩指标；

（2）要求公司从驱动营业收入变化的产销量、订单或劳务的结算比例等因素，以及本年度成本的主要构成、重大在手订单、研发投入及时进展、分部经营情况等方面详细说明报告期公司经营的具体状况；

（3）细化了对未来展望的披露要求，要求公司从行业格局和趋势、公司发展战略、经营计划、可能面对的风险等方面详细分析公司未来发展前景；

（4）要求公司在分析与讨论公司的外部环境、市场格局、风险因素等内容时，应充分结合其现阶段所面临的特定环境，结合公司所处的行业以及所从事的业务特征进行有针对性的分析；

（5）强化了对纯粹的股权投资的披露要求，对于和公司主业关联较小的子公司，要求披露持有目的和未来经营计划；对本年度内投资收益占净利润比例较高的公司，要求披露对投资收益影响较大的股权投资项目；

（6）要求管理层讨论与分析应突出重要性，避免空泛、模板式的语言，以及过多披露与公司业务相关性很小、不重要的事项而掩盖重要信息。

2. 强化了管理层讨论与分析的相关性和关联性披露原则要求

要求公司重点讨论和分析重大的投资项目、资产购买、兼并重组、在建工程、研发项目、人才培养和储备等方面在报告期内的执行情况和未来的计划等以提高披露的相关性；要求充分考虑公司的外部经营环境（包括而不限于经济环境、行业环境等）和内部资源条件（包括而不限于资产、技术、人员、经营权等)，结合公司的战略和营销等管理政策，结合公司所从事的业务特征，进行有针对性地讨论与分析，并且保持逻辑的连贯，以提高披露的关联性。

3. 优化了董事会报告的结构，使其更加具有逻辑性

将董事会报告中的投资情况部分与管理层讨论与分析进行了整合，作为管理层讨论与分析的重要内容，使得董事会报告的逻辑更加清晰，也提高了管理层讨论与分析的完整性。

4. 新增了内幕信息知情人管理制度披露要求

要求公司披露内幕信息知情人管理制度的建立及执行情况，以及公司报告期内自查内幕信息知情人涉嫌内幕交易的情况等内容，防范内幕交易。

5. 完善利润分配的披露内容，促进上市公司合理回报股东

在原有披露内容的基础上，新增了利润分配政策以及最近三年的股利分配、资本公积金转增股本及现金红利分配情况等披露要求。

6. 对年报准则部分条款进行了必要的完善

一是对于公司披露涉及未来的计划、预测等方面内容的，要求在重要提示中增加免责声明，以避免误导投资者；二是为了明确和增强行业可比性，要求公司年度报告中若涉及行业分类，必须使用证监会指定的行业分类，并以此行业分类为标准披露数据、资料；三是增加监管机构每年以临时通知的形式要求披露的内容，例如社会责任报告、年报信息披露重大差错责任追究制度、控股股东及关联方资金占用等，以格式指引的形式将这些披露要求予以固定；四是对若干条款予以完善，避免内容遗漏及理解上的歧义。

五、供需见面

修订稿初稿完成后，起草小组举办了两次“供需见面会”，也就是让信息披露供需双方，即上市公司和机构投资者直接进行交流。从交流的情况来看，由于双方看待问题的角度在客观上存在较大差异，导致在一些问题上各执己见、针锋相对。但就是这些面对面的

交流与碰撞，各方都毫无保留地呈现了自己的思路和意见，并最终在大多数问题上取得了共识。

以往为了避免意见差异和矛盾，基本上征求意见都是分别进行，然后由起草人员进行汇总、筛选，并体现在规则当中。这一方式的缺陷在于：首先，监管部门听到一方的意见后，难以直接获取另外一方的回应和反馈。由于双方的意见各有其合理性，只是立场和角度的不同，作为中立方的监管部门在判断甄别时难度很大；其次，由于双方的意见表达都是单向的，虽然回避了矛盾，但同时也失去了直接进行交流和回应的机会，也就不太可能在此过程中达成共识。这次起草过程没有试图避免类似的差异，而是首先承认这些差异的客观存在，然后在正视这些差异的前提下寻求解决之道。

（一）讨论的焦点问题

在交流中，上市公司和投资者围绕具体条文的修订对公司可能产生的影响以及如何更有效地提高上市公司的透明度、降低信息披露成本、提高信息披露的有效性和针对性进行了热烈讨论。双方的分歧的焦点集中表现在以下四个方面。

1. 业绩预测问题

目前实施的《公开发行证券的公司信息披露内容与格式准则第30号——创业板上市公司年度报告的内容与格式》（修订征求意见稿）规定：“讨论与分析不能只重复财务报告的内容，而应充分解释财务数据的变动原因及其可能反映的重大趋势”；对公司未来展望部分要求公司披露新年度的经营计划，并指出公司可以编制并披露新年度盈利预测。由于以往年报中大部分公司披露新年度经营计划时内容较为空泛原则，同质化现象突出，缺乏个性化和差异化的内容，投资者普遍反映难以获取有效信息。因此，修订中增加了“分析和讨论应提供数据支持，并说明数据来源”和“公司应回顾分析经股东大会审批通过的对董事会和高管年度考核的主要任务指标的最终完成情况”的规定，同时在其他条款也增加了一些结合数据进行分析的要求。

各方都同意传统的财务信息只反映过去的经营成果，预测性信息对于投资者作决策更为重要，企业应该披露那些对公司未来发展趋势有重要影响的因素。但正如第六章中分析，有不少企业表示由于环境变化，如受气候变化、政府补助、经济形势等一系列不可控因素的影响，上市公司很难对未来一段时间的具体经营业绩做出预测。修订稿虽然没有直接说明要求公司提供财务预测，但是不少上市公司还是认为披露经营计划、重大趋势以及内部考核指标的数据有财务预测的成分，这种披露可能被市场理解为一种业绩承诺，容易对市场产生误导。出于谨慎性的考虑，上市公司披露的数据应该是那些比较确定的数据，对于存在不确定性的数据公司不宜披露，以免引起法律纠纷。

机构和研究员认为，根据以往的做法，如果没有披露具体数据的规定，企业往往在年报的董事会报告部分进行一些比较格式化的说明，没有提供有助于预测未来业绩的有关要素说明。投资者常常会考察过往年份公司经营计划的完成情况，借以判断在当前经济环境中公司经营计划未来可实现程度，而这只有在上市公司持续披露过往计划、任务完成情况的前提下才能够完成。对上市公司而言，有效的市值管理就是管理好市场投资者对公司的业绩预期。而披露计划、任务指标是管理市场业绩预期最重要的一项工作。同时，对董事会和高管年度考核的主要指标有助于投资者对公司未来经营计划或预测可实现度的判断，以及深入了解在特定经济和经营环境中上市公司的经营行为，对判断公司经营能力非常有必要。为避免是否构成财务预测的争议，建议在创业板上市公司年报首页醒目位置标明“管理层分析讨论中有关未来年度各项经营指标均为本公司之计划或预测，并不构成本公司的业绩承诺”。

综合来看，结合数据对未来的经营计划、重大趋势进行描述比较直观，对于判断企业的价值很有帮助；企业的经营计划、业绩预测等只是对未来状态的一种预测，仅供投资者参考，而不是对公司未来业绩的承诺。但根据调查问卷的结果，2/3 的中小投资者认为披露数量化的经营目标构成业绩承诺。因此，披露的未来经营数据确实会对市场造成一些误导，公司在经营过程中难免会有一些波动，中小板、创业板企业因为规模小、业务单一，波动可能更加剧烈。因此建议公司披露未来年度的经营计划，并鼓励公司编制并披露经会计师事务所审核并发表意见的新年度的盈利预测，但对未来具体财务数据的披露不做强制要求。

在鼓励和规范预测信息披露方面，美国的安全港规则值得借鉴。安全港是监管或者是法规上的一种条款，是指特定主体善意的行动或遵守了特定的标准，就可以减轻或免除其在法律下的责任。就信息披露而言，信息披露安全港是指，只要相关主体遵守了某些规定或满足特定条件，就可以免除遭到披露欺诈的诉讼威胁。一般而言，这类信息主要是指预测性陈述。

美国的安全港规则为以下陈述提供了法律保障：①对某些财务事项的预测，如利润、每股收益、资本结构等；②公司管理者的规划和目标；③在管理层讨论与分析中披露的未来经济运行状况；④与上述陈述相关的前提假设。只要这些陈述是建立在合理的基础之上并且以诚实信用的方式披露或确认的，便不被视为虚假或误导，即使现实与上述陈述并不符合。安全港规则有两个基本构成要件，一个是关于与预测性信息相伴随的警示性提示的充分性；另一个是关于作出预测性陈述者的主观心理状态。

2. 收入、成本分项列示问题

修订过程中为进一步便于投资者判断公司经营情况，规定了“对于占公司营业收入或营业利润总额 10% 以上的业务分部，应分项列示其营业收入、营业成本、营业利润率，并分析其变动情况。公司应当保持业务分部统计口径的一致性，如确需调整的，公司应提供调整后的过去 3 年数据”。其中针对成本构成的规定为“公司应披露本年度成本的主要构成项目，如原材料、人工工资、折旧、能源和动力等。如果涉及商业秘密的，公司可仅披露占比最高或最主要的单个项目。披露内容应包括和上年发生额以及在成本中占比情况”。

上市公司认为各公司情况差异很大，分部或分行业、分地区拆分可能对一些公司适用、对一些公司不适用，建议不采用主营业务分产品披露而采用分业务类别披露，或者由公司从中任选一种分类方式进行披露。

机构和分析师认为，主营收入、成本和利润率拆分是投资者分析公司业务发展最基础的信息，应该强制要求披露。至于是以产品、地区或者其他标准分拆，应该根据行业特性而定。对特定行业可明确具体的拆分标准，对难以统一确定拆分标准的行业，上市公司可根据行业以及自身经营特点选择适当的拆分标准，但是必须保持至少过去 3 年口径的一致，如果变化必须提供过往 3 年备考的拆分结果。总体而言，持续披露的水平不应低于 IPO 招股书披露的水平。

其中针对成本拆分的条款，上市公司代表承认目前不少企业关于成本方面的信息披露有些笼统，尤其是在企业新增产品或者业务变更之后，没有提供可比的成本信息。但是企业也担心成本拆分得太细会对公司的经营产生不利影响，有助于竞争对手对自身的研究，造成与竞争对手信息的不对等，为保护公司特别是中小企业在成长初期的顺利发展，不宜披露过细。另外公司认为这些披露过于专业，主要是机构和基金比较关注，对广大投资者没有太大意义。

机构投资者认为目前投资者在分析上市公司中遇到的难点之一就是主营成本拆分问题。而主营成本影响毛利率，最终影响公司的净利水平。要对上市公司进行科学合理的估值判断，分析把握其毛利率水平变动是最基本的工作之一，成本拆分非常必要。

综合来看，从分析一个企业的角度出发，需要了解一些比较细致并且可以追溯对比的成本信息，才能通过对历史数据的分析，找出价值驱动因素，对未来发展情况做出研判。以前由于披露的成本构成不够清晰，投资者预测公司未来的成本变化以及业绩情况难度很大。对于此类专业信息中小投资者难以理解的情况，关系到年报最终使用者是谁的问题。理论上来说，应该是机构投资者通过阅读公司年报及各类信息披露，对公司进行判断，并给出专业意见和投资建议。中小投资者可以依据年报做出自己的判断，但相比机构投资者，中小投资者的精力、专业背景都没有优势，对年报信息的使用应该更多地体现在间接渠道。对于竞争对手可能获取有关信息的问题，上市公司的大致毛利率水平在多数情况下已为同业所掌握，难以通过不披露来解决这一问题。总体上成本方面的披露应加强，但考虑到某些成本披露太详细可能增加企业负担，也确实可能会对企业竞争产生不利影响，因此建议上市公司按照不同行业披露产品成本中人力成本、折旧和能源的金额，对原材料可以不披露具体金额，但应披露原材料构成的比例情况。

3. 关键业绩指标的披露问题

修订过程中，为进一步增强公司经营情况的透明度，增加了“鼓励公司披露管理层在经营管理活动中使用的各种关键业绩指标，分析指标变化原因和未来趋势，并披露关于指标计算的假设、计算方法等有助于投资者理解的背景信息”的表述。由于关键业绩指标很难有统一的标准，因此条款中规定“关键业绩指标的选择范围应参考公司董事会对高管的业绩考核指标”。

上市公司的意见主要包括三方面：一是披露关键业务指标及其变化原因容易导致泄露商业机密，应由公司根据其具体情况来选择是否披露。二是企业内部可能有一整套用于评价和考核的业绩，除常用的营业收入、净利润等指标之外，还有一系列其他指标和细分指标，这些指标每年都会有调整，如全部披露内容会很多，如投资者也可能被误导。另外不同企业对考核指标的弹性很大，有的企业要求高，有的企业要求低，如果指标设置不合理可能会导致高管的短期行为。三是各公司情况千差万别，难以形成并确定统一的一套关键业务指标，实践中难以操作。

机构和分析师认为，关键业绩指标是企业对运作过程中关键因素的提炼和归纳，是企业经营情况的主要表现形式，披露这些指标对于更好地理解企业的运营和进行预测十分有用。“商业秘密”不能成为信息披露的阻碍，既然选择了上市，成为公众公司，就有义务向投资者披露足够判断其投资价值的关键业绩指标。同时，也应通过各种制度的完善、机构投资者成熟度的提高，使披露工作做得好、透明度更高的上市公司能获得相对更高的估值。对关键业绩指标的选取，虽然不同行业的关键业绩指标差异较大，但是对同一行业投资者和研究机构通常有比较一致的判断标准。至于哪些关键业绩指标应该披露，可与相关行业上市公司讨论后通过某种形式的指引予以明确。

综合考虑，关键业绩指标的披露对分析判断公司的经营情况和发展前景很有必要，虽然目前上市公司在这方面披露得还不多，但这一条款的设置将会对公司提高透明度有一个很好的导向作用。因此，建议鼓励公司披露，但考虑到目前市场发展和信息披露的整体情况，不做强制性规定。

对于关键业绩指标的选取，可暂由公司自行把握，并建议尽快启动相关研究，参照证监会行业分类，对某些重点行业的关键业绩指标进行界定和明确。同时，建议征求相关行业上市公司的意见，尽可能科学客观地反映行业特点。

4. 商业秘密

商业秘密不是一个新问题，而是贯穿信息披露制度发展的整个过程。在历次信息披露规则起草和修订中，都会面临这一问题。投资者希望上市公司透明度更高，尽可能披露更多的信息；而上市公司担心由于披露的信息面对的不仅仅是投资者，还包括竞争对手、上下游企业等，过多的信息披露可能会对公司的盈利能力造成影响。

此次信息披露规则的修订也面临同样问题。几乎每一个投资者与上市公司观点存在差异的环节，都涉及其是否是商业秘密的问题。除上述的关键业绩指标、收入成本拆分等问题外，还包括公司主要产品产销量及价格、库存量、研发团队构成等情况。比如，针对产销量、库存量等数据，机构和分析师认为这些内容对判断企业的发展趋势很有必要，而上市公司认为一旦全披露出去会暴露公司的定价，涉及公司的重要商业秘密，部分电子零部件公司则表示其业务取得主要是靠竞标，单价披露出去对未来业务开展极为不利。

关于“鼓励公司一并披露研发团队的构成情况”和“公司应披露核心技术团队或关键技术人员的变动情况”的规定，企业普遍认为对此不能强制要求披露。因为一旦披露这些团队核心成员的具体情况，很容易被竞争对手或猎头公司挖走，势必对公司的经营产生不利影响。而投资者认为研发团队及关键技术人员的情况是判断公司特别是创业板公司未来发展前景的重要因素，更不适合强制要求披露。

一般认为，上市公司作为公众公司，从上市时起就承担着信息披露的义务和责任，这是不可回避的，也是上市后必然要付出的成本和代价。但在实践中，信息披露工作也确实要把握好“度”，对于上市公司的商业秘密要进行一定的保护，防止过度披露对企业造成损害。因此建议对于投资者必须知晓的信息要求公司强制披露；对于对投资者判断公司价值会有帮助，但不是必须知晓的信息则属于自愿性披露，公司可结合自身特点考虑是否披露。即使对于强制要求披露的信息，如确实属于披露会给公司造成重大不利影响的商业信息，依照目前信息披露规则，公司也可按照程序提出豁免披露的规定。

（二）激烈争论的动因

从上述争论可以发现，在当前的市场环境下，大部分问题并没有适合所有公司的披露方式。某些公司可以披露的信息对于另外一些公司可能是至关重要的商业秘密，对判断某些公司价值以及发展前景的重要指标可能对另外一些行业的公司完全不适用。因此，要解决这些问题，最为可行的方式是满足强制性披露规则的前提下，各公司根据自身情况进行自愿性信息披露。

参与交流的 ACCA 介绍了国际上的一些做法和经验。当时制订国际会计准则过程中要求企业披露营业收入、成本、毛利率等数据时，大多数企业也持反对意见，认为这样会泄露企业的商业秘密，对企业的经营和发展将造成不利影响。但是实际的情况恰恰相反，那些披露越充分的企业，市场给予的评价越高，溢价也就越高。由于投资者及大众的信息来源不仅仅是年报，还有很多渠道，因为如果公司能主动披露多一些信息，对公司自身的形象是加分的。国际上一些学者也认为自愿披露更多的信息对于提升公司价值有正面作用。Healy 和 Palepu（2001）、Formbrun（1996）等人的研究表明提高信息披露水平，强化与外部投资者的信息沟通会对公司价值产生正向的积极作用，因此成为许多绩优上市公司的理性行为选择。资本市场流动性方面，Healy（1999）选取 97 家公司研究披露的增加与公司市场表现的关系，研究表明在披露改善的当年，平均样本公司的股价有 7% 的提高；披露改善的次年，股价有 8% 的改善；在披露改善的当年及随后 3 年，平均样本公司的机构持股数增加了 12% ~ 24%，股票流动性增强，投资者的不确定性降低。

2001 年美国财务会计准则委员会（FASB）对于自愿性披露定义如下：自愿性披露是指上市公司主动披露的，没有被公认会计准则和证券监管部门明确要求的信息。由于以往信息披露不规范问题突出，因此规则导向以强制性披露为主，但随着公司差异化增加，单一的信息披露规则越来越难以满足不同模式公司的信息披露需求，因此自愿性信息披露将成为重要的披露内容。

2001 年 1 月 29 日，美国财务会计准则委员会项目组发表了一份关于《改进企业报告：透视日益增加的披露》的报告，报告中总结上市公司自愿披露的内容包括以下几方面：（1）业务数据，主要是销售方面如市场份额、营销队伍、营销战略等信息，产品方面如新产品开发、新生产线扩张信息，财务方面如每股盈利与价格变动趋势、投资报酬率等信息；（2）管理层对以上业务数据的分析；（3）前瞻性（预测性）信息，主要是公司的业务规划、盈利预测等；（4）管理层及股东的信息，包括公司管理层的人员构成、学历、经历，主要债权人，大的个人和机构持股者的名称和持股比例等；（5）公司背景信息，主要是公司的历史背景、政府对公司经营方面的特殊规定、公司的一些特殊阶段性事件等；（6）未确认无形资产的信息。

可以看到，在规则修订过程中供需双方存在较大分歧的问题有相当部分都包括在上述问题清单中，一方面，表明这些问题确实有披露的必要，另一方面，在当前国内市场环境下，由于市场环境不够成熟，充分披露相关信息与公司股票溢价之间的关联性尚未得到实践的证明，因此在目前阶段采用自愿披露的方式更为合适。此次规则修订很大程度上体现了自愿披露的原则，在很多重要问题上为公司留出了弹性空间，公司可根据具体情况把握是否披露、披露到何种程度。FASB 总结出了一套自愿披露的框架及流程来指导上市公司确认哪些信息有助于投资者做出投资决策以及是否应该自愿披露。

该流程主要包括：（1）确认对上市公司成功有重大影响的关键因素（重要业务）；（2）确认管理层的战略和计划；（3）确认经营数据与业绩衡量标准；（4）评判披露对竞争态势的影响；（5）进行自愿披露。这一框架及流程对于我国上市公司把握自愿披露的信息似乎也应该具有一定的参考价值。

如自愿性信息披露执行得好，应该能够化解目前强制性信息披露难以解决的很多问题，一方面，公司可以在强制性披露规则的基础上进行突破和扩展，根据自身情况披露更多投资者关心的情况，树立市场正面形象，引导投资者关心公司内在价值和长远发展；另一方面，定期报告“千人一面”的现象也可以在很大程度上改观，差异化披露将逐步得以体现。

但自愿性披露会带来选择性披露的问题，出于多种考虑，公司有可能只披露对自己有利的信息而不披露对自己不利的信息，即报喜不报忧的现象。王雄元等人（2003）对于上市公司不愿意披露某些信息的原因进行了调查，发现99%的公司担心泄露商业机密，84%的公司担心可能给市场传递不良信号，50%的公司担心可能导致更大的会计成本。由于公司有较大的顾虑，因此如没有其他外部制约因素，选择性披露问题是很有可能出现的。这些问题的解决不可能一蹴而就，需要随着市场的不断发展、投资者成熟度的不断提高而逐步加以解决。

六、模拟检验

上市公司是信息披露规则的操作者和实践者，规则的每一条款，包括一些措辞的变动都可能给上市公司带来很大影响。规则要求过低难以实现信息披露的目的，要求过高则公司难以操作；规定过于宽泛、原则可能导致公司信息披露的内容“千人一面”，缺乏有效性；规定过于具体又可能难以涵盖公司千差万别的实际情况。为检验规则的可操作性，在规则修订过程中，部分已披露年报的上市公司根据修订后的规则进行了年报试编制，并根据模拟编制的反馈情况进行针对性的调整和改进，使年报规则既能满足投资者需求，也能适应上市公司编制年报的需要。

在试填过程中，除前面的几个关键问题外，上市公司提出的其他具体反馈意见还包括：

关于“对于和公司主业关联较小的子公司，应披露持有目的和未来经营计划；对成本法核算的长期股权投资，应披露其分红政策”的规定，公司认为参股公司的分红政策上市公司无权要求其予以披露，因此这一披露要求执行有困难。考虑到很多非上市公司通常也不一定有确定的分红政策，因此建议采纳上市公司的意见，但是对持有目的和未来经营计划应披露足够的信息。

关于“对于订单收入占比超过50%的公司，公司应披露重大的在手订单情况，并披露前期订单在本年度进展和本年度新增订单的完成比例”，建议按照公司意见，按上市规则的要求进行披露即可，不再扩大重要订单的范围。

关于“在重要客户/供应商发生变动时，建议提示风险和披露公司对策”的规定，公司建议根据重要性原则判断是否需要进行披露。建议按照公司意见，对于大客户变更对公司经营有重大影响的公司，大客户变更必须进行披露。对于大客户变更对公司影响较小，公司可以轻易变更大客户的公司，即使第一大客户或供应商变更，也无须披露。另外，建议对“重要”这一概念进一步明确其内涵。

关于“对于业务年度与会计年度不一致的行业，建议披露按业务年度口径汇总的收入、成本、销量、净利润、期末存货的当期和历史数据”的规定，公司认为这种披露难度很大也没有必要。第一，业务年度无法准确定义，周期性行业或产品生产周期跨年度的企业，也未必能准确定义业务年度；第二，用另外一个会计年度的概念来归集收入、成本、费用、利润等指标成本很高，工作量很大；第三，公司披露两种口径的收入、利润等指标，市场究竟以哪个为准判断公司业绩，业务年度归集的收入利润数据，审计师要不要审，这都会造成混乱；第四，一般的投资者不需要业务年度数据，真正关注公司的投资者会对公司的业务特征进行研究，没有必要进行这种披露。建议采纳公司意见。

关于年报摘要中的“控制框图”，由于年报摘要力求简练，篇幅有限，公司建议取消披露控制框图，或修改为如果公司控制权结构未发生变化可以免于披露；发生变化的提示到正文中阅读。但由于在对中小投资者征求意见过程中，中小投资者一致认为控制框图对其了解公司目前情况非常必要，因此建议保留年报摘要中的披露要求。

关于年报摘要中的“重要事项”，公司认为由于篇幅所限，难以完整描述重要事项的整体情况，建议取消在年报摘要中的披露。考虑到重要事项是投资者非常关心的问题，因此建议保留年报摘要中的披露要求，但概要描述即可，完整情况可在正文中查阅。

在传统信息披露内容与方式受到巨大挑战的情况下，逐步构建以投资者需求为导向的上市公司信息披露体系是必然趋势。如何应对挑战，使上市公司披露的信息在真实、准确、完整、及时的前提下提高有效性，是本次年报准则修订的主要目标和驱动因素。因此，在本次修订过程中，采取了全新的工作方法，明确了以投资者需求为导向的工作原则，邀请专业机构全程参与修订工作，通过座谈会、问卷调查等多种方式了解和甄别机构投资者与中小投资者的不同具体信息需求，对不同类型投资者的需求采取分层次解决的方式，让上市公司和投资者信息供求双方直接当面沟通、交流甚至争论，邀请上市公司进行模拟编制，试图根据投资者需求的差异性，使披露的信息更具重大性、相关性、变化性、关联性的特征，体现出强制性信息与自愿性信息、通用信息与个性信息的层次，更好地为投资者获取有效信息服务。创新的工作方法，带来了对投资者需求的深层次了解和解读，进而带来了对规则的深层次调整，取得了较为良好的工作效果。这次规则修订工作是监管部门立法工作创新的一次有益尝试。

参考文献

[1] 方军雄：《我国上市公司信息披露透明度与证券分析师预测》，载《金融研究》，2007（6）。

[2] 周勤业、卢宗辉、金瑛：《上市公司信息披露与投资者信息获取的成本效益问卷调查分析》，载《会计研究》，2003（5）。

[3] 张宗新、朱伟骅：《信息披露能够提升公司价值吗》，复旦大学金融研究院，2004。

[4] 龙立：《自愿性信息披露对企业价值的影响路径研究》，载《财会通讯》，2012（9）。

[5] 杨柏：《上市公司信息披露违规动因剖析及启示》，载《经济问题探索》，2007（10）。

[6] 任怡琛、柳青：《我国上市公司信息披露违规的内容及处罚原因分析》，载《财会研究》，2008（6）。

[7] 陈纯：《上市公司自愿信息披露行为探讨》，2008。

[8] FASB, "Improving business reporting: insights into enhancing voluntary disclosure", steering committee report business reporting research project, 2001.

[9] Paul M. Healy and Krishna G. Palepu: "A review of the empirical disclosure literature", 2000.

第八章

非财务信息披露的价值与解决之道

第八章　非财务信息披露的价值与解决之道

财务会计旨在通过一套设计精巧的规则集中反映企业的经济资源、经济义务、经营业绩变化，但它呈现的是历史的、货币的信息。为此，财务会计的价值相关性不断遭受新经济的挑战。当财务信息不能完全满足投资者的决策需求时，必然催生其他信息的生产和提供，非财务信息悄然兴起。

一、非财务信息的兴起

财务会计历史悠久，在物质资本更为稀缺、企业经营以财务资本为主的环境之下，它忠实地记录了企业的种种“硬”资源——机器、设备、厂房等。然而，新经济的萌发，互联网、信息技术的快速发展，以及财务丑闻的暴露，对会计信息带来了严峻的考验。与此同时，投资者、经营者、监管部门对财务信息之外的非财务信息产生了浓厚的兴趣。普华永道的一项调查显示分析师最为关注的 10 项业绩指标中有 7 项为非财务指标。美国证监会（SEC）、注册会计师协会（AICPA）早在 20 世纪 90 年代就成立专门机构研究新经济挑战下的信息披露，一再强调非财务信息披露的重要性和必要性。非财务信息内容丰富、形式灵活多样，越来越受到投资人的欢迎。虽然非财务信息尚未形成一个完整的体系，但是它的决策价值不容置疑。

非财务信息在反映企业未来、刻画风险、展现核心竞争力等方面的优势，受到投资者的青睐和监管机构的认可，公司也越来越多地披露非财务信息。如此，就不难理解为什么公司的年报在不断增厚并且似乎没有停止的迹象。德勤（2009）的一项抽样统计发现，2005—2009 年伦敦交易所上市公司的年报页数增加了 41%，其中一半的内容是描述性的非财务信息。这样的现象和趋势在我国证券市场更是突出，公司案例俯拾即是。万科（SZ，000002）的年度报告在 2000 年时仅有 74 页，2005 年增至 96 页，2008 年更是达到 180 页。年报中所包含的非财务信息大为丰富。

然而，非财务信息并非尽善尽美。接下来，本章将着重选取管理层讨论与分析、关键业绩指标等具有代表性的内容，具体探讨非财务信息披露的问题、关键点和解决问题的机制建设；最后，尝试提出改进非财务信息披露的一些建议与措施。

二、非财务信息披露问题与难点分析

非财务信息涵盖内容广泛，具体的非财务信息主要在招股说明书或定期报告的“管理层讨论与分析”“业务与技术”“风险因素”等披露项目表现出来。不同的非财务信息在披露方式、披露难点、披露决策价值等方面可能大相径庭，无法全部纳入报告的考查范围。本章选择管理层讨论与分析、体现业绩驱动的关键业绩指标（Key Performance Indicator，KPI）以及风险因素，就披露的问题和难点进行重点的研究，以便问题分析的深入和具体化。当然，非财务信息之间并非泾渭分明，相互之间存在内容上的交叠。

（一）管理层讨论与分析（MD&A）

1. MD&A 的披露意义

美国是最早将 MD&A 进行引导和规范的国家。SEC 多次发布、修订管理层讨论与分析的披露规则和解释[①]，SEC 指出了管理层讨论与分析的独特意义：

第一，管理层的视角。对公司的财务报表通过管理层的视角进行描述性的解读。

第二，提供财务信息的分析背景以增强财务信息的披露。

第三，通过提供有关盈利和现金流的质量、潜在波动的信息，让投资者更好地利用过去业绩预测未来。

2001 年，我国引入管理层讨论与分析，随着年报、半年报、招股书格式准则的修订以及交易所相关披露指引的出台，管理层讨论与分析所传递的内容不断充实、丰富[②]。

2. 披露的问题表现

以创业板公司为例，通过对公司年报“董事会报告”（实际上就是年报中的 MD&A）的阅读和分析，发现公司披露内容较为丰富，

① 1968 年 12 月 9 日，SEC 发布的关于招股说明书的规则中，首次对经营结果的描述性讨论提出要求，分析影响利润的异常条件。1974 年，经营成果的讨论要求扩展到定期报告，进一步要求披露盈利能力背后的潜在趋势。1979 年是管理层讨论与分析的一个重大突破，安全港制度出台，这一制度极大地鼓励了前瞻性信息的披露，与投资者的决策需要走得更近。1981 年 9 月，SEC 在调查的基础上，发布公告指出 MD&A 披露的一些缺陷，同时通过大量的范例，帮助公司如何起草讨论与分析披露文件。1989 年 SEC 发布的管理层讨论与分析的解释公告，继续提供大量的范例，特别是针对前瞻性的信息。SEC 认为，投资者判断公司的收益质量以及历史业绩指示未来业绩的可能性，仅有财务报表的列报及简短的附注还不够。还需要对财务报表做出描述性的解释，让投资人能以管理层的视角审视公司。可以清晰地看到，SEC 在不断想方设法提高公司披露的质量，这一努力一直延续下来。进入 21 世纪之后，随着安然事件的爆发、《萨班斯—奥克斯法案》及公允价值会计准则的颁布，SEC 及时在管理层讨论与分析增加或强化了对关联交易、表外合约安排等的披露要求。2003 年 SEC 发布了 MD&A 的披露指引。这份指引旨在要求公司提供更加有意义的信息，而不是简单地对规则的技术性遵守。具体可以进一步参考 SEC，Interpretation：Commission Guidance Regarding Management's Discussion and Analysis of Financial Condition and Results of Operations，2003.

② 需要说明的是，年报、半年报、季报以及招股说明书，对管理层讨论与分析的叫法有一定差异，有的称之为“管理层讨论与分析”，有的是作为“董事会报告”的一部分，称为“对经营情况及未来发展情况讨论与分析”。为了讨论的方便本文统一采用管理层讨论与分析这一叫法。

对监管部门所要求的项目都能做出披露。但是在具体内容上，暴露出诸多的质量问题。

（1）部分公司披露内容的相关性不足、准确性不高

首先，披露内容仅是对数据的重复与罗列。如“公司收入增长××%，主要是开拓市场所致，管理费用下降××%，主要是加强费用控制”。其次，部分披露内容准确性有待提高。年报非财务信息，如市场占有率、行业地位、技术先进程度等不属于被审计范围，缺乏第三方认证，其可靠性可能受到影响；有的公司引用外部数据及外部分析报告不注明资料出处，投资者无法做出进一步的核实并判断数据的可靠性。最后，公司的判断值得商榷，如有的公司将“公司治理完善”作为核心优势，有的公司认为产品项目（系列）全、多是其优势，对于规模较小、人力资本相对不足的上市公司，产品做精而不是做全更符合其发展需要，因此有的核心优势值得商榷。

（2）公共信息多，特有信息少

创业板公司年报非财务信息披露中，对宏观形势、国家政策等“公共信息”着墨较多，而结合公司所处行业、业务、产品特征的特有信息披露相对不足，寥寥数语或一笔带过，特别是只有少数公司结合自身业务模式披露了一些重要的行业指标；有的公司以较大的篇幅介绍宏观和行业政策，但没有进一步分析公司所处的市场竞争格局、主要优势和劣势，或者是宏观和微观信息衔接不够紧密，形成资料堆砌而不是分析。

（3）披露缺乏整体性、内容重复

第一，披露内容缺乏整体性。如公司的战略规划、核心竞争力、风险因素等就单个项目而言相对较为清楚，但是项目之间缺乏内在联系，很难读到公司完整的经营图景。事实上普华永道关于公司信息披露的技巧中，第一项就是如何提高披露的整体性，足见该问题

的重要性；第二，在披露公司的行业发展趋势、公司的机遇与挑战时，前后之间存在内容上的重复，只有少数公司利用交叉引用简化披露；第三，不少公司披露“无形资产”等信息时，以表格占用很大篇幅罗列公司的商标、专利、软件著作权，但没有必要的文字说明，资料堆砌但传递的信息量有限①；第四，有的公司披露内容空洞，实质性内容少，且不够清晰明了，甚至有拼凑之嫌。

在公司披露的清晰易懂、简洁明了方面，发现年报厚度并没有与所传递的信息量直接相关，如国民技术年报虽然只有99页、钢研高纳年报只有93页，但是两家公司的年报非财务信息表述简洁、清晰，没有损失信息量，反而增加了可读性。因此，表述较为繁琐、语言不够精炼、内容重复是年报有厚度但信息量不足的原因之一。

（4）个别公司存在选择性披露、自利归因

一是在分析业绩变动时，个别公司对亮点部分浓墨重彩，而对存在的困难和问题，分析简略，存在报喜不报忧的选择性披露倾向②。二是将业绩下降归结为宏观环境、行业变化等外部因素，对自身管理、技术等只字不提。有的公司对募集资金利息大幅增厚公司业绩避而不谈，全部归结为管理层的努力。三是信息披露带有较为明显的广告宣传成分，风险因素传递的却是公司的优势③，不利于投资者客观真实地了解公司状况，甚至造成误导④。

（5）前瞻性信息相对较少。从笔者阅读的样本公司管理层讨论

---

① 如有的公司罗列二十几项商标，但没有任何文字说明。而有的公司所拥有商标的同时，指出哪些商标是公司的常用商标，并披露其获奖评优情况，相对而言披露更有信息量。

② 孙蔓莉（2005）从披露语言入手研究管理层讨论与分析的披露情况，发现我国上市公司年报语言难以为非专业人士所理解，存在人为操纵可读性和业绩归因的迹象。

③ 如披露产品供不应求带来的风险。

④ 有的时候，公司的披露也可能被投资人误读，如披露若干在研项目，包括研发的要点、进展、预期效果等。披露之后，若投资者对不同项目的可实现程度、风险、实质性进展不加区分判断抑或缺乏深入判断的信息，可能做出过于乐观的评判，出现公司“无心”的误导。

与分析的披露的重点中发现，其对历史经营业绩的分析与讨论，市场开拓、融资、并购等方面的历史信息披露较多，但是前瞻性的信息披露相对不足。部分公司披露了招股说明书财务预测的实现情况，但是极少有公司对下年度的财务业绩进行预测（经审计）。在董事会报告未来展望部分，多数公司披露的发展规划以市场开拓、完善治理、加快募投项目建设等为主，只有个别公司披露了下年度的收入目标。总体来看，前瞻性、着眼未来的信息相对不足。显然不利于投资者以“管理层的视角”了解未来的发展计划。

（6）大量使用专业术语但是缺少必要的解释说明

这在所从事行业、提供的产品或服务是个人消费者不常接触的行业尤为突出。信息披露使用专业术语是行业和公司业务的特质所决定，本身无可厚非。要使年报信息顺畅地传递给投资者，就必须达到信息的理解难度与投资者理解能力之间的平衡（孙曼莉，2004）。但如果公司不对有关术语或专业名词进行必要的解释或辅助说明，将直接影响披露的可理解性和整体效果。

事实上，创业板非财务信息披露存在的有些问题，在境外的成熟市场也具有共性。普华永道（2007）对伦敦交易所公司年报的调查显示，如今的年报越来越复杂，难以理解、分析，而令人担忧的是相关性却在下降。重要的信息被遗漏而无关信息的充斥模糊了公司的完整图景。一些公司视非财务信息披露为义务，没有意识到这是一种与投资者之间的沟通工具，披露中有明显的“技术性遵守”的痕迹（普华永道，2009）。

3. 披露的难点所在

（1）对披露成本的考虑

投资者似乎总有无限的信息需求，但是公司的信息披露必然发生成本，包括信息收集加工的成本、信息传递发生的成本（如支付给媒体的信息披露费用、印刷年报等的支出等），可以归结为显性成本。最为关键的是信息披露给上市公司带来的隐性成本，包括信息披露泄露公司的商业秘密，行业前景或新的业务模式吸引了新的竞争对手的加入或原有竞争对手的模仿，以及客户看到公司丰厚的盈利、较高的毛利率等要求给予价格折让、付款优惠等。换言之，信息披露带来竞争劣势和商业谈判劣势。这也是为何投资者非常关注，但同时也可能被竞争对手或商业伙伴利用的敏感信息，公司披露动机不足，实际披露也较少的原因。

（2）强制披露与技术性遵守

完全有效的证券市场中通过竞争促使公开透明的最优化信息披露，现实中并不存在。因此，公众公司的信息披露必然受到管制，包括强制性的披露义务。为此不少监管机构还专门制定了信息披露的解释、指南等，旨在为公司提供必要的指引和规范。但由此也出现一个问题，公司将披露的技术性指引当成了披露的模板，由此出现“技术性遵守”现象：大量的照搬披露指引的原话或者是稍作改动直接作为披露文本，导致披露内容缺乏与公司业务的具体联系，缺乏必要的信息含量，并且披露千人一面，披露同质化，丧失可比性。

（3）文本信息表述的规范性及可理解性难题

管理层讨论与分析以文字表述为主，定量化的信息为辅，带来以下难点：第一，文本信息表述的准确性。如“可能”“很可能”“基本可能”等无法进行准确的界定，自然影响其相关内容的判断准确性。第二，专业术语的清晰性。创业板公司在细分行业分布、业务模式等方面具有 A 股市场的“全新”特征。公司要表述自身的业务状况、关键业绩、核心优势等，必然涉及大量的行业和公司业务特有信息和专业术语。如何清晰、简明地表述以上专有信息，是文本信息的难点之一。第三，表述的可理解性。如语言晦涩、表述歧义将直接降低披露的可读性。普华永道（2007）调查后就指出现在的年报越来越复杂、繁琐，重要的信息被遗漏或被无关紧要的资料所掩盖，模糊了公司的完整图景。在美国和中国香港，都有专门的规则对披露语言进行细致地规范，足见披露可理解性的重要①。

（4）披露质量要求的滞后

与财务信息不同，管理层讨论与分析中的非财务信息并没有一套成体系的规则体系，有关质量标准的要求一般不具有强制性或者是因为非财务信息本身的描述性而难以量化的判定其遵守程度。

2001 年以来，我国对 MD&A 披露内容的要求不断强化、细化，而质量规范明显滞后。如 2001 年的上市公司发行新股招股说明书格式准则，在“管理层讨论与分析”部分提出公司披露不能简单重复财务数据、遵循重大性原则等较为粗线条的质量要求。2003 年 1 月发布的年报准则（2002 年修订），在年报董事会报告（管理层讨论与分析）中增加了质量标准②，但是总体来说十分简单，不够系统化。随后的多次修订分别增加了特殊目的主体、公允价值计量相关内控制度等。内容不断与时俱进、信息含量扩展，但是信息特征的要求明显不足。一定程度上也造成了公司披露重数量，轻质量。综上所述，管理层讨论与分析质量标准的欠缺在一定程度上造成一些公司采取填空式披露，看似面面俱到实则信息含量不大。

附件 2 简要介绍了英美等国家管理层讨论与分析的质量标准。以美国为例，1968 年 SEC 在年度报告编制要求中对 MD&A 作了规

---

① 例如美国 SEC C 条例 §230.421（d）对招股说明书摘要以及风险因素披露提供了详细的规范要求（特别是语言及表述），规定发行人披露时须遵循以下原则：使用短句及确定的、具体的日常用语；使用主动语态；对复杂材料尽可能采用列表式或清单式；避免法律行话或专业性很强的商业技术用语；不使用双重否定等。

② 要求“公司董事会报告中应当对财务报告与其他必要的统计数据以及报告期内发生或将要发生的重大事项，进行讨论与分析，以有助于投资者了解其经营成果、财务状况（含现金流量情况）。讨论与分析不能只重复财务报告的内容，应着重于其已知的、可能导致财务报告难以显示公司未来经营成果与财务状况的重大事项和不确定性因素，包括已对报告期产生重要影响但对未来没有影响的事项，以及未对报告期产生影响但对未来具有重要影响的事项等”。

定，初始阶段也曾受困于公司披露以数据罗列和简单重复等问题。SEC 在调查研究之后多次修订准则，最终在1989 年和2003 年的规则中，专门强调了 MD&A 在总体报告和具体内容上应该具备的质量要求。

（二）关键业绩指标（KPI）

1. KPI 介绍

顾名思义，KPI 是一套聚焦于反映促使组织成功的最为关键的指标（Parmenter，2008）[①]。在 KPI 的内容上，经历了以成本为中心、以财务业绩为中心，直至目前的全面业绩指标阶段，其一大特点是非财务指标日益显得重要。有大量的学术文献发现了非财务业绩指标与公司股价的更好的价值相关性[②]。对投资者而言，如果能够获得上市公司的 KPI 信息，意味借助一套精练的指标就能识别并评估判断公司战略的驱动因素及其实现的程度、可能性。披露 KPI 的意义不再赘述，需要说明的是，KPI 披露并不是一项独立的内容，往往分散于公司的管理层讨论与分析、业务情况介绍等，前者最为常见。即使在报告中，也较为分散，但是 KPI 是通过一套简明的指标，较为系统、完整地呈现公司战略的分解目标、所依赖的资源及实现进展，形散而神不散，所以单独提炼出来进行考察。在国际上，很多组织和国家在对 KPI 的要求体现在 MD&A 的规范中（见表 8 - 1）。相对而言，我国目前对 KPI 披露上没有较为明确详细的规范。

---

① Totlen（2005）提出确定关键绩效指标的 5 项原则，按照其首字母简写作 SMART 原则。即具体（Specific），指业绩指标应结合特定的工作指标而不能笼统。可度量（Measurable），指业绩指标可数量化或者行为化，便于做出验证。可实现（Attainable），避免设立过高或过低的目标。相关性（Relevant），是指年度经营目标的设定必须与预算责任单位的职责紧密相关，它是预算管理部门、预算执行部门和公司管理层经过反复分析、研究、协商的结果，必须经过它们的共同认可和承诺。有时限（Time - bound），注重完成绩效指标的特定期限。

② 比较经典的研究见 Amir 和 Lev（1996），Ittner 和 Larcker（1998）等。

表 8－1　　关键业绩指标的国际要求

国家/机构	法规或指引	要求
国际会计准则理事会	管理层讨论与分析	管理层评论应该清晰地向读者提供公司在实现目标的过程中用于评价、管理公司业绩的关键方法和指标
澳大利亚	经营与财务状况评论指引	管理层评论中应该讨论分析他们评价公司及其业绩的关键的财务和非财务指标
加拿大	管理层讨论与分析披露指引	（投资者）需要知道管理层在监控其关键的业绩驱动因素时所使用的方法和领先指标
英国	经营与财务评论	只要有必要……经营与财务评论就应该包括董事会用于评价公司目标实现程度的财务、非财务业绩指标
美国	管理层讨论与分析披露指引	应聚焦于公司财务状况和经营业绩的关键指标
欧盟	欧盟指令	只要对理解公司业务的发展、业绩、状况有所必要，公司的评论就必须包括：基于关键财务业绩指标的分析；在合适的情形下，披露基于公司的其他关键业绩指标（如环境、员工相关事项）的分析

2. 目前的披露状况

整体而言，我国上市公司 KPI 的披露尚处起步阶段，披露较为薄弱，以创业板公司为例，体现在以下两大方面：

第一，很少公司披露 KPI，即使已披露的公司，所涉及指标亦寥寥无几。报告选择了 58 家已经连续两年披露年报的样本公司，阅读 2009 年、2010 年年报发现，每年只有不到 5 家披露了公司密切相关的关键业绩指标（吉峰农机、蓝色光标、星辉车模等），且相关披露零散。KPI 作为自愿披露项目，披露的企业以及企业披露的项目可谓凤毛麟角。

第二，披露质量存在一些突出的问题。主要表现在：

（1）KPI 未能与公司的战略相结合，不利于投资者判断公司战略

的执行程度和进展状况

换言之，战略是战略，指标是指标，尽管同时出现在年报之中，但是彼此孤立。投资者独到的是零散和片段化的资料，较难产生“1 +1 >2”的信息整合效应。如公司战略是扩大市场占有率并采取微利策略，但是所报告的 KPI 既没有市场份额指标也没有分店数量等信息，而是对公司的经营效率（如存货周转率）等连续披露，就会出现 KPI 与战略相脱节，或者是公司的战略本身就不明确，或者是 KPI 没有抓住问题的关键。

（2）没有说明 KPI 的选择理由，不能让投资人相信这就是“关键”指标

不仅指标内容在传递信息，选择披露什么样的指标本身也包含信息。KPI 一般是最能反映和跟踪公司战略的量化信息。因此，公司需要对 KPI 的选取做出必要的说明，特别是其与战略的关系，这恰恰是一些公司忽略的地方。

由于我国上市公司 KPI 披露相对较少，不便于全面发现披露中可能存在的问题和困难，总结国外关于 KPI 披露，经常遇到的问题还包括如下内容：

（1）公司选择披露的 KPI 每年变化不定，投资者无法获得连续的信息

KPI 旨在反映公司的战略目标及其实施状况，如果用以跟踪和刻画战略实施的指标不停变换，投资者可能会认为公司战略发生改变（如公司以提高市场份额为战略目标，并且在第一年报告市场占有率，但是第二年战略目标不变的情况下，却没有报告该指标而是披露员工满意度），或者是公司战略定位模糊不清。更为关键的是，指标变换令投资者无法通过前后对比评判公司战略实现与否、实施进展。

（2）对指标的含义没有进行清晰的解释，特别是一些特殊行业

通用信息适用范围广，但是在一些行业较为特殊的公司，具有决策价值的信息往往是专有的信息，必然涉及大量的专业性术语和行业特有指标。公司披露中经常存在的问题是“过于专业”，对KPI指标含义不加解释，导致只有少量的行业内人士能够读懂，无形之中在信息披露中给普通投资人竖起一道屏障，令披露效果大打折扣。

（3）计算指标的假设、数据来源披露不清，不利于判断数据的可靠性

KPI指标并非人人都能获取，因此也才具有了披露的必要，但是披露指标本身还是远远不够的，由此衍生出一系列问题。如公司在披露时不对指标计算的前提假设加以说明，对计算指标的方法、数据口径、参数选取等避而不谈，以及引用外部数据却不注明数据的来源。上述情形显然不利于投资者判断信息的真实性和可靠性，甚至造成误导。

如果换一个视角，了解较好的KPI披露应具有哪些特征，有助于更加深刻地认识KPI披露中存在的种种不尽如人意之处。普华永道提出一个KPI披露的指导框架①，具有一定的参考价值（见表8-2）。为了具体说明，还介绍了一家英国公司KPI披露的案例。

表8-2　　一个建议的披露框架

要求	解释
与战略相关联	KPI旨在帮助投资人判断公司战略的执行情况，因此KPI应该与战略紧密的结合起来
解释指标的定义及其计算	鉴于行业专用术语的大量使用，对指标的定义及其计算方法加以解释无疑是十分必要的
披露意图	选择披露某项KPI的目的，即为何该指标而不是别的指标被选中，一般而言披露的目的应该是指标能够反映战略的执行情况

① 需要说明的是，公司在披露关键业绩指标时，并不需要在上述所有方面均刻板地遵照执行（普华永道，2007）。

续表

要求	解释
数据来源、假设、局限性	公司应该清楚地说明指标本身的局限性以及所包含的假设，如有可能，还应披露指标的定义和计算方法，以利于投资者判断信息的可靠性并根据自身需要进行必要的调整。如果信息得到第三方的鉴证，披露该事实显然是非常必要的
目标值	有的 KPI 可以说明战略公司所取得的进展，因此披露其目标值有助于评估战略的实现程度
与 GAAP 的协同	如果财务指标并且不是按照通用会计准则计算出来的“传统”指标，最好能解释它们之间的差异
该指标的趋势变化	连续多期的指标值变化有助于判断业绩的改善或恶化，也能说明管理层的成功与否
分部指标	如果集团合并的 KPI 意义不大，此时提供特定分部的 KPI 会更为恰当
指标选取的变化	关键业绩指标并非一成不变，随着公司战略的演进、新数据的获取，它们可能有所变动，但是公司选择这些指标的原则和方法应该保持一致
标杆（同行）的指标值	将公司的指标值与同行进行对比，并解释为何选择该同行进行比较，对投资者是有价值的

资料来源：摘自“Guide to Key Performance Indicators”，普华永道，2007。

3. KPI 披露的难点

（1）有没有通用的 KPI 体系

KPI 旨在揭示促使企业成功的最为关键的、核心的要素、活动的状况或结果，因此，必然是高度个性化的信息。尽管经常有中介机构抑或学者发展出各种类型的披露模型，指出关键业绩指标应至少囊括的方面，如顾客、人力资源、研发投入、内部流程等。然而，在实践操作方面，特别是具体的指标选取上，仍然需要公司个性化的定制，也需要分行业的披露指引。关键指标的设定与行业紧密相关，每一种行业都有自己独特的业绩指标。如零售业的每平方米销售额、客户忠诚度、房地产行业的土地储备等。每一家公司还需要结合自身的战略及目标选定关键业绩指标。因此，关键业绩指标至少是因行业、因公司而异的。换言之，很难有各行业通用的关键业绩指标。这其实是 KPI 披露的一大难点。表 8－3 列举了部分行业的关键业绩指标，可以看出，何为“关键”，各行业之间对此的理解存在极大的差异。

表 8－3　　与行业相关的 KPI

银行	石油	零售
客户保留	资本支出	资本支出
客户渗透	开发成功率	店铺组合变化
资产质量	炼油设备	预期新店回报
资本充足	炼油能力	客户满意
管理的资产规模	已探明或可能的储备	相似店铺的销售
贷款损失	储备重置成本	每平方米销售额

资料来源：部分参考了 SEC、AICPA 的研究报告。

（2）多种原因制约充分披露

目前 KPI 披露的最大的困境，可能是披露 KPI 的公司相对较少。这方面国内外的情况类似，只是程度不同而已。关键业绩指标所传递的信息投资者固然十分需要，但是公司的有效披露相对不足，巨大的供需缺口背后反映了 KPI 披露的棘手之处。一是公司对披露成本的顾虑。关键业绩指标不仅是股东、管理层十分关心的内容，竞争对手同样在四处探寻。因此，关键业绩指标披露的一大难题是公司竞争劣势的顾虑，这与前面讨论的 MD&A 的披露成本类似，不再赘述。二是个性化定制信息不利于形成统一的规范指引。KPI 的价值和吸引力很大程度上来自于反映公司特征的个性化定制信息。监管者与公司之间存在信息不对称，且处于信息劣势的地位，制定出完全符合公司实际的通用披露指引，显然存在很大的难度。尽管实践中有一些分行业的披露指引，但是每家公司的战略路径差异也决定了指标选取绝非行业统一规范所能解决。如同属于手机生产企业，采用成本领先战略（大批量标准化产品）或差异化战略（个性十足的手机）的公司，其 KPI 可能存在天壤之别。三是自愿披露下的信息供给动力不足。与其他非财务信息如管理层讨论与分析、风险因素披露具有一定的强制要求所不同，KPI 属于自愿披露的范畴。尽管完全有效的市场中竞争会迫使公司披露原本可能会视为“秘密”的信息，但是现实的市场并非完全有效，加之显性和隐性的披露成本的限制，公司披露 KPI 的动力就会不足。

（3）可靠性的保证

KPI 价值的首要前提是信息真实可靠，所以在普华永道的披露模型中，要求公司尽可能说明数据的来源、假设及其局限性。由于不少 KPI 是结合公司的行业和具体业务特征且具有定制性质的数据，数据主要来自于公司内部或行业协会、调查机构，等等，因此，如何保证数据的真实性是其披露难点。阅读上市公司的年报发现，有的公司引用外部数据没有注明出处，引用外部报告没有给出报告的发布人等，如果其中涉及市场占有率等 KPI，真实性问题存疑就可能对投资者产生误导。因此，KPI 的计算方法、数据来源、前提假设、指标界定、第三方验证等一系列环节综合在一起，都关系到 KPI 的可靠性、真实性等核心问题。然而，由于披露规则的缺失、公司披露的粗糙（如没有详细披露指标的界定和计算方法等）、独立鉴证的不足，KPI 的可靠性是制约其披露的难点问题之一。

（三）风险因素披露

1. 风险因素披露的意义和监管要求

资本市场风险与收益并行，投资者在追求收益的同时需要承担相应风险（ICGN，2010）。风险又可以分为系统风险和非系统风险。前者是市场中所有股票的共有风险，后者则是一只股票的特有风险，又可以细分为市场交易风险（这与经常讨论的炒作风险接近）和公司基本面风险。公司在招股说明书、定期报告中展示自身投资价值的同时充分揭示基本面风险，有助于投资者在价值与风险权衡之中形成相对理性的判断。相反，风险因素揭示不足，容易使投资者高估价值低估不利因素而盲目投资，甚至为市场炒作风险埋下隐患。

上市公司风险披露的要求主要体现在招股说明书和年报准则中。目前，关于创业板公司的风险因素披露要求最为严格。创业板招股说明书准则①要求公司必须提示创业板投资风险板块提示②。该准则还要求公司突出自身的特别风险。相对于其他板块，准则特别增加或强调了控制（权）风险，资产结构风险（无形资产比重过大）、内部管理风险、成长性风险等。此外，为了全面揭示风险因素，准则还列举了12大项风险因素，作为发行人披露的参考底线。年报准则中也对风险因素披露做出专门的规定。

2. 公司的披露状况及主要问题

阅读创业板公司的招股说明书、年报发现，绝大多数公司③披露了未来发展过程中可能存在的各项风险因素，风险类型广泛涉及资产结构、内部管理、成长性、核心技术人员流失等。多数公司能够充分结合公司的行业和业务特征，具体讨论影响未来发展的不利因素，不过，披露中暴露出了一些问题：

（1）风险点揭示不够全面

在招股说明书中，公司披露的风险基本在10～20条，而年报披露相对较少，有的公司仅仅披露2～3个风险因素。通过阅读还发现，有个别公司对风险的披露予以回避或淡化，如选择风险因素影

① 即中国证监会发布的《公开发行证券的公司信息披露内容与格式准则第28号——创业板公司招股说明书》。

② 根据28号准则第9条，“发行人应在招股说明书显要位置提示创业板投资风险，作如下声明：……创业板公司具有业绩不稳定、经营风险高、退市风险大等特点，投资者面临较大的市场风险。投资者应充分了解创业板市场的投资风险及本公司所披露的风险因素，审慎作出投资决定”。

③ 风险因素披露是招股说明书的必备项目，公司披露比例达到100%，年报中93%的公司披露了风险因素。

响较小的业务活动、受外界不利影响较小的业务期间进行披露。

按照年报、招股说明书等的披露要求，公司应披露所用已知的重大不确定因素。通过媒体报道、公司事后的信息披露发现，有的公司对环保、公司治理缺陷等风险予以隐瞒，风险揭示不全。

（2）风险揭示不深入，或与公司的优势混合，风险点不明确

即公司对风险因素的讨论不够深入，没有结合自身业务及公司所处行业特征进行客观、具体的分析，甚至连风险是什么都没有必要的说明。甚至有的公司风险与优势混合，容易传递“风险虽有但已化解”的信号，弱化了风险披露揭示的效果，导致风险点不明确。

（3）披露内容“模板”化、缺乏信息含量

表现在公司披露的风险因素仅仅是对历史财务数据的重复与罗列，披露内容不够深入、细致。有些情况下只需将公司名称和金额替换，就可以成为另外一家公司的风险因素描述，缺少公司及行业特征相关的风险成因及未来影响的分析，信息含量不高。

（4）披露无关风险

有的公司披露了一些与所处行业或自身业务无关紧要的风险，披露篇幅增加但缺乏实质性内容，甚至会将重要风险掩盖起来。风险披露重数量而轻实质，有拼凑内容之嫌。

（5）风险揭示滞后于公司变化

风险因素随公司经营环境、业务发展而变化，因此是动态、相对的概念。分析发现有的公司风险揭示明显滞后于公司内外变化，如大规模并购后的没有揭示整合风险、规模成倍扩张后管理水平未能提升的风险等。这可以从相似发展路径的公司风险揭示的差异中体现出来。风险因素的识别外部人不及公司管理层具有信息优势，因此也无从准确判断风险揭示是否完整，但是如果公司在产能、规模、行业整合方面已经发生了重大的变化，但是风险因素依然沿袭往年的披露内容，很可能存在披露滞后现象。

3. 风险因素披露的难点

上市公司风险揭示存在问题，既有公司披露经验和编制技巧不足的原因，也有公司商业利益的顾虑，也不能排除个别公司故意误导投资者，成为风险揭示的难点所在。

（1）责任缺失导致上市公司、发行人及保荐人风险披露压力不大、动力不足。尽管《证券法》、《证券发行上市保荐业务管理办法》等对IPO及上市公司的持续信息披露义务，虚假信息披露行为规定了相应的行政、刑事责任，但是因风险因素披露违规而受罚的案例几乎没有。目前，对于信息披露过程中的虚假记载、误导性陈述和重大遗漏，不论是披露人的责任界定与追究，还是投资者诉讼赔偿，相关制度均有待进一步完善。发行人和保荐人的责任缺失导致风险披露压力不足。

（2）利益考虑弱化了风险披露主动性。相关利益人希望通过招股说明书、定期报告展示公司的投资价值，但是对风险因素披露没有给予应有的重视。披露过多的风险因素，发行人和保荐人有发行价格（募集资金）和承销费用等方面的利益考虑，已上市公司则有维持股价、提高市场对公司认同的需要，影响了风险披露的主动性和质量。有的公司对风险欲言又止，将风险与优势混合披露，或看似风险实则是宣扬公司的优势，造成风险点揭示不明。因此，一方面公司希望尽可能少的披露不利因素以获取更多的利益，另一方面要让公司主动将各种风险公之于众，显然其自身存在利益的冲突。解决的办法是加大不如实披露的惩处力度和失信成本，然而如上所述，责任的缺失导致公司的利益考量一定程度上主导了风险披露的得失权衡。

（3）投资人的风险信息需求弱化。在市场中，投资者对公司信息的需求集中在收益、重组、题材等方面，导致对风险的忽视，在创业板较低的中签率和多数公司首日上涨[①]，造成其关注点在于是否中签而不是公司的风险因素。综上，年报、招股说明书中的风险因素没有引起投资者的足够重视，降低了风险披露的市场需求，进一步弱化了公司的披露激励。

（四）披露难点小结及披露动力机制分析

1. 难点小结

通过本章的研究发现，不同类型的非财务信息所面临的主要问题、披露的难点不尽相同，因此分门别类的研究有一定的必要性。表8－4总结了管理层讨论与分析、关键业绩指标、风险因素三项非财务信息披露难点的各自侧重。

表8－4　　不同非财务信息披露问题和难点的总结

主要问题和难点	MDA	KPI	风险因素
出于商业利益考虑披露不全面、不完整	√		√
信息的相关性不足，泛泛而谈	√		
表述不够清晰易懂，语言晦涩	√		
披露模板化，缺乏实质性内容	√		√
选择性披露、准确性存疑			√
信息缺乏关联性和整体性		√	
专业术语多，对指标的解释不够		√	
信息冗余，内容重复	√		
主动披露的动力不足		√	√

需要进一步说明的是，尽管不同类型非财务信息所反映的问题和难点有所差异，但是整体上而言，还是呈现出诸多的共性，如果与财务信息进行对比，更能清晰地说明这一点。表8－5概括了财务信息与非财务信息在规则体系、质量鉴证等方面的差异，这有助于进一步理解非财务信息披露难点问题的本质。

① 这种状况因市场环境变化而变化，在市场低迷时也会存在高中签率及首日破发现象。

表 8-5　　财务信息与非财务信息的生产、鉴证与监管对比

特点	规则标准	信息鉴证	职业化	监管
财务信息	有完整的、体系化的会计准则，信息生产须遵照公认会计原则	强制性的外部审计	有专门的会计审计从业人员、机构（部门）负责会计信息的生产加工和披露	财务信息的确认和披露都受到较为严格的监管
非财务信息	主要通过定期报告准则规范，缺乏严格的统一标准	一般不需审计，故信息缺少第三方认证	尚未形成专门职业，一般由上市公司的财务、证券等部门负责	非财务信息标准化程度低，所受监管相对较少

2. 披露的动力机制

综合本章前面的研究，非财务信息披露的规则已经初步建立，但这仅仅是高质量信息披露的必要非充分条件，为此还需要相应的执行机制，特别是公司的动力机制，需要首先从公司的披露成本效益考量问题着手。

（1）披露的成本考量。对任何信息披露而言，都必须进行成本效益的权衡，即信息披露的效益应当超过其成本，否则就不应当提供该信息或导致信息披露的动力不足。进一步，可以从整个社会和公司自身两个角度加以审视。一般而言，公开信息披露有助于投资者（主要是中小投资者）正确评价企业的机会和风险，降低信息不对称①，减少决策的不确定性。因此，信息披露有利于资源向效益好、前景好的企业集中，优化社会资源配置，一定程度上披露应该越多越好。但是从信息提供者的角度看，似乎总有“保密”的动机。一方面显性成本上，非财务信息涉及面广，其生产和提供需要较多的部门和人员参与其中，而有些信息资料收集困难，如市场占有率、

① 有些时候，一些机构投资者由于具有较强的博弈能力和信息收集、加工能力，因此相对中小投资者而言具有一定的信息优势，此时上市公司更加公开透明的信息披露可能意味着其原有信息优势的弱化。

顾客满意程度，或发生的成本较高。另一方面，隐性成本上，虽不是直接的成本支出，但企业要付出一定的代价，即公开透明的信息披露使公司的战略、经营、成本收益、盈利能力等信息悉数被竞争对手、潜在的市场进入者、供应商等获知，并带来竞争和谈判的劣势。显然，投资者、竞争对手、消费者等都是信息披露的受益人（当然上市公司也是其中之一），自然具有较大的社会效益，但是上市公司却是信息成本的主要承担者。因此上市公司的公开信息具有一定的“准公共物品”性质。上述分析如图 8－1 所示。由于社会边际收益高于公司的边际收益，因此从全社会角度看最佳的信息披露水平应该在 L2 的位置，然而公司自己的披露收益最大化点在 L1。作为理性经济人的公司会披露 L1 的信息，显然小于社会最优披露水平，L2 与 L1 之间形成信息供需缺口。由于公司并不能完全享有信息披露的全部收益，因此，后果之一是公司的披露动力不足。这也是为何有些信息公司掌握但是不愿对外公开的原因。

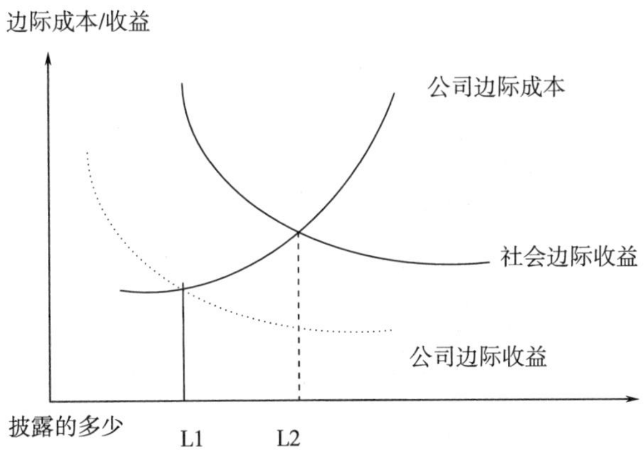

图 8－1 信息披露的成本收益分析

说明：A 根据边际收益递减和边际成本递增的原则，图中的边际收益曲线和边际成本曲线分别是凸函数和凹函数曲线。

B 由于信息披露的社会收益既包括了公司自身，也包括了竞争者、投资者、供应商等，因此社会边际收益要大于公司边际收益。

（2）市场化博弈与披露管制。披露不足的问题主要有两种解决措施。一是市场化博弈下的自愿披露。即市场资金供给有限的情况下，或者是公司股价被低估的情形下，公司为了取信于投资人而更大程度地揭示自身的信息，做到好于市场平均的披露水平。只要市场能够为“好孩子”提供足够的激励，自愿披露就会发生并直到披露的边际成本等于边际收益。但是，应该看到，市场化的手段并不能提供完美的解决方案①。换言之，通过完全市场化的博弈，并不能将企业的披露成本收益曲线移动到“最优”披露水平。二是强制披露。市场化的博弈固然重要，但是市场主体之间的谈判也会因为“公共物品”、小股东“集体行动的困难”② 而陷入僵局。此时政府凭借暴力优势强制，能够低成本的达成一致规则，政府也可以借助暴力优势保证规则的实施。因此，强制要求公司做出信息披露，就是另外一种解决之道。目前这也是所有市场都在采取的做法。不过，问题的关键不在于是否要强制披露，而是披露的边界，即披露的多与少。就创业板而言，如前所述，多数公司处于细分行业，过多披露公司信息可能被竞争对手所利用，受到成本的制约，而如何判断披露的充分性，监管部门也面临信息不对称问题。现实中所采取的是折中的办法——强制与自愿披露的结合。前者一般规定披露的最低水平，体现监管的强制性，后者则是公司锦上添花、自主发挥的部分，体现自愿成分。在这种大原则之下，具体哪些内容在强制披露之列，以及披露的详尽程度，却受到诸多因素的影响，包括公司规模（小企业的简化披露）、企业性质（如军工）、执法水平（不披

---

① 因为市场并不是充分竞争、完全有效的。而公司的披露还要考虑其是否存在选择性披露、虚假披露等。

② 奥尔森（1995，中译本）对集体行动的研究指出，随着组织规模的扩大，成员之间的利益取向的不同，以及成员搭便车行为的困扰，组织集体行动难度很大。

露的法律后果）等。近年来的关于公司内控信息的强制披露、表外融资的揭示，则是安然事件等的冲击和监管反思的结果，强制与自愿之间也非泾渭分明、一成不变。总而言之，披露必然发生成本，因此公司不可能无限的提供信息。强制披露只是公司提供给市场的信息底线，监管部门始终要赋予公司必要的灵活性和自愿披露的自主空间。

（3）披露的动力机制：正向激励与负向激励。除了市场化的力量①，这里从政府管制的角度进一步讨论非财务信息披露的动力机制问题，其核心是提高上市公司的披露收益，并增加低质量披露的成本，即披露的责任。

第一，正向激励方面，即为非财务信息披露充分、内容可靠相关的上市公司提供差别化对待的收益。在重复博弈中博弈参与人会充分考虑当前行动的未来净收益，而资本市场中公司与监管部门的重复博弈包括日常的监管以及诸多核准或备案事项。目前，可以为非财务信息披露与监管提供对接的途径至少包括再融资、股权激励、并购等事项。具体办法是将其与公司非财务信息披露质量挂钩②，为披露中的“好孩子”提供制度上的奖励。以股权激励为例，当前的监管制度改革方向即是进一步放松管制，赋予中介机构和上市公司更大的自主权，对于公司治理完善、信息披露良好的公司，实行更为简易的备案程序。

随着上市公司数量的增加，分层次监管的意义日渐凸显，这同样是为上市公司提供正向激励的通道之一。对信息披露公开透明、披露内容真实可靠，相关性、可理解性等表现良好的公司，在监管

① 透明化信息披露可以为公司带来的市场收益包括：减少公司的交易成本、增加商业利润（马连福、赵颖，2007），降低融资成本、更多的分析师跟踪等。

② 需要说明的是，差别化的行政审批、备案措施，其判断基准并不局限于非财务信息，很可能是公司的治理完善程度，并将信息披露作为其中的子项。

层面提供制度上的“优待”，如募集资金用途变更的简化审议[①]，未来储架发行的便利等。在证券交易所层面，也已经开始实施分类监管[②]。将非财务信息披露与各层面的差别化监管、分类监管相对接，为上市公司提供更多正向激励，是非财务信息披露动力机制建设的可能路径。

第二，负向激励方面，即披露违规的责任问题。非财务信息的负向激励方是一个薄弱环节。从目前我国关于上市公司信息披露的处罚情况来看，主要针对财务信息。由于财务信息一般具有可验证性，因此证明其真实抑或虚假具有技术上的可操作性，包括一套通用的、成体系的会计准则和审计准则，专门的职业化从业人员。而这是非财务信息披露质量监管所欠缺的。

政府的管制具有强制性的立法和执法优势[③]。关于非财务信息披露责任的法律法规及其执行，就是通过公共契约和严刑峻法约束公司的行为，进而保护中小投资者的利益。我国《证券法》等规定了上市公司（包括高管）、保荐人等对信息披露不实需要承担的责任。然而，就非财务信息而言，尽管《证券法》《公司法》等对非财务信息虚假信息披露规定了相应的行政、刑事责任，然而已经查处的信息披露违法违规主要是财务信息的虚假记载、隐瞒关联关系、资金占用违规担保披露不及时等[④]，但是因非财务信息披露违规而受罚

① 即不需要经过股东大会审议，提高决策的效率。这里参考了包季鸣等的《上市公司分类监管研究》（上海证券交易所第21期联合课题计划）。

② 如深圳证券交易所的《中小企业板块上市公司诚信建设指引》，其中包括“本所根据上市公司诚信评估结果对上市公司实施分类监管”。

③ Pistor和Xu（2002）认为法律也是一种契约，并且指出立法机构和法院在立法、执法方面具有被动性，而监管机构则具有主动执法的特点，当某些行为的负外部性非常大、后果严重时，法院的被动执法（法院属于告诉才处理）无法有效地保护当事人的利益，而监管却具有主动、灵活的特点。因此他们认为立法机构、法院、监管部门共同构成一个法律体系以提高其效率。

④ 根据CCER上市公司违法违规数据进行初步的统计分析得出，并参考了《2007年证券市场主体违法违规情况报告》，深圳证券交易所综合研究所第0165号报告。

的案例还极少。这并完全不是非财务信息披露违规较少，而是针对非财务信息的披露责任追究还较为薄弱。目前，对于信息披露过程中的虚假记载、误导性陈述和重大遗漏，不论是披露人的责任界定与追究，还是投资者诉讼赔偿，相关制度均有待完善[①]。

综上所述，有效的信息披露须臾离不开披露可靠性的监管。如果不能及时制定必要的披露真实性的监管规范，更多的非财务信息披露恐怕非但不能缓解信息不对称，反而会产生新的麻烦——虚假陈述，最终得不偿失。在法律责任缺失、违规成本低廉的环境下，企图获得高质量的非财务信息披露是非常困难的事情。因此，提高非财务信息披露的违法违规成本，是高质量披露的必备要件。与此同时，为披露好的公司提供必要的制度激励，有利于推动非财务信息披露动力机制的形成。

三、思考与建议

（一）非财务信息披露的几点思考

1. 关于披露的多少：不是更多，而是更精

改善非财务信息披露状况，提升披露的效果，并不意味着更多的披露，而是更加有效的披露，还要充分顾及公司的披露成本。因此，非财务信息披露的改善，必然是有增有减。增加的方面，主要是提升现有信息的披露质量，包括对展现公司核心资源和能力的项

---

① 中外的对比有助于进一步说明问题。为了保护投资人的利益，境外成熟市场对信息披露违规，包括重大事项的虚假报告、遗漏以及误导施以严刑峻法。并且，一旦发行人、上市公司受罚，其市场声誉随之受损。以美国为例，股票发行采取注册制，监管部门不进行实质性审核而是要求公司进行全面的信息披露，相应也制定了极为严厉的披露责任。此外，上市公司信息的需求方是相对成熟的投资者，并握有法律诉讼特别是集团诉讼的利器。对公司而言意味着更多的法律责任和声誉风险。客观、真实的披露信息，既是一种披露责任的履行，也是成熟市场中的一种自我保护。

目、公司的风险因素等，有效结合行业发展、公司战略进行具体、细致的说明，避免泛泛而谈；增加对公司主要业务、管理模式等的通俗易懂的说明；增加对专业术语的必要解释；等等。这在前面已经多次述及，不再展开。而减少的方面，则要为公司披露减负，或者公司减少不必要的信息为投资者阅读减负，可以缩减的内容至少包括：与公司战略、经营无关或关系不大的宏观形势、外部环境描述；对已有信息的简单重复，特别是对报表数据的缺乏信息含量的文字再描述；前后重复的冗余信息；已经在季报、半年报以及临时公告中披露的信息，且没有发生新的变化，无需再次全部重复披露内容；等等。换言之，提高披露的水平和质量，不在于文字的多与少，而在于信息的精，即公司减少不必要的信息，增加有效信息的供给，并且其中还有一个十分关键的问题，就是公司的披露成本，特别是披露带来的竞争劣势。对此，公司应该有效地识别关键信息，根据监管要求做出最低披露之后，评估其余信息的潜在披露影响，遵循自愿原则酌情公开信息。

2. 关于披露的规范：强制与自愿相结合，逐步积累经验推而广之

创业板运行不足三年，当前非财务信息披露所进行的探索和创新，需要监管部门的引导和规范，通过制度规范做出最低的要求（过多的要求可能导致企业照抄规则的“技术性遵守”现象），体现一定的强制性。与此同时，也需要发挥市场的主动性，留给市场自主空间，鼓励企业自愿披露。

信息披露需要权衡成本收益，在减少信息不对称的同时避免为企业增加过多的成本。由于成本收益较难度量，因此在强制与自愿披露结合的基础上，鼓励部分公司、部分行业先行披露创新，在披露内容、披露方式上做局部探索，积累经验后推而广之。

3. 关于披露模式：混合模式还是单一模式

非财务信息的报告主要有两种模式：一是在现有财务报告中披露非财务信息，二是单独报告非财务信息，如部分公司发布单独的社会责任报告。第一种模式最为常见，在现有财务报告框架中融合非财务信息，成本相对较低。但不足之处是财务信息与非财务信息的度量方法及标准不一，二者的质量规范存在差异。在单独报告该模式下，非财务信息能够以独立、清晰的方式，突破财务会计的规则约束，更加定制化地反映企业的价值全貌。

中国证监会通过定期报告格式准则对创业板非财务信息进行规范，换言之是在财务报告框架内，通过定期报告的各个部分嵌入非财务信息。目前，这也是国际上最为常见的做法。不可否认，财务信息在当前的披露中仍占有主导地位，强化非财务信息的披露，并将其与财务信息进行有效地整合，是非财务信息披露更为现实可行的方式，因此，在两种披露模式中，选择第一种模式，即以定期报告为载体，通过定期报告格式准则的发布和修订，对非财务信息披露的内容、质量标准等进行规范，不仅有利于降低上市公司的披露成本，也便于投资者将财务信息和非财务信息相互参照结合进行决策判断。

4. 关于披露的层次：充分运用简化年报

如前所述，非财务信息的价值不完全取决于披露多寡，过于繁杂的披露不仅公司不堪重负，投资者也可能发现其中一些非财务信息索然无味、毫无价值可言。然而，假使公司的披露充分遵照年报准则揭示全部必备项目，并达到条理清晰、内容明了，事实上其数量仍相当可观。由于不同类型投资者的专业能力、理解水平、信息需求，为所有投资者提供通用的非财务信息，必将出现某些投资者认为信息过剩而其他投资者认为信息供给的不足双重问题。因此，在信息披露的供求平衡就可能存在多个平衡点，即多层次的信息报告体系（孟晓俊，2000）。如果年报能有类似于快照、速览形式的凝练化信息，有利于满足不同投资者的分层次需求。简化年报（或年报摘要）即是其一，其思路是缩减理解难度最大的内容和投资决策并不急需的内容，突出重点信息（孙曼丽，2004）。除了简化年报，在年报的开始，通过致股东的信、管理层讨论与分析（或董事会报告）概要等形式，非常简要地传递报告的核心信息，并通过交叉索引等形式给出相关信息的具体位置或链接，也是目前受到欢迎的方式。

（二）探索与建议

非财务信息披露有效供给不足，这与公司的商业利益考虑有关，也与公司的披露的人员、经验不足有关。面对非财务信息披露的诸多难点问题，笔者尝试从以下方面提出政策建议。

1. 信息的供给

（1）上市公司建立非财务信息披露的内部流程与管理规范。非财务信息的提供与财务信息不同，后者有一套法定的规则，公司内部有专门的机构设置和职业化的人员配置，相反非财务信息虽然涵盖范围广泛，但是并不是一项专门的职业，这为非财务信息的披露带来一定的管理难度。尤其是创业板公司规模相对较小，公司负责投资者关系以及信息披露事务的人力资源可能相对薄弱。因此，创业板公司至少应在岗位设置与人员方面为非财务信息披露提供必要的保障，并建立一套关于非财务信息的收集、加工、管理流程。尤其是应将披露作为公司与市场之间的沟通工具而不是一项强制性的技术遵守。

当然，非财务信息披露是投资者需求与公司披露成本的权衡结果。因此，在信息披露内部管理方面，还应该包括公司对可能损害公司商业利益的信息的合理保护，在披露中依情况不同可分别采取以下的措施：一是根据上市规则的要求，申请披露的豁免；二是对敏感信息简化披露或合并披露。

此外，还应该强化董事会及审计委员会对非财务信息披露管理和控制。加拿大注册会计师协会发布的 MD&A 编制与披露指南，提出“审计委员会和董事会应该询问的 20 个问题”，例如，MD&A 遵守监管要求了吗？编制 MD&A 时管理层判断重大性的方式是什么？管理层是否出于竞争考虑而略去了某些信息，这样做的理由是什么，经过董事会审批了吗？这些问题清单值得借鉴①。

（2）信息披露平台的强化。目前来看，创业板上市公司信息披露平台信息较为单一，绝大多数公司在自己的网站上有投资者关系一栏，但是最为常见内容是公司简介、电子披露文本、财务数据、股价信息，而互动平台、业绩说明会资料、常见问题解答等相对较为薄弱。需进一步完善或强化披露平台，一是利用业绩说明会、分析师及媒体见面会、网络互动等拓宽信息披露的渠道；二是在公司网站上，增加或强化以下信息：公司战略规划、管理层的分析、业绩说明会、分析师会议的视频和音频资料、互动平台以及投资者常见问题解答。这些信息传递方式的一大特点是突出公司与投资者之间的互动。上市公司的行业和产品（服务）千差万别，统一的披露规则可能束缚企业传递行业差异、业务特色等个性化信息。因此，强化互动披露的意义还在于可以通过双方互动，提高非财务信息披露的有效性和针对性。一方面，上市公司可以更加及时全面地了解市场的信息需求，提高信息披露的主动性、披露内容的针对性；另一方面，投资者通过问答式的互动，便于及时跟踪公司的战略规划、产品开发、市场开拓等非财务信息，也有助于对重大事项进行更为深入、具体的信息挖掘。

2. 中介机构的作用

年报中非财务信息与财务信息同时披露，但是财务信息按照会

① 其他问题清单这里不再一一列举，具体可参考 *Management's Discussion and Analysis: Guidance on Preparation and Disclosure.* Canadian Institute of Chartered Accountants, 2002.

计准则生成并经过专门的外部审计，这是非财务信息所缺少的。除前面提到的非财务信息的内部质量控制之外，还需逐步探索通过外部的审计或者是审阅，提高非财务信息的质量。尽管目前还很少有公司对非财务信息进行专门的第三方鉴证，但诸如社会责任审计类似的做法在其他非财务信息的披露上，依然值得尝试，至少公司如果对某些信息请第三方做出审阅，可以将这一事实披露，以增进投资者对信息可靠性的判断。

中介机构，特别是会计师事务所、咨询机构等，还可以利用自身专业优势和广泛接触公司案例的机会，对上市公司非财务信息披露好的做法、好的披露文本进行总结、梳理，并通过研究报告、最佳实践等形式展现出来。对于创业板公司而言，由于其规模小、上市时间短，在信息披露的人员、经验方面可能面临瓶颈，第三方通过最佳实践提供“技术”支持颇具价值。在研究中，也发现有的公司在披露质量上明显好于其他公司。如果中介机构能够加以归纳总结并发布最佳披露实践，可以为创业板上市公司高质量信息披露提供有益的参考和指导。普华永道、德勤曾发布关于上市公司文本信息披露、KPI 披露等方面的专题报告，提供了丰富的公司案例并总结出披露指南或好披露应该遵循的方法，值得借鉴。

3. 披露规则的供给

（1）统一规范、细化规则。关于非财务信息的披露要求，分散于招股说明书、年报、半年报等格式准则之中，就管理层讨论与分析而言，还存在称谓不一（如招股说明书、半年报、季报采用“管理层讨论与分析”的名称，年报通过“董事会报告”披露）。可以对相关非财务信息的叫法、披露内容作必要的整合、统一。

（2）研究制定非财务信息的质量标准。在前面章节已经讨论过，创业板非财务信息披露内容已经相对丰富，但是质量要求明显滞后，因此可考虑尽快建立系统化的披露质量要求。可以通过修订现有披露准则的同时，进一步强化（增加）披露质量的具体规范[①]。

（3）细化披露要求和指引。从创业板信息披露规则的执行情况来看，有些地方尚需在定期报告或招股说明书准则，抑或准则的解释中予以细化指导。一是非财务信息披露的重点是公司的战略、核心优势、专利、研发、风险因素等，可以考虑通过概念界定等形式对披露进一步细化指导，使公司能够准确界定、识别并披露相关的非财务信息。二是在各项非财务信息的整体性方面，可予以指导，如专利披露可结合核心竞争力、主导产品等适当说明其重要性和有效性，而不仅仅是简单的罗列。三是为了避免信息的重复报告可以对招股说明书进行索引，以及报告内部进行交叉引用，减少不必要的重复和冗余。四是引用数据应提供来源说明，便于投资者进一步延伸检索信息或核实其可靠性。五是要求公司在披露时应该对专业术语进行简明、通俗的解释，并且在解释过程中不能再出现同类型的术语，这对从事新行业、新业务模式的创业板公司尤为重要。

（4）鼓励自愿披露，赋予公司适当灵活性。非财务信息内容和形式灵活，既是其优势之一，但是也对非财务信息的披露规范带来一定的困难。因此，在统一规范的同时，仍应继续赋予公司一定的灵活性，以充分体现行业和业务特色。可以通过以下设计进行平衡：对信息披露的质量特征（质量原则）、披露框架（内容）等做出统一的规则指导；对披露的指标选取与具体内容设计，赋予公司自主选择的灵活性。

4. 信息质量监管

非财务信息披露质量监管主要针对披露的可靠性。对于披露中可能涉及虚假记载、误导性陈述、重大遗漏的，一旦查实，可以考

① 当前的规则已经提出过较为宽泛、简单的披露质量标准，所以使用了“强化”或“增加”的提法。

虑以下分阶段、分层次的责任追究措施。一是短期内可考虑以下措施：加大非财务信息披露违规的责任的追究力度①；在信息披露考核中，进一步突出非财务信息的可靠性、完整性的考量比重；尝试信息披露质量与其他监管措施的协调，如信息披露质量与退市监管、再融资、股权激励等挂钩，对披露质量良好的公司予以宽松对待，对披露较差的公司严加监管②。二是远期内，需将非财务信息的披露责任纳入法律层次以提高权威性。具体措施上建议在我国的《证券法》等法律法规中，以立法形式明确公司信息披露的基本义务，以及董事、监事以及高管人员应承担的相关责任③。

事实上，目前我国在信息披露违法违规的行政、民事以及刑事责任方面已经有了较为体系化的法律法规，但是仍以财务信息为主，不论是规则表述还是实际的惩处案例来看，非财务信息都还不是重点。因此，以上的政策建议在实施上的关键是将非财务信息披露也纳入虚假披露、误导性陈述的责任追究范围，如公司披露的专利有效性、市场占有率、技术先进程度等，避免公司信口开河、脱离实际地自我美化而损害投资者的利益。

参考文献

[1] 包季鸣等：《上市公司分类监管研究》，载《上证第 21 期

① 2011 年 4 月 29 日，中国证监会发布《信息披露违法行为行政责任认定规则》（证监会公告［2011］11 号），对未按规定披露、虚假记载、误导性陈述、重大遗漏等类型的违法行为行政责任认定做出具体规定。

② 韩国科斯达克市场的做法具有一定的借鉴意义。科斯达克有一项“不诚实披露法人”制度，公司不履行信息披露义务、推翻以前的披露、对以前的披露进行重大变更，就会被指定为不诚实披露法人，并在信息披露考核中罚分，且罚分纳入退市指标中。一年之内公司被指定为不诚实披露法人两次以上，公司将被指定为管理股（即存在退市警示），甚至成为实质性退市审查的对象。

③ 见《境外创业板市场监管制度研究》，深圳证券交易所综合研究所第 0178 号报告。

联合课题计划》，2011（5）。

［2］楚天舒：《中外上市公司年报信息披露模式比较研究》，载《深证综研字第0131号研究报告》，2006。

［3］董耀武、刘锡标、周孝华：《创业板高科技公司IPO估值研究》，载《证券市场导报》，2011（4）。

［4］葛家澍、林志军：《现代西方会计理论（第二版）》，厦门，厦门大学出版社，2006。

［5］耿黎：《上市公司非财务信息披露问题研究》，沈阳，沈阳农业大学硕士学位论文，2007。

［6］耿黎、戴蓬军：《非财务信息的概念和内容概要》，载《财会月刊（综合版）》，2007（8）。

［7］何卫东：《上市公司自愿性信息披露研究》，载《深证综研字第0070号研究报告》，2003。

［8］黄世忠：《会计数字游戏：美国十大财务舞弊案例剖析》，北京，中国财政经济出版社，2003。

［9］李晓龙，《上市公司非财务信息披露及规范问题探析》，载《财务与会计》，2005（3）。

［10］李燕媛、李晓东：《“管理层评论”信息质量原则的国际比较与启示》，载《会计研究》，2009（1）

［11］列夫：《无形资产——管理、计量和呈报》，王志台等译，北京，中国金融出版社，2003。

［12］林立山，《上市公司非财务信息披露：理论探讨》，载《财会通讯》，2006（7）。

［13］刘昱熙：《中国上市公司“管理层讨论与分析”信息披露理论与实证和研究》，暨南大学博士学位论文，2007。

［14］吕富强：《上市公司选择性披露行为及其监管》，载《证券市场导报》，2001（5）。

[15] 马连福、赵颖：《国外非财务信息披露研究评述》，载《当代财经》，2007（7）。

[16] 马连福、赵颖、胡艳：《投资者关系非财务信息披露指数设计与应用研究》，载《经济与管理研究》，2006（12）。

[17] 孟晓俊：《也谈企业财务报告的改进——兼论简化年度报告》，载《华东经济管理》，2000（3）。

[18] 权英淑：《非财务信息研究》，载《企业经济》，2007（9）。

[19] 深圳证券交易所相关规则，http：//www.szse.cn/main/rule/.

[20] 孙曼莉：《上市公司年报的可理解性研究》，载《会计研究》，2004（12）。

[21] 王松年、薛文君：《论财务报告的改进》，载《会计研究》，1999（7）。

[22] 薛云奎、王志台：《无形资产信息披露及其价值相关性研究——来自上海股市的经验证据》，载《会计研究》，2001（11）。

[23] 伊克利斯等著，叶鹏飞等译：《价值报告革命——原理盈余游戏》，北京，中国财政经济出版社，2004。

[24] 张巧良、李洪宇：《上市公司"管理层讨论与分析"信息披露的国际比较》，载《财会研究》，2007（7）。

[25] 张维迎：《企业理论与中国企业改革》，北京，北京大学出版社，1999。

[26] 赵亚明：《2005年深市"管理层讨论与分析"的执行情况》，载《证券市场导报》，2006（7）。

[27] 中国证监会相关规章、规则，http：//www.csrc.gov.cn/pub/newsite/xxfw/fgwj/.

[28] Kerr Melanie 著，罗睿杰译：《为财务报告"瘦身"》，载

《新理财》，2009（1）。

[29] AICPA，"Improving Business Reporting A Customer Focus: Meeting the Information Needs of Investors and Creditors"，1994.

[30] Amir, E., and B. Lev.,"Value - relevance of Nonfinancial Information: The Wireless Communications Industry", Journal of Accounting & Economics, 1996 (22).

[31] Banker, R., G. Potter and D. Srinivasan., "An Empirical Investigation of an Incentive Plan that Includes Nonfinancial Performance Measures", The Accounting Review, 2000.

[32] Carmichael, D. R., P. H. Rosenfield., "Accountants' Handbook, Volume 1 (10th Edition): Financial Accounting and General Topics". John Wiley & Sons, 2003.

[33] Cohen J. R., L Holder - Webb, et al., Corporate Reporting of Non - Financial Leading Indicators of Economic Performance and Sustainability, Working Paper, SSRN, 2009.

[34] Dorestani, A.,"The Association between Non - financial Key Performance Indicators and Accounting and Market - based Performance, Quality of Earnings, and Analysts'Forecasts", University of Memfhis, 2009.

[35] Eccles. R. G., M. P. Krzus., One Report: Integrated Reporting for a Sustainable Strategy, John Wiley & Sons, Inc., 2010.

[36] Fama, E. F., and A. B. Laffer., "Information and Capital Markets", Journal of Business, 1971 (44).

[37] FASB, Business and Financial Reporting, Challenges from the New Economy, 2001.

[38] FRC, Louder than Words, www.frc.org.uk, 2009.

[39] ICGN,"Corporate Risk Oversight Guidelines", International

Corporate Governance Network, 2010.

[40] ICGN, "Statement and Guidance on Non – financial Business Reporting", International Corporate Governance Network, 2008.

[41] Jackson, K. E., "An Examination of Investors' Use of Non-financialMeasures", The University of Texas at Austin, May, 2004.

[42] Lev, B., and S. Thiagarajan, "Fundamental information analysis", Journal of Accounting Research, 1993. 31 (2), 190 –215.

[43] Maines L. A., E. Bartov. et al., "Recommendations on Disclosure of Nonfinancial Performance Measures", Accounting Horizons, 2002 (16).

[44] Nermien Al – Ali, "Comprehensive Intellectual Capital Management: Step – by – Step", John Wiley & Sons, Inc., 2003.

[45] OECD, "Intellectual Assets and Value Creation: Implications for Corporate Reporting", 2006.

[46] PricewaterhouseCoopers, "11 Reporting Tips", www. corporaterep orting. com, 2009.

[47] PricewaterhouseCoopers, "Guide to Key Performance Indicators: Communicating the Measures that Matter", www. corporatereporting. com, 2007.

[48] PricewaterhouseCoopers, "Business Review: Has it Made a Difference?", www. corporatereporting. com, 2007.

[49] Steering Committee, "Improving Business Reporting: Insights into Enhancing Voluntary Disclosures", FASB, 2001.

[50] Teoh, S. H., I. Welch, and T. J. Wong, "Earnings Management and the Long – term Performance of Initial Public Offerings", Journal of Financial Economics, 1998a, 50: 63 –99.

[51] Teoh, S. H., I. Welch, T. J. Wong, "Earnings Management

and the Underperformance of Seasoned Equity Offerings", Journal of Finance, 1998b, 53: 1935 - 1974.

[52] Upton, W. S., "Business and Financial Reporting, Challenges from the New Economy", Financial Accounting Standards Board, 2001.

第九章

究竟该如何披露董事会报告

第九章　究竟该如何披露董事会报告

随着证券市场的发展和投资者能力的提高，人们对上市公司的定期报告不仅要求披露财务信息，而且还要求披露越来越多的非财务信息，以帮助投资决策。董事会报告作为上市公司公布的定期报告当中最重要的部分，提供了大量的财务信息和非财务信息，理应在上市公司的信息披露中发挥重要作用。因此，构建以投资者需求为导向的上市公司信息披露体系，必须重点研究如何披露董事会报告的问题。

近年来，尽管监管部门制定了越来越详细的制度来规范董事会报告，然而可以看到的现象是，一方面上市公司在定期报告中撰写的董事会报告越来越长，但另一方面投资者却反映从董事会报告中可以读到的有效信息越来越少，甚至给出了“填空”“应付”的评价。出现这种现象的原因主要来自于两个方面：一是上市公司在董事会报告中所写的内容不符合投资者的需求，二是董事会报告述说内容的方式不符合投资者的口味。这其实涉及了董事会报告该说什么和怎么说的问题，两者都可以在不同程度上影响信息披露的有效性。本章的重点是董事会报告应如何披露以提高信息披露的有效性。

一、有关董事会报告的基本规定和国际比较

（一）我国董事会报告的投资者需求导向还不明确

我国有关上市公司信息披露的准则规定了上市公司在年报正文和年报摘要中，应当安排“董事会报告”的章节，并要求年报摘要

中的董事会报告应当摘自年报正文的相应部分。其中对于年报正文均要求安排 MD&A 作为董事会报告的第一部分，内容包括“报告期内公司经营情况的回顾”和“对公司未来发展的展望”。准则特别强调董事会报告中应当对公司的财务报告和其他必要的统计数据以及报告期内发生或将要发生的重大事项，进行讨论、分析，便于投资者了解其财务状况、经营成果及现金流量情况；讨论、分析不能只重复财务报告的内容，应着重于公司已知的、可能导致财务报告难以显示公司未来经营成果与财务状况的重大事项和不确定性因素，包括已对报告期产生重要影响但对未来没有影响的事项，以及未对报告期产生影响但对未来具有重要影响的事项等。除了 MD&A 之外，准则还要求上市公司在董事会报告中批露和分析报告期内的投资情况、报告期末发行在外的可转换为股份的金融工具和以公允价值计量的负债的情况、对会计师事务所出具非标准审计报告的涉及事项说明、利润分配政策以及内幕信息知情人管理制度等信息。无论是从内容的分量还是内容的重要性看，MD&A 都是董事会报告中最主要的内容。

长期以来，我国有关董事会报告的投资者需求导向一直不明确，这一方面体现在有关规定一直没有明确表示董事会报告的投资者需求导向原则，另一方面在实践中也没有很好地体现投资者需求导向的原则。和上市公司定期报告中其他内容的规范披露不同，董事会报告含有较多的自愿披露成分，由于公司之间的差异，很难用标准的框架量化，监管部门多从鼓励和提倡方式优化上市公司自愿性信息披露体系，但难以用直接的监管举措加强。在我们的调研中发现，国内的上市公司董事会报告良莠不齐，投资者普遍认为不够“披露友好”，一方面董事会披露多语焉不详，很难找到为投资者定价起作用的主导信息，另一方面部分内容晦涩难懂，投资者甚至认为上市公司有意扭曲信息。总体来说，目前董事会报告与以投资者需求为导向的信息披露体系相去甚远。

我们从以下两个制度性因素讨论可能的原因：

1. 在我国，股权的流通困难使资本市场价格机制难以发挥作用。以投资者需求为导向的信息披露体系体现了价格机制的作用，当上市公司有意扭曲信息时，投资者在给公司估值时进行折价，使上市公司承受更高的资本成本。由于我国上市公司国有企业占主导地位，国有企业股权难以自由转让，影响了价格机制作用的发挥。随着我国股权分置改革的完成，原先难以流通转让的上市公司股权可以在资本市场自由流通，价格机制的作用进一步加强，我们相信这是未来以投资者需求为导向的上市公司披露体系建立的先决条件。

2. 控股股东动机扭曲了上市公司自愿性披露信息动机。与欧美国家股权分散不同，我国上市公司股权集中，控股股东动机对上市公司信息披露影响力巨大。中国上市公司关系型交易占主导，控股股东多参与企业政商活动或侵犯中小股东利益活动（Fan and Wong，2002；Jiang，Lee and Yue，2010），有动机对外隐藏信息。

（二）国际有关 MD&A 的要求体现了投资者需求导向的原则

英美以及中国香港的法律法规基本上没有董事会报告的提法，但却同样有 MD&A 的披露要求，而所发挥的作用没有太大的差别。MD&A 是美国等成熟证券市场信息披露制度发展到一定阶段的产物，它在招股说明书和定期报告中占据非常重要的位置。投资者可以通过 MD&A 了解上市公司管理层对重大历史事项的理解、对重大风险的评价及对未来重大事项的预测。近年来，无论是监管层、投资界还是学术界，对 MD&A 的关注度已明显提高，而 MD&A 也已经成为当前国际会计界十大重点研究的财务报告问题之一（李常青、施东晖等，2005）。

发达国家设立 MD&A 之初即确立了投资者需求导向的原则。美国 SEC 规定了提供 MD&A 的目的是：为投资者及其他使用者提供对上市公司财务状况和经营成果进行评估的信息；而这些信息是通过对公司从营业及外部来源中获取的现金流量的金额及确定性的评价中得到的。在实践中，发达国家资本市场运行效率较高，市场有效进一步促进了上市公司投资者导向的信息披露体系的建立。Li（2010）基于北美上市公司数据做了一项有趣的研究，他用机器阅读上市公司董事会报告的方式区分公司披露内容是否完备，披露方式是否清晰易懂。当披露方式较为“友好”时，上市公司得到了资本市场的“奖励”，表现为企业估值错误发生概率更少。发达国家的上市公司自愿性信息披露行为，虽无刚性的严格要求，但以投资需求为导向的披露体系确立已经成为了公司信息披露理念，上市公司也得到了更低资本成本、更高的交易流动性等收益。

故要构建以投资者需求为导向的上市公司信息披露体系，重点之一是要做好定期报告当中的董事会报告披露，将以投资者需求为导向落到实处。

二、董事会报告对于实现投资者需求导向是重要的

董事会报告在上市公司信息披露体系中是重要的。正确认识董事会报告可以发挥的作用，对于上市公司信息披露体系的建设工作是非常重要的，至少我们可以确认，构建以投资者需求为导向的上市公司信息披露体系，很重要的一项工作是抓好董事会报告的披露，并且在董事会报告中充分体现投资者需求导向的原则。

（一）董事会报告有存在的必要性和合理性

董事会报告是上市公司对外披露的信息当中最具价值的部分，提供了基于公认会计准则而产生的表内信息及报表附注无法提供的信息，弥补传统会计报表的不足，满足了投资者对信息相关性和前瞻性更高的要求，对提高上市公司信息披露质量起到了至关重要的

作用。国内外已经有大量的学术研究证明，“董事会报告”有存在的必要性和合理性。

研究表明，董事会报告当中的 MD&A 具有很好的预测作用。根据信息不对称理论，MD&A 作为一种公开信息，披露了传统会计报表没能提供的非财务信息和前瞻性信息，因此它应该能够帮助外部投资者了解公司现状、预测未来，提高整个资本市场的效率。Barron et al.（1999）的研究证实了这一点，他以 SEC 对 MD&A 的评分作为衡量其披露质量的指标，研究披露质量与证券分析师所作盈利预测的特性之间的关系，发现 MD&A 披露质量越好，盈利预测的错误和离散度就越低，这说明证券分析师已经正确理解 MD&A 的披露内容，信息不对称程度有所降低。Jones 和 Cole（2004）的研究表明，零售业公司在 MD&A 中披露的前瞻性信息能比其他任何历史性信息更好地预测公司未来的资本支出和商店开业数。这说明 MD&A 不但具有良好的预测能力，而且具有显著的增量信息。Frazier et al.（1984）、Tennyson et al.（1990）、Bryan（1997）、Cole 和 Jones（2004）的研究也都证实了 MD&A 的预测作用。我国的研究人员李锋森、李常青等的研究成果表明，我国上市公司的 MD&A 同样有助于投资者预测公司未来销售收入、EPS 和经营现金流净值的变化情况，即 MD&A 有助于投资者对公司未来业绩的预测。

学术研究进一步表明，股票市场对 MD&A 存在着市场反应，这说明 MD&A 确实有助于投资者做出决策。从已有的文献看，大部分研究支持 MD&A 有用论。Bryan（1997）研究发现 MD&A 中对计划资本支出的讨论与信息公布日附近（前后 5 天）和长期（256 天之后）的股票超常收益率显著相关。Amir and Lev（1996）、Eikner et al.（2000）、Cole 和 Jones（2004）的研究也都表明，MD&A 信息与同期股票收益率显著正相关，具有显著的增量解释能力。对于资本市场当中最活跃也是最专业的信息解读者证券分析师而言，MD&A 同样对他们产生了影响。Barron、Kile & O'Keefe（1999）的研究显示，上市公司年报中 MD&A 部分的披露质量与证券分析师盈余预测准确性显著正相关，与证券分析师分歧显著负相关，显然高质量的 MD&A 可以减少证券分析师盈利预测的偏差，降低证券分析师之间的分歧，从而降低市场中的噪音。

既然 MD&A 有预测作用而且市场又对此会做出反应，说明它本身具备了投资的决策有用性，符合了相关性的基本要求。由于董事会报告的主体内容就是 MD&A，因此，董事会报告应当是上市公司定期报告披露中非常重要的部分，在定期报告的披露中居于主导的地位。

（二）董事会报告对投资者的决策发挥重要作用

上市公司信息披露的决策有用性体现在两个方面，一方面体现为估值作用，即投资者根据信息披露对上市公司进行定价，表现为根据信息预测其未来收益能力和公司风险并估计其理论价值，并进一步决定其投资决策；另一方面体现在对管理层的监督作用，由于上市公司控制权和经营权的分离（Jensen and Meckling，1976），管理层进行在职消费等代理行为收益和成本不匹配，股权安排造成了管理层的代理动机，上市公司的信息披露也有助于投资者特别是机构投资者监督管理层工作勤勉程度。上述两个作用并不矛盾，根据有效资本市场假说，管理层对公司信息披露的歪曲行为会影响投资者定价，并最终影响投资者对上市公司估值行为。

基于 1994—2007 年的北美数据，Bye、Cohen、Lys 和 Walther（2010）检验了上市公司各种信息披露源对投资者的决策有用性，总体上市公司财务信息披露可以解释 28.37% 的股价变化，不同信息来源的决策有用性有显著差异，相对于上市公司盈余公告（1.72%）、盈余预增预亏信息（2.43%）、证券分析师披露信息（4.75%），其他美国证监会强制披露信息（0.74%），上市公司管理层信息解释股价能力独占鳌头（解释能力为15.67%，占总解释能力的55.92%），表明投资者将其视为最重要的披露信息，并进一步影响公司估值。

证券研究的实践表明，不存在单纯的财务报表分析，证券分析师们早已经不是就单纯的报表数字做分析，而是综合宏观经济、行业经济以及结合公司的治理结构、公司战略、营销策略以及内部控制等各个方面进行的综合性分析与预测，他们对上市公司的信息披露的要求也已经远远不止财务报表的数据。而且，同样的财务报表数据，如果公司的行业背景与行业地位不同、治理结构不同、战略不同、营销不同等，完全可能会得出根本不同的预测结果。在做出这些预测前，证券分析师们也非常需要听一听上市公司董事会及管理层自己的看法或者见解。从证券分析师们的实践来看，董事会报告不会完全成为证券分析师们预测的依据，但是他们在预测前却会认真地看一看上市公司自己会怎么说，这对他们而言可以分析出增量的信息，因此无论上市公司怎么说，对于证券分析师们而言，董事会报告在他们的研究和股票定价方面都发挥了重要作用。以上分析我们也可以看到，证券分析师们不仅依靠财务信息也使用大量的非财务信息进行研究和决策，这与董事会报告既提供财务信息的分析与解释，又提供大量非财务信息分析的要求是相同的。

（三）董事会报告应当以投资者需求为导向

综合以上分析，随着我国资本市场运行效率的提高，市场定价机制日益重要，建立以投资者需求为导向的董事会报告体系的基础条件已经具备。该披露体系的建立和完成，一方面可提高投资者获取和挖掘到有效信息的可能性，提高他们参与市场定价过程的积极性，有利于成熟投资理念的形成，另一方面有利于促进上市公司资源配置能力，反作用于资本市场运行效率的进一步提高，故未来董事会报告应以投资者需求为主要导向。

三、董事会报告应当重视投资者的分析逻辑

（一）以投资者的逻辑提高董事会报告披露的有效性

以投资者需求为导向，切实提高信息披露的有效性，则董事会报告的披露逻辑也必须是坚持投资者需求导向的原则，简单来说，董事会报告至少应当重视投资者的分析逻辑。这就要求上市公司应当以投资者的逻辑合理安排披露内容，想其所想，供其所需。实际上，由于上市公司董事会报告前瞻性较强，多关注于未来经营政策，而投资者将此类信息主要用于评估上市公司价值，故我们在后文分析中，主要从估值的角度讨论投资者利用董事会报告的逻辑。

相对于年报当中的财务报表等其他部分，董事会报告的披露规定应当是相对比较宽泛的，这让上市公司在披露时有一定的余地，可以按照自己的实际情况进行适度的调整。董事会报告应当重视投资者的分析逻辑，一方面需要在上市公司信息披露准则的规定中要求，但是由于准则的规定是相对宽泛的，因此另一方面还需要上市公司自己的理解和执行。上市公司要理解投资者的分析逻辑，而不仅仅是理解监管者制定的规则，要做到这一点，则必须加强与投资者的交流与沟通。

（二）以投资者的需求差异建立分级披露体系

要建立投资者需求导向的信息披露体系，必须看到不同层级的投资者对信息披露需求的差异，特别是机构投资者和中小投资者之间的差异明显，本书第一章已经对此做了充分的论述。其实差异不仅体现在他们对信息内容的差异，还体现在他们的分析逻辑差异，而分析逻辑又会反过来影响对内容的需求。我们认为，机构投资者和个人投资者在收集资本市场信息的能力、交易特征等方面迥异，

造成双方对信息的需求也不尽相同，表9－1简要描述了两种不同类型投资者的信息需求差异。

表9－1　　　　机构投资者和个人投资者信息需求比较表

资本市场潜在的信息需求方	公开信息的替代：潜在的私有信息渠道	对公开信息收集动机	对公开信息收集能力	对上市公司进一步提高信息披露水平的反作用	公开信息的决策有用性	总结：对上市公司建立健全信息披露需求
机构投资者	偏弱	强，有助于其投资决策并获得收益	强，体现在机构自身的分析能力和证券分析师及时的信息传达	较强，体现在市场有效性的价格机制和投资者关系管理过程中	直接投资决策，短线交易和长期持有并存，体现了一定的价值投资的理念	强，体现在对企业财务信息和非财务信息披露的广度和深度有进一步的要求
个人投资者	弱	有一定需求，更期望提前获取上市公司重要股价异动的事件信息	偏弱，除投资顾问会帮助分析一定财务信息外，网络和口授等二手信息渠道占主导	弱，体现在短线操作为主，迎合上市公司潜在财务事件	直接投资决策，主要体现在短线交易上	偏弱，体现在期待上市公司简明扼要易懂可读的信息披露

针对于这个问题，本书第七章提出了很好的解决办法，即年报正文主要面向机构投资者的需求，而年报摘要面向中小投资者的需求，而且无论是年报正文还是年报摘要同时向所有投资者发布，也满足了公开、公平的要求，这个解决办法本质上是根据不同层级的投资者需求建立分层级的信息披露体系。周勤业等早在2003年也提出过类似的建议（周勤业、卢宗辉、金瑛：《上市公司信息披露与投

资者信息获取的成本效益问卷调查分析》，2003），他们建议应增大定期报告全文和摘要内容的差距，并采取不同的信息披露方式，其中定期报告全文上网，主要向证券投资基金和证券公司等机构投资者提供关于上市公司的全面和有用的信息，而年报摘要见报，旨在提供给个人投资者一些简明扼要的信息，在提高信息披露有效性的同时，降低信息披露的成本。

假设以上建议可以被接受，则下文我们会分别从年报正文和年报摘要两个方向来进一步讨论董事会报告应该怎么写从而能够更好地满足机构投资者和中小投资者的需求。

四、不同类型投资者的逻辑差异及对董事会报告的建议

（一）机构投资者与中小投资者的逻辑差异对比

无论是机构投资者还是中小投资者，都是资本市场的重要参与者，他们对信息披露的需求都应当被重视；在我国，中小投资者参与人数众多，为现阶段资本市场参与主体，而机构投资者具有较强的信息收集和分析能力，是未来上市公司定价和监督职能发挥的主导。对于上市公司董事会报告信息，两者在分析逻辑和需求上差异较大，我们从以下几个方面详述。

1. 机构投资者看重长期预期，中小投资者看重短期预期

根据股票估值理论，股票的价值是由未来现金流的贴现决定，这里面既包括了现金流的大小，也包括了现金流的风险；然而，未来现金流在今天只是人们的一个预期。股票估值理论进一步表明，构成股票价值的是长期现金流的贴现，而短期现金流的贴现在股票价值当中只占很小的一个比例。因此要形成对股票价值的估计必须形成对公司长期现金流的预期。然而，无论是机构投资者还是中小投资者要对公司形成长期的预期其实都是非常困难的，几乎没有投

资者能够对一个上市公司未来十年以后甚至十五年以后的现金流形成一个相对确定的预期，我们可以看到的现象是，证券分析师们所做的盈利预测也往往只有三至五年，而中小投资者往往更加看重一年左右的业绩变动。因此以上提及机构投资者看重长期预期而中小投资者看重短期预期也只是相对的，但我们可以确信的是，机构投资者对未来的预期相比较中小投资者而言要长一些，由此年报正文中的董事会报告相对年报摘要中的董事会报告，应当更加看重长期性的原因分析和长期性的信息披露，而年报摘要应当更加突出短期的变化，有关这方面的建议，我们将在下文中进一步论述。

2. 机构投资者重视于分析的过程，由此重视分析的完整框架，中小投资者重视于分析的结果，由此重视影响结果的片面信息

产生这个现象的原因是，机构投资者大多受过良好的金融投资方面的教育，拥有相对完整的分析逻辑，在形成投资决策之前会强调研究分析的逻辑和过程，因此，他们对研究所需要的信息具有全面性和逻辑性的特征，他们不仅看重投资决策的结论，更看重形成结论的信息和逻辑。而中小投资者由于缺乏分析的能力，导致他们形成结论的逻辑是散乱的，从而对信息的需求也是片面和不完整的，对于某些信息缺乏解读能力，而对于另一些信息又可能过于看重。举一个简单的例子，证券分析师不仅会看重公司年报当中的 EPS 变动，而且对导致 EPS 变动的核心原因的解释也非常看重，他们往往要求上市公司将财务数据变动的解释原因落实到竞争环境、市场容量、营销策略等非财务的层面，除此之外对公司在编制财务报表时采用的会计政策和会计估计的变动也会去解读；而中小投资者往往注重 EPS 变动的结果，而对于背后原因的关注程度较少。

3. 机构投资者有分析辨别能力，中小投资者容易轻信，即他们对披露的潜在错漏信息的纠错能力不同

机构投资者除了从上市公司获取信息，还可以从其他渠道获取

信息，而且对于宏观、行业等外部环境的研究和分析，从事卖方研究的证券分析师本身也是这方面研究观点和研究信息的发布者，此外，证券分析师们还会自己从事调查研究的工作。因此，对于机构投资者，一方面他们并不完全依赖于上市公司的信息披露，另一方面他们对上市公司披露的信息具有一定的辨别能力和纠错能力。然而，中小投资者在这方面却没有太多的能力可言，因此，他们对上市公司的潜在错漏信息的纠错能力较差。就如本书第三章提到，在2008年年报中，很多上市公司将业绩下降归结于“汶川地震”“奥运会”等因素，而实际上这些所谓的原因并不能构成公司业绩变动的理由，这反而让机构投资者解读出推卸责任的增量信息，从而更加关注公司管理层是否勤勉尽责。本书第三章还提到，很多公司对未来成长性论证的逻辑过于简单，如不考虑经济发展阶段差异、监管差异、消费习惯差异等，仅仅简单比较中国的人均消费量、产值和世界平均水平的关系，以简单的算术指标说明行业发展空间，实际上这种披露对于机构投资者几乎没有意义，因为以人均消费量、产值等数据作为解释行业发展空间的原因，是典型的以结果解释结果的错误，而真正导致变化的原因可能是：行业层面的竞争格局变化、上下游的变化、产业链条上利益分配的比例和格局等。

机构投资者与中小投资者的分析逻辑差异是多方面的，以上我们仅仅提供了一些重要方面的论述。

（二）从投资者逻辑角度出发对改进董事会报告的建议

构建以投资者需求为导向的上市公司信息披露体系，首先必须遵守四个基本的原则，即本书第一章中提出的重大性、相关性、变化性、关联性的要求。比如对于相关性的要求，上市公司应当充分考虑并尊重投资者的投资需要，披露的内容应能够帮助投资者更加充分地理解公司未来变化的趋势，公司应重点讨论和分析重大的投资项目、资产购买、兼并重组、在建工程、研发项目、人才培养和储备等方面在报告期内的执行情况和未来的计划。通过遵守四性的要求，将以投资者需求为导向的要求落到实处。

除了四性以外，我们根据以上机构投资者和中小投资者的逻辑差异分析，提出改进董事会报告的进一步建议。

（1）在兼顾长期和短期的基础上，年报正文更加强调帮助投资者建立长期预期，年报摘要则强调帮助投资者形成短期预期看法。由于年报摘要是从年报正文中摘取的，因此年报正文披露要求长短期兼顾，而年报摘要在摘取时，重点摘取对短期预期有重大影响的内容，比如最新一年的经营计划、投资计划、在建工程的完成情况、新产品研发情况等，而对于公司长期发展战略、公司治理等在年报正文中需要详细披露和分析，而在年报摘要中可以考虑简略。

（2）年报正文应当强调披露内容的内在逻辑性，强调披露内容的完整性；而年报摘要建议强调披露公司的经营成果，以及披露导致经营成果变动的原因，即不过于强调解释与分析过程，而是强调中小投资者看重的结果与原因。

（3）在年报正文中对于揭示经营成果的财务数据的变动解释，应当要求尽量落实到非财务信息的层面，以财务数据解释财务数据往往达不到机构投资者的要求，因为机构投资者们明白，财务数据的背后是实体经济的运行，财务数据只是按照会计准则的要求披露出来的信息。我国有关上市公司信息披露的准则已经规定，MD&A“应充分解释导致财务数据变动的根本原因及其反映的可能趋势，而不能只是重复财务报告的内容”，而这些根本原因往往在非财务信息方面。

（4）应当鼓励公司披露管理层在经营管理活动中使用的关键业绩指标。可以披露指标的假定条件和计算方法以及公司选择这些指标的依据，重点讨论与分析指标变化的原因和趋势。关键业绩指标由公司根据自身特点，选择对业绩敏感度较高且公司有一定控制能力的要素而确定。

（5）年报正文中，董事会报告可以强调“充分披露”，而年报摘要中，董事会报告应更加突出决策有用的观念。由于投资者的纠错能力不同，我们建议对年报正文强调相对的充分披露，让机构投资者得到信息，发挥自我的信息解读和信息纠错的能力，而对于年报摘要建议应当强调决策有用的观念，并且强调对中小投资者的正确引导。虽然年报摘要的主要内容摘自于年报正文，但这并不表示对年报摘要的监管可以放松一些，相反可能应当更加严格，可能更要防范误导性倾向的出现。对于中小投资者的信息解读，除了常规的监管之外，还需要积极发展中介机构的指导作用。借鉴成熟市场信息披露监管秉持公平、有序、效率的理念，建议信息披露规则制订中，可以尝试在立足基本监管要求的基础上，逐渐向决策有用观转变，并且注重保护广大中小投资者的利益。

（6）根据投资者需求导向，删除冗余信息。近年来，上市公司董事会报告的内容越写越长，但投资者反映有效性信息却依然不足。包括本书第五章在内的问卷调查研究均发现，投资者普遍反映董事会报告中存在着大量的冗余信息，包括有关财务分析的内容与财务报表的内容重复，有关公司介绍的内容当中有相当部分投资者其实并不感兴趣等。我们一方面要提高年报中的有效性信息，另一方面应当减少冗余信息，提高投资者对年报解读的兴趣。

（7）建议董事会报告采用简明的标题或者语言，便于投资者阅读从而可以有效、快速地提取所需要的信息。美国等境外市场近年来有一些信息披露改进的措施值得重视，例如，采用简明英语（Plain English）规则，并持续推广，提高了信息披露的简明性与可理解性。我国有关上市公司信息披露的准则中有些董事会报告要求就写得用语不简明，导致上市公司在执行时用词更加繁复和冗长。有关这方面的建议我们在下文也将进一步论及。

五、年报正文中的董事会报告该怎么说

按照以上的建议，年报正文中的董事会报告撰写应当符合机构投资者的逻辑。由此我们从机构投资者的逻辑出发，对年报正文中的董事会报告提出更加具体的修改建议。

（一）按照投资者的分析逻辑重排经营情况回顾的内容

目前上市公司的董事会报告被要求为两个部分：一是报告期内公司经营情况的回顾，二是对公司未来发展的展望。其中第一部分又被分为以下子部分：（1）概述公司报告期内总体经营情况；（2）分析公司主营业务及其经营状况；（3）主要资产、负债和费用的重大变动解释；（4）现金流量表相关数据解释；（5）与公司经营相关的重要信息的讨论与分析；（6）主要子公司、参股公司的经营情况及业绩分析；（7）公司控制的特殊目的主体情况，对于创业板公司还要求增加报告期内无形资产重大变化的解释、公司核心竞争能力变化的解释以及研发支出等方面的解释。

对于以上“报告期内公司经营情况的回顾”的内容安排，看上去列举得比较全面，但撰写出来却并不能够符合机构投资者的分析逻辑，而且每个项目的标题笼统，不简洁，要点不突出。从机构投资者的代表者——证券分析师们的分析逻辑看，他们在财务分析的过程中依次分析了利润表、资产负债表、现金流量表，然后将这些报表的数据综合起来再分析，并在这些财务分析的基础上，探寻非财务信息的原因，比如，寻找公司内部和外部各种可能导致未来变化的因素，而预测也是从非财务的预测开展；比如，未来的市场格局、公司的营销策略，再逐步落实到财务信息的预测，而且也是从利润表的收入、成本等指标开始而扩展到所有的报表。这个分析过程为“报告期内公司经营情况的回顾”提供了一个最基本的逻辑。

因此，如果要保持“报告期内公司经营情况的回顾”原有内容不变的前提下，我们建议将这个部分的内容按照以上分析的基本逻辑重新编排，并给出简洁鲜明的标题：（1）主营业务；（2）资产与负债状况；（3）现金流；（4）竞争能力；（5）投资状况；（6）主要参控股公司分析；（7）公司控制的特殊目的主体情况。其中第一个子部分“主营业务”还可以分成收入、成本、费用、利润等几个子部分来披露，并将分部报告的要求结合于其中，比如，在披露收入时除了要求披露收入的总体情况外还要求按地区、产品披露各部分的收入情况。以上编排建议主要考虑了以下三个层面：（1）前三个项目按照投资者的分析逻辑也结合了财务报表的表达逻辑分别就利润表、资产负债表、现金流量表中投资者最关心的内容进行分析和解释；（2）“竞争能力”与“投资状况”的部分，虽然不属于某张财务报表的范畴，而且还是“着重于其已知的”信息，但是它们与公司未来的成长性和盈利能力有着密切的联系，即含有较多的未来信息，因此它们也是机构投资者特别看重的子部分，在证券分析师的业绩预测环节是被特别看重的；最后两个部分与现有制度一致，保证内容上的完整性。

在这里我们特别建议将“成本”列为单独的一个子部分来披露，而原有的制度是将成本的分析隐藏在多个子部分里，而且很不直接，往往需要投资者利用其他的数据来倒算，如果遇到上市公司的业务结构略微复杂些，投资者往往很难推算出来，由此也增加了分析与预测的风险。在本次信息披露制度的修订过程中，机构投资者反馈意见比较集中的是在对成本的披露要求上。机构投资者普遍要求披露公司报告期内成本的主要构成项目，如原材料、人工工资、折旧、能源和动力等在成本总额中的占比情况，披露可按行业分类列示，并提供上年同口径可比数据。当然有许多上市公司反映这样做可能会涉及商业秘密的泄露，因此对于涉及商业秘密的，可以要求公司仅披露占比最高或最主要的单个项目。

（二）按照投资者的分析逻辑重排未来发展展望的内容

在董事会报告的“对公司未来发展的展望”部分，《公开发行证券的公司信息披露内容与格式准则第 2 号——年度报告的内容与格式（2011 年修订）（征求意见稿）》对主板和中小板公司大致规定了四个子部分：（1）分析所处行业的发展趋势及公司面临的市场竞争格局；（2）提示管理层所关注的未来公司发展机遇和挑战，披露公司发展战略，以及拟开展的新业务、拟开发的新产品、拟投资的新项目等，同时，公司应当披露新年度的经营计划，以及为达到上述经营目标拟采取的策略和行动；（3）为实现未来发展战略所需的资金需求及使用计划；（4）遵循重要性原则披露可能对公司未来发展战略和经营目标的实现产生不利影响的所有风险因素，包括宏观政策风险、市场或业务经营风险、财务风险、技术风险等，同时公司可根据实际情况，披露已经或将要采取的详细对策和措施。《公开发行证券的公司信息披露内容与格式准则第 30 号——创业板上市公司年度报告的内容与格式（2011 年修订）（征求意见稿）》显然在内容上与前面的规定差异较大，但实际上也是分为这四个项目，而且编排的顺序也一致。

以上编排方式同样存在着缺少清晰简明的标题以及编排不够符合投资者逻辑的问题，而且还很容易出现内容重复，从而造成信息冗余。比如，第 2 个子部分要求披露“管理层所关注的未来公司发展机遇和挑战”，这方面内容很容易和第一项“分析所处行业的发展趋势及公司面临的市场竞争格局”重复，因为很多的机遇和挑战就是来自行业层面，并且这些内容也极易与后面的风险分析也重复。此外，一个子部分中还被塞入了过多的不同角度的问题，这样做往往会使投资者阅读的效率下降。又比如，第 2 个子部分中包括了机遇和挑战、公司发展战略、新年度经营计划等内容。显然这些内容都是与投资者的决策是相关的，但是它们又是属于长期和短期不同层面上的问题。

基于以上的分析，“对公司未来发展的展望”这部分建议应披露以下的子部分：（1）行业格局与趋势；（2）公司发展战略；（3）经营计划；（4）资金需求及使用计划；（5）可能面对的风险。原有制度规定的内容可以被很好地分配到这些子部分里面去。在“对公司未来发展的展望”披露中，会涉及大量的前瞻性的信息，其实仍应坚持本书第六章中提出的“以正在进行的事项的披露为主”的原则。投资行为是利用上市公司过去及现在的信息对公司未来做出判断，从而做出投资决策。因此，对于公司未来发展趋势，投资者或市场中介机构应履行自身的职责，做出自己的判断。不应要求上市公司向其加以描绘，即上市公司在年报正文中主要履行的是充分披露的义务。

上市公司在披露这个部分的时候，有一个问题是需要特别关注的，在中信证券组织的中小投资者问卷调查中发现，中小投资者有把上市公司披露的计划视做承诺的倾向，因此，董事会报告中有必要增加这样的提示：本报告中如有涉及未来的计划、预测等方面的内容，均不构成本公司对任何投资者及相关人士的承诺，投资者及相关人士均应对此保持足够的风险认识，并且应当理解计划、预测与承诺之间的差异。虽然年报正文主要面对的对象是机构投资者，但是按照公开、公平、公正的原则，年报正文是向所有的投资者公布的，为防止中小投资者的错误理解，需要增加这样的提示。

（三）内容编排还应当注意投资者关注的顺序

董事会报告除了要照顾到投资者的分析逻辑之外，还应注意投资者的关注顺序，上市公司在撰写以上每个项目时，应当将投资者最关心、最看重的内容安排在每个项目尽量前面的位置。比如，有研究表明，机构投资者在做出投资决策时最关注的财务指标依次是上市公司成长性指标、盈利数量指标、盈利质量指标，而对偿债能力指标、资产状况指标、营运状况指标、现金流量指标和利润分配指标则关注程度不是很大（周勤业、卢宗辉、金瑛：《上市公司信息披露与投资者信息获取的成本效益问卷调查分析》，2003）。如果这个研究结论是可以成立的，那么在“主营业务”的收入或者利润的分析中应侧重从成长性、盈利数量和盈利质量等方面分析。还有比如在“可能面临的风险”项目中，可写的上市公司面临的风险非常多，哪些写入哪些不写入应当按照相关性原则确定，其中对于和投资决策相关的风险，上市公司应当将投资者普遍最为关心的风险列在最前面，更好地体现投资者需求导向的原则，而不应采用宏观层面风险、行业层面风险、公司层面风险看似合理但实际没有突出重要性的顺序来撰写。

（四）对过去的回顾应重点放在重大变化及其原因的解释

对于“报告期内公司经营情况的回顾”中各个子部分的分析与解释，是面面俱到还是应当突出重点，显然，根据本书前面几篇文章的分析应当是突出重点而且是突出投资者关注的重点。那么投资者关注的重点是什么，根据投资者的分析逻辑，应当突出的是重大变化以及重大变化产生的原因解释。

由于中国的投资者主要是通过买卖价差获取收益，而价格变动与投资者对公司基本面的预期变化相关，因此投资者的分析逻辑中非常看重会导致他们未来预期变化的因素，基于投资者需求导向的董事会报告披露，应当顾及投资者的这种需求，而不是仅仅按照监管的要求披露一堆信息。在前面的分析中我们提到过，机构投资者看重长期性的预期变动，因此上市公司在年报正文的董事会报告中多披露影响公司长期发展的信息，包括长期战略规划、管理层的理念与想法、公司治理等方面的情况。

（五）未来展望需要外部环境分析，但重点应放在内部计划

在我们建议的“对公司未来发展的展望”五个子部分中，“行业格局与趋势”主要是分析和解释公司管理层对宏观经济、行业格局等方面的看法，属于上市公司的外部因素分析；“公司发展战略”“经营计划”“资金需求及使用计划”属于内部因素分析；“可能面对的风险”则是外因和内因皆有的分析。根据公司战略理论，对于外因上市公司是主导不了和改变不了的，首先只能是适应，而内部因素是公司自己可以主导和改变的，当然这种主导和改变是要根据外因的实际情况来确定的，并不是可以随心所欲的。

“对公司未来发展的展望”的披露是应当以外因披露为主还是内因披露为主，以及如何处理这两者之间的关系，理论界和投资界有着各种不同的争论。从机构投资者的角度而言，由于他们有较强的研究和分析能力，可以从很多渠道获取信息，特别是对于宏观和行业这方面的信息，机构投资者拥有自己的宏观和行业的研究团队去收集、整理和研究这方面的信息甚至对外发布宏观和行业方面的研究观点，所以他们并不依赖于上市公司来提供宏观和行业方面的信息和看法。从这个角度看，对于外部因素的披露似乎不应当成为董事会报告的重点。那么董事会报告中的外因分析的披露对投资者有没有价值呢？根据本书第三章提供的证券分析师们的反馈意见，结论是有价值的，这个价值主要体现在两个方面：一是对比上市公司对宏观和行业的分析与解释以及证券分析师们的分析与理解，在对比中获取增量信息，即如果两者出现差异，证券分析师应当研究是自己的认知有误还是上市公司的认知有误，从中获取增量信息；二是评价上市公司制定的战略与计划和外因的分析与解释是否匹配，如果不匹配意味着这些战略和计划在未来的执行中可能会遭遇折扣。因此，从机构投资者的分析需求来看，董事会报告对于外因的分析与展望，不应该着重提供其他机构的分析与展望，而是应当重点提

供上市公司自己对宏观经济、行业格局等外部因素的分析与展望，突出上市公司自己的看法。

对于战略、计划等内部情况，投资者获取的渠道主要是依靠上市公司的信息披露，这些内容往往也是证券分析师们进行上市公司调研的重点，同时也是最容易出现信息不对称的地方，《证券法》有关内幕信息的规定，几乎全部来自于公司的内部。因此，在“对公司未来发展的展望”部分，对于这些内部因素的披露应当是重点，是需要特别突出的部分，而且战略、计划等内容本身就是与公司未来密切相关的信息。当然这些战略和计划并不是上市公司的承诺，是需要机构投资者和证券分析师自己去预测和跟踪它们在未来执行的效果。

（六）回顾与展望均应尽量归因于非财务层面

事物的发展有果必有其因，上市公司在对去业绩回顾时需要指出业绩发生重大变动的原因，在对未来业绩展望的时候也必须给出可能影响未来业绩变化的驱动要素。价值投资理论告诉我们，上市公司投资价值的变动来自于基本面的变化，而财务报表只是基本面发生改变的反映。由于会计报表本身的局限以及盈余管理的作用，基本面的变化并不一定能够反映为财务报表的变化，而财务报表的变化也并不一定是基本面发生了改变。况且，财务会计理论早已研究表明，没有基本面变动的支持，如果仅仅是会计操作层面的变动，股票的投资价值不会发生变化。因此上市公司对于业绩变动的分析和展望，如果是仅仅局限于财务信息的层面，则对于投资者而言是没有太多的投资参考价值的，只有归因于非财务的基本面的分析，对于投资者而言才会有投资决策的价值。

六、年报摘要中的董事会报告该说些什么

年报摘要对比于年报正文有以下几个要求是首先应当被考虑的：一是主要数据与材料应摘自年报正文；二是逻辑上应更加满足中小投资者的要求；三是篇幅有限，必须在非常有限的空间内把需要表达的内容讲完。近来年，由于披露要求的提高，年报摘要的撰写也是篇幅越来越长，使得印刷出来的报纸也越来越厚，不仅增加了上市公司的披露成本，也不符合当前的环保精神。在本次年报披露制度修订的过程中，有许多投资者提出建议，能否把印刷出来的年报摘要压缩在一张 A4 纸大小的篇幅，这样既有利于他们的阅读、携带和保存，同时也有利于券商汇编上市公司的年报摘要印刷成册后散发给中小投资者，发挥中介机构的作用。根据以上的情况，我们对年报摘要当中的董事会报告尝试提出以下改进的建议。

（一）对过去的回顾应更加精简于近期的重大变化及原因的解释

由于篇幅有限及中小投资者接受信息的能力有限，年报摘要对过去的回顾必须语言简略且又要能够与中小投资者的信息需要相适应，因此披露的重点应更加侧重于重大变化与原因的解释，即更加突出四性原则的重大性原则，以使有限的空间内提供尽量多的有用信息。相对于机构投资者，中小投资者同样关注于价格的变动，而且对信息的需求也主要集中在影响价格变动的关键点上，而且对信息的全面性要求也并不像机构投资者那样高。

对于非财务信息的披露，建议主要围绕着与公司经营状况紧密相关的市场份额、市场排名、产能、产量及销量、销售价格等信息，尽量选择当期重大变化的情况进行讨论。

（二）对未来的展望应更加侧重新年度的计划

相对于机构投资者而言，中小投资者获取、分析和辨别宏观经

济、行业格局等外部因素的能力较弱，而且也比较关注于短期的预期，上市公司可以在未来展望部分适当披露公司自己对外部因素的分析和解释，但这些内容不应成为年报摘要中的重点，况且这些内容一旦展开往往篇幅很长，中小投资者对这些方面的认识可能更多的应当借助于独立的证券研究机构。

在“对公司未来发展的展望”这部分，公司应根据年报内容，重点披露新年度经营计划，正如前文所述，这些计划是与投资决策密切相关的，无论是中小投资者还是机构投资者都是非常看重的部分，而且上市公司几乎是这方面唯一的信息发布渠道，而且这些信息与短期预期高度相关。当然，在年报摘要中同样应当提示投资者不应把计划视做承诺，针对于中小投资者问卷调查研究的现状，这也是必不可少的。

从问卷调查的结果看，相对于机构投资者，中小投资者对信息的体系性要求相对较低，对事件性的信息需求较大，特别是对未来更加关注会影响公司的重大事件。因此，建议在对公司未来展望的部分，还应重点要求披露涉及公司的重大事项，从年报正文中可以摘录到的重大事项应当包括（但不限于）：（1）披露尚未竣工的募投项目；（2）在手重要合同与订单情况；（3）在重要客户/供应商发生变动时，建议提示风险和披露公司对策；（4）披露有效的股权激励计划；（5）披露公司重要担保、质押、抵押等事项的基本内容；（6）披露预计负债、未决诉讼等重大不确定事项的最新进展和公司采取的措施。

（三）主要业绩指标应根据投资者的关注程度调整排序

目前的年报摘要同样规定上市公司需要披露一堆具体的财务数据，并且对财务数据按照规则制定者所理解的逻辑排列。建立以投资者需求为导向的信息披露体系，实际上要求这些财务数据应当按照投资者理解的逻辑和他们关注的程度排列。

比如，在第30号准则（2011修改版）（征求意见稿）中，对于董事会报告中的“会计数据和财务指标摘要”部分的规定（如表9-2、表9-3所示）。

表9-2　　董事会报告中的主要会计数据

	××××年（T年，即本年）	××××年（T-1年）	本年比上年增减（%）	××××年（T-2年）
营业收入				
利润总额				
归属于上市公司普通股股东的净利润				
归属于上市公司普通股股东的扣除非经常性损益的净利润				
经营活动产生的现金流量净额				
	××××年末（T年，即本年末）	××××年末（T-1年末）	本年末比上年末增减（%）	××××年末（T-2年末）
总资产				
所有者权益（或股东权益）				
股本				

表9-3　　董事会报告中的主要财务指标

	××××年（T年，即本年）	××××年（T-1年）	本年比上年增减（%）	××××年（T-2年）
基本每股收益				
加权平均净资产收益率				
扣除非经常性损益后的加权平均净资产收益率				
资产负债率				
每股经营活动产生的现金流量净额				
	××××年末（T年，即本年末）	××××年末（T-1年末）	本年末比上年末增减（%）	××××年末（T-2年末）
归属于上市公司普通股股东的每股净资产				

现在的问题是中小投资者是否关注这些指标以及按照怎样的逻

辑和顺序关注这些指标？从中信证券基于问卷调查而完成的本书第五章的情况看，就“最重要的财务数据”单项排序，44%的中小投资者选择“每股收益”，11%的中小投资者选择“每股净资产”，其他指标普遍分布在1%～7%，其中“扣除非经常损益净利润”“总资产周转率”和“研发投入占营业收入比例”仅占1%。若以“重要性”为权重（由高至低分别赋予10～1的权重）加权计算，每股收益仍是最受关注的财务指标，但是重要性已大幅下降到14%；每股净资产排名第二，占比基本不变，为12%；而资产负债率的关注度则上升10%。显然，对于财务数据的列报顺序应当考虑中小投资者的关注顺序。基于以上分析，建议将以上两个表格合并从而简化摘要的内容，并且按照表9－4顺序列示。

表9－4　　董事会报告的简要摘要内容

	××××年（T年，即本年）	××××年（T－1年）	本年比上年增减（%）	××××年（T－2年）
营业收入				
营业成本				
归属于上市公司普通股股东的净利润				
经营活动产生的现金流量净额				
期末总股本				
每股收益				
每股净资产				
净资产收益率				
资产负债率				

（四）删除冗余信息，帮助中小投资者提高阅读效率

前面分析中我们提到，年报摘要应当体现较多的决策有用的原则，在非常有限的篇幅中尽量多地提供决策有用的信息，而不是要

求面面俱到。目前，无论是年报正文还是年报摘要当中都存在着较多冗余信息，这个问题对于年报摘要来说更需要尽快解决。

七、总结

近年来，上市公司定期报告中的董事会报告越来越受到投资者的关注。为提高信息披露的有效性，对于董事会报告我们需要考虑在报告中写些什么以及怎么写的问题，基本的解决思路还是应当坚持以投资者的需求为导向，这是解决大部分上市公司信息披露问题的最基本原则。

关于董事会报告如何撰写我们还有几个问题曾经进行过研究和讨论，但是由于没有结论或者建议，因此本章没有提及，希望在以后的研究中可以进一步探讨：一是 MD&A 被分割成回顾与展望两大部分，这样做是否会导致对某些重点事项的分析前后割断？比如在回顾当中有对收入的分析，在展望当中也会有对收入的分析，然而证券分析师们的工作实践表明，他们对收入的分析和预测是连贯完成的；二是投资者普遍看重成长性，因此董事会报告要求将财务数据按照某种形式排列，以反映成长的趋势，然而问题在于将历史数据按某种数据排列是否可以帮助投资者形成对未来成长性的判断，而且这种判断是否可以更加准确？证券分析师的工作实践表明，他们并不从过去数据的成长趋势来预测未来。最后本章还存在一个比较大的遗憾，我们对机构投资者分析逻辑的了解，还只能通过对几家颇具影响力的投资机构和研究机构的交流中获取，没有进行大样本的统计分析，更进一步的科学研究还有待于今后的改进。

从以上分析我们也可以看到，董事会报告的撰写要求会随着投资者解读信息的能力提高以及资本市场的发展而被不断地提高要求。从长期来看，董事会报告的撰写要求不是一成不变的，也没有一个完全完美的境界，但是以投资者需求为导向的原则应当被长期地保持下去。

参考文献

[1] 李常青、施东晖、王毅辉、张凤展、李锋森、钟娟、陈来标：《上市公司定期报告“管理层讨论与分析”披露研究》，上证联合研究计划第十四期课题，2005。

[2] 周勤业、卢宗辉、金瑛：《上市公司信息披露与投资者信息获取的成本效益问卷调查分析》，载《会计研究》，1997（5）。

[3] 楚天舒：《中外上市公司年报信息披露模式比较研究》，深证综研字第 0131 号，2006。

[4] 黄世忠：《上市公司会计信息质量面临的挑战与思考》，载《会计研究》，2001（10）。

[5] Beyer, A., et al., “The financial reporting environment: Review of the recent literature”, *Journal of Accounting and Economics*, 2010, 50 (2-3): pp. 296-343.

[6] Fan, J. P. H. and T. J. Wong, “Corporate ownership structure and the informativeness of accounting earnings in East Asia”, *Journal of Accounting and Economics*, 2002, 33 (3): pp. 401-425.

[7] Jiang, G., C. M. C. Lee and H. Yue, “Tunneling through intercorporate loans: The China experience”, *Journal of Financial Economics*, 2010, 98 (1): pp. 1-20.

[8] Li, F., “The information content of forward looking statements in corporate filings - a naive Bayesian learning approach”, *Journal of Accounting Research*, 2010, 48, 1049-1102.

第十章

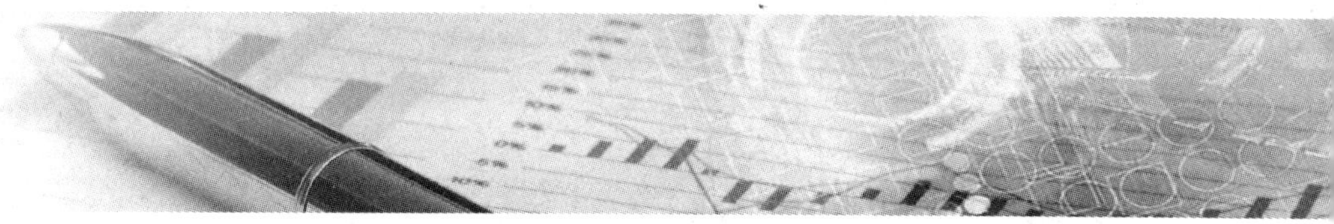

如何提高上市公司年报披露的决策有用性

第十章　如何提高上市公司年报披露的决策有用性

从国际经验来看，无论是在业界还是理论界，“决策有用性”业已成为股票市场中上市公司信息披露的重要目标。股票市场建立以来，监管模式主导的信息披露主要以公平、充分和可靠作为信息披露质量的主要标准，这在股票市场建立初期对于上市公司信息披露乃至整个市场的规范发展起到了积极作用；但随着股票市场愈加壮大、投资者渐趋成熟、信息披露愈加规范的背景下，年报的供给与需求之间矛盾越来越多，这就要求我国年报信息披露应朝着“决策有用性”的角度来考量年报披露制度。目前，“相关性、重要性和可理解性”是提高年报决策有用性的重要质量标准，与之相应年报中的财务信息和非财务信息的披露应在相关性、充分性和前瞻性的角度有进一步的提高。

一、决策有用性是年报披露的重要目标

（一）决策有用性是财务会计报告的重要目标

财务会计实质是一个信息系统。这个系统输出的信息以及使用者需要何种信息，决定着信息系统的输入、运作和输出的方向。因此，目标对财务会计系统来说十分重要。过去，财务会计主要是为经营者向所有者报告资源经营的受托责任；现在，上述目标已被向财务报告使用者提供对决策有用的信息所取代；当然，对决策有用

的信息仍包含报告受托资源经营责任的信息。

最早可追溯到1968年鲍尔和布朗（Ball and Brown）的诸多会计实证研究证明了证券市场的价格确实并且至少能对会计信息做出反应，会计信息可以帮助投资者估计股票价格和风险。这种将有用性等同于信息含量的观点，被称之为财务报告的信息观，从1968年起这种观点逐渐在财务会计理论和研究中占据了统治地位，财务报告的信息有用观也逐渐被主要的会计准则制定组织所采纳，现代财务报告的重要目标是决策有用性。

这一观点在美国财务会计准则委员会（FASB）和国际会计准则理事会（IASB）的概念框架中早已表明。如美国在其财务会计概念框架第1号中指出："财务报告应对现在和潜在的投资者、债权人和其他使用者做出合理的投资、信贷及类似决策提供有用信息；应提供有助于使用者评估企业现金流量前景的信息；应提供关于企业的经济资源、对资源的要求权以及使资源要求权发生变动的信息。"IASC（IASB的前身，国际会计准则委员会）在1989年发布的《编报财务报表的框架》中指出，"财务报告的目标是提供一系列有助于使用者做出经济决策的、关于企业财务状况、经营业绩和财务状况变动的信息"。我国在2006年2月颁布的《企业会计准则——基本准则》第四条中也指出："财务会计报告的目标是向财务会计报告使用者提供与企业财务状况、经营成果和现金流量等有关的会计信息，反映企业管理层受托责任履行情况，从而有助于财务会计报告使用者做出经济决策。"

（二）年报是财务会计报告中最重要的信息披露载体

总体而言，上市公司信息披露主要分为定期报告和临时报告两大类，定期报告包括年度报告、半年度报告以及第一、第三季度报告。临时报告的内容和形式较为广泛，包括较为常见的股东大会、董事会、监事会决议公告，以及重大事项的公告等。而年报则是众多信息披露载体中最为重要的财务报告，这是因为年报不仅披露了年度经营成果、财务状况以及变动等重要的历史财务数据，使投资者可以了解全年的经营情况，做出相应的调整；更为重要的是，年报中还对经营环境的变化、公司未来计划等非财务信息进行了披露，提供了基于会计准则而产生的表内信息及报表附注无法提供的信息，满足了投资者对信息相关性和前瞻性更高的要求，这有利于投资者对公司的未来做出前瞻性的预判，有新的信息含量。这也是为什么年报公布前后股价有波动的原因，因为这是投资者预期调整的一个过程。

周勤业、卢宗辉、金瑛（2003 年）的调查问卷显示上市公司认为其临时报告对股价的影响程度一般，投资者普遍认为在对投资决策极重要的公开信息项目中，年报得分最高，中报则位列对投资决策较为重要的公开信息项目首位。而定期报告中的会计数据、财务指标、业务数据、股本变动情况以及年报中的董事会报告、经营情况回顾和展望等事项依次被投资者认为最重要。财务指标中，投资决策时最关注公司成长性指标、盈利数量指标和盈利质量指标，而对偿债能力、资产状况等指标关注程度不大。该调查问卷一方面证明了财报信息的有用性，另一方面也说明作为信息披露最为全面的年报的重要性。

二、我国年报决策有用性评价

（一）会计信息的质量特征框架

要实现财务报告的目标，为财务报告的用户提供决策有用的信息，如何确保会计信息质量，使会计信息达到一定的品质要求是一个关键问题。而会计信息的质量要求，是由会计信息应该具备的质量特征决定的。图 10－1 展示了由美国财务会计准则委员会

（FASB）设计的会计信息质量特征框架（FASB，1980）。

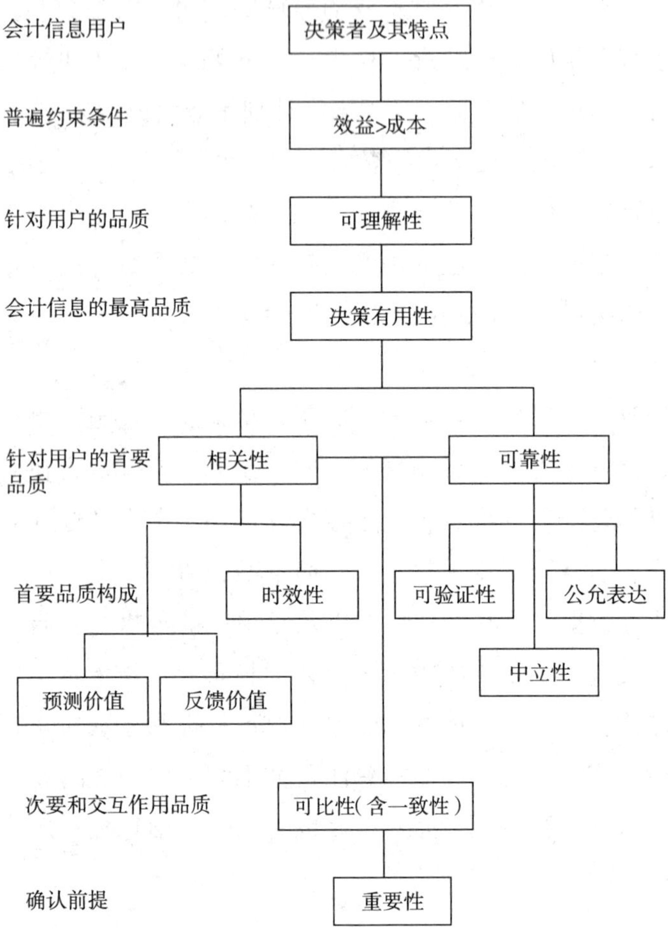

图 10－1　FASB 设计的会计信息质量框架

只有对用户的决策有用，财务报告才能显示出真正的价值，这是由财务报告目标所决定的。会计信息是否有用取决于这些用户能否理解这些信息，所以"可理解性"或称"易懂性（understandability）"成了决策有用性（decisionusefulness）必要的一个前提。而"决策有用性"是会计信息质量的最高标准，统驭其他质量要求，也是会计信息质量在总体上应把握的目标。由于概念较为笼统和抽象，因此决策有用性更多地被定位为信息披露目标，需要一些具体的质量要求加以保证。

财务报告信息的首要质量要求由相关性和可靠性组成。相关性（relevance）顾名思义，是指所提供信息应与决策活动相关。若所提供信息能够帮助决策者选择更佳的方案，改变决策能力，避免不必要的投资风险等，那么该信息就具备了相关性品质。我国企业会计准则提出的“企业提供的会计信息应当与财务会计报告使用者的经济决策需要相关，有助于财务会计报告使用者对企业过去、现在或者未来的情况做出评价或者预测”即是这类要求。信息的相关性又由预测价值、反馈价值和时效性三个因素组成，即所提供信息要及时地能够帮助用户预测未来现金流等可能的结果，又能够证实或更正过去决策时的预测值。可靠性（reliability）是指确保信息能免于错误及偏差，并能忠实地表达所要表达的现象或情况。信息的可靠性由公允表达、中立性和可验证性三个因素组成。

可比性（一致性）和重要性构成了财务报告信息的次要质量，即有重点的、提供可比的信息能够进一步提高信息质量，效用自然也更大。

（二）我国强制性信息披露模式需主动调整以提高信息决策有用性

在立法与监管领域，各国虽然都规定了若干信息披露的基本原则，但却不尽相同。我国《企业会计准则》历来认为会计信息质量应当包含真实性、完整性、相关性、明晰性、一致性、可比性、重要性、谨慎性、实质重于形式等信息质量要求。自1993年中国证监会出台《公开发行股票公司信息披露实施细则》至今只有近20年的历史，但已建立了一套包括法律、行政法规、部门规章和自律性规则在内的信息披露监管体系，这套体系比较明显地体现了我国现行信息披露监管模式——政府监管为主、行业自律和社会监督相结合的特征，“真实、准确、完整、及时、公平”是我国传统信息披露监管的质量标准。政府监管的重点是强制性信息披露，在证券市场发展的某一阶段，这种模式对确保信息的真实性、公平性等发挥了重要作用。但它也有一些固有特点，即信息披露政策带有较浓厚的政府监管痕迹，但上市公司处在一个复杂和变化的环境中，强制性信息披露在主动适应性方面略显僵化，必须进行相应调整以提高信息披露的决策有用性。

目前，提高信息披露的决策有用性业已成为一种趋势，而我国实行决策有用性为导向的信息披露机制也具备了一定的条件。一方面，资本市场规模不断壮大，投资者越来越专业和成熟。加大直接融资比重奠定了股票和债券市场不断壮大的基础，因此，无论是中小投资者还是专业的中介结构，对于信息披露以及信息质量的要求越来越高，年报的主要目标也将倾向于为投资者提供有效信息，这奠定了年报披露决策有用导向的用户基础。另一方面，经过前期信息披露监管主导模式阶段，我国的年报信息披露质量在及时、完整和公平性方面有了一定的基础，目前应该更进一步提高相关性、重要性等信息披露质量，以提高信息披露的决策有用性。

（三）提升相关性、重要性和可理解性可进一步提升信息披露质量

陈华敏（2010）通过历年数据分析和深交所的问卷调查，发现上市公司信息披露的真实、准确、完整、及时、公平性有明显提高，监管的积极作用已经显现。但是，我国上市公司信息披露有效性仍存在明显不足，存在一些完善空间。根据问卷调查结果，归结为投资者的决策相关性和信息披露的重要性、准确性、及时性、完整性、可理解性仍有待提高。主要表现为：（1）有效信息含量不足的问题突出，仅有 32% 的调查对象认为年报、半年报有效信息含量大于 70%；（2）89.05% 的调查对象认为存在重复披露问题；（3）对董事

会报告不满意度最高，超过半数调查对象认为经营情况的回顾、对公司未来发展的展望、募集资金的使用情况、非募集资金的使用情况的信息披露不充分等。结果显示，目前，投资者对冗余性的容忍度还可以，但对信息披露充分性不足的不满度很高。

因此，我们认为信息决策有用性取决于信息有效性，而信息有效性就要求提高信息披露质量，较高的信息披露质量要求上市公司在信息披露时要遵循真实性、完整性和及时性三项基本原则，同时应进一步提高对相关性、重要性和可理解性的信息披露质量，这也是评价年报决策有用性需要遵循的。

从我国实践看，资本市场的发展处于初级阶段，强制性披露长期围绕真实、准确、完整等导向，以查错纠弊为主，还未发展到面向“决策有用观”，因此，对相关性、可理解性、及时性等要素的重视程度还不足。综上所述，除了上述三项基本原则之外，应在年报披露规范中充分强调年报披露有用性的原则，让公司有意识、有选择地选取重要事项和相关事项来充分披露，这是上市公司提高年报信息决策有用性的基本指导。我们认为年报披露至少应遵循以下几个原则。

1. 相关性原则

年报披露过程中披露事项的选取不能根据公司的自由选择，而应该尊重和按照投资者的需求来选择，披露的内容应能够帮助投资者更加充分地理解公司未来变化的趋势，有助于其进行投资决策。

2. 重要性原则

即选取对投资者重要的相关信息进行披露，避免繁复、空洞的流水式叙述，避免“以小掩大”的情况出现。

3. 可理解性原则

这就要求上市公司在年报信息披露过程中，一方面，要避免冗余的叙述性陈述，删繁就简，有助于投资者理解重要的、相关的事项，另一方面，也需要对于结构和层次，甚至披露平台重新调整。

三、如何提高上市公司年报披露的决策有用性

鉴于年报决策有用性逐渐被学界、市场、监管者公认为是未来信息披露的主要目标和方向，那么针对年报披露中仍存在的一些不足，从投资者需求角度来进一步完善年报披露规范应是一个较为合理的举措。而证券分析师作为专业的研究人员，是年报信息的重要使用者和解读者，是沟通上市公司与投资者的桥梁，是信息集散的中介，分析其年报信息需求有助于完善年报信息披露规范。

结合证券分析师的信息需求，我们建议从以下几个方面完善年报披露规范，以加强年报披露的决策有用性。

（一）财务信息：更充分

目前的规则对于年报财务信息的披露过于笼统，应进一步细化，并应遵循重要性和相关性原则，对于业绩相关的重要事项进行披露和分析，删繁就简，避免填空式、避重就轻地披露。如在主营业务的披露方面，可以更加充分，如将主营业务的利润构成包括收入、成本、费用、研发及现金流量等重要相关项目进行重点披露，让投资者对于细节及风险的把握更加充分。

从证券分析师的角度来看，分析师较多利用财务信息进行盈利能力、资本状况和现金流情况的分析，而且非常需要对收入、成本的拆分分析。

1. 盈利能力

分析师对于收入、成本、费用的拆分非常关注，因此对于盈利能力的披露，不能仅停留在整体收入和利润等方面，而应该依据一定的标准对收入和成本进行拆分和分析，如按照产品种类、品牌系列或者区域分布等，这样才能让投资者进一步掌握公司的成长性；

同时对于费用按性质分拆也可进一步增强投资者对于费用的可预测性。此外，在公司业务调整时，追溯历史信息是分析师研究工作的难点。因此，上市公司若有业务的调整和变化，应该提供具可比性和一贯性的历史信息，帮助证券分析师把握发展趋势，更好地消除公司内部经营和外部投资者之间的信息不对称。

2. 资产状况

从需求来看，证券分析师对资产状况有多方面的需求。例如，对存货占比较大的公司，证券分析师希望了解存货价值重估或变现能力的问题；对应收账款占比较大的公司，证券分析师希望了解公司收账能力和坏账比例；对控股型企业，证券分析师希望了解各子公司的业务进展和协同效应；对于重资产行业，证券分析师希望了解固定资产投资的进展和资金压力问题；对轻资产行业，证券分析师希望了解研发费用资本化的进展和涉及项目等。证券分析师的需求繁多，而上市公司由于自身业务特点，可能在少数几个科目上有明显特点，这也是需要上市公司自己主动说明和管理的。因此，上市公司在披露资产状况时，不能仅限于披露各会计科目的额度，而是更应该注重对于诸如存货跌价准备、应收账款坏账计提、固定资产投资进展、研发进展等情况的说明和预测。

3. 融资能力

从需求来看，证券分析师需要了解公司的债务构成和偿付能力，需要了解公司在银行体系的信用状况，需要了解公司是否符合监管机构的各项监管要求。当然，融资能力作为企业扩张的重要影响因素，可能涉及商业秘密，上市公司对此类项目的披露可能有所保留。

4. 现金压力

从需求来看，证券分析师需要了解公司如何满足扩张过程中的现金需求，例如应收和存货增加新增所占用现金的需求，在建工程的需求等，以及公司在应对突发事件的现金储备能力。上市公司的现金流量表是具有额外信息的报表，可以成为公司丰富信息披露的重要手段。

（二）财务信息：更相关、更前瞻

目前的年报披露的财务信息过于形式化，我们发现年报中的财务信息披露格式大同小异：收入、成本、费用、毛利率、分产品和地区盈利情况等，并不能体现公司之间、行业之间、板块之间的差异性，形式更重于实质。因此，我们建议在披露财务信息时应该更加强调相关性。

这里的所谓相关性有两层含义，一层含义是与业绩直接相关的利润表项目，披露的财务信息对于推导和预测公司业绩有着较强、直接的关联性，这里既包含收入、成本、费用、所得税等利润表项目的披露，也包括对于收入、成本前端的分析，即上市公司应该披露收入、成本、费用等项目的结构和变化。举例来讲，可以进一步将收入拆分，以进一步详细体现公司产品乃至整体业绩的成长性，再往前推则是披露产品的量、价关系，即收入的来源，以帮助投资者判断未来的量价走势；同理，对于成本来说，可以进一步披露成本中的人工、原材料、制造费用等占比情况，未来是否有可能改变成本结构，或这些成本构成的走势预测。

相关性的另一层含义则指应重点披露和未来业绩有关的非利润表项目。如在资产负债表中，在建工程较固定资产更具未来信息含量，即与未来业绩更为相关。原因很简单，固定资产意味着业已投入使用的，其能够带来的产能业已反映到市场和投资者的预期中；而在建工程则意味着未来投入使用的，其信息可能并没有反映到市场和投资者的预期中来，尤其是对于其进展、投入规模披露不详的公司而言，投资者只能自己臆测，或者难以判断，无形中增加了信息不对称程度。从这个角度来看，预收（预付）账款一定程度上较应收（应付）账款更有信息含量，因为预收、预付账款意味着未来待确认的收入和成本，一是和公司订单有关，有利于预测未来业绩，二是公司对其的操控性更强。因此建议上市公司应重点披露和未来业绩相关的财务信息，这些不仅限于利润表项目，还包括资产负债表、现金流量表的一些项目。

（三）非财务信息：更充分

鉴于公司非财务信息的重要性，应该进一步强化非财务报告信息的披露，提高其前瞻性，这尤其体现在董事会报告部分，从调查问卷的情况来看，董事会报告部分是投资者最为关注也是最不满意的部分，这意味着董事会报告部分的信息披露具有较大的改善空间。

2001 年我国开始引进“管理层讨论与分析”制度，并在董事会报告部分代替了原来的经营情况回顾与展望。但就目前披露的现状而言，该部分偏重于对于历史情况的回顾，而对未来的展望，包括公司经营计划、行业发展趋势等一带而过；对于财务数据的绝对值披露较为详细，而对于历史变动的分析和解释语焉不详。总体而言，该部分流于形式，内容较为空洞，缺乏投资者更需要了解的前瞻性信息，我们认为应从以下几点予以完善。

1. 完善行业分析

行业属性深刻影响着公司的发展战略和路径，尤其是在创业板市场中，高、新行业将成为未来市场中的主流，这些行业可能不同于成熟行业被投资者所熟悉，因此创业板年报中更应注重行业分析。而行业分析也是证券分析师对企业进行分析的前提，完善细致的行业梳理是公司分析成功的第一步。根据证券分析师的需求，上市公司应披露所处行业的发展阶段、周期性特点以及行业产品价格和成本的变化趋势，以正确评估收入成本变化趋势，以修正盈利预测和预期。

2. 完善竞争格局分析

在我国新兴加转轨的背景下，竞争格局分析非常重要，尤其在创业板市场中，上市公司往往是新兴行业，正处于成长期或发展期，竞争格局日新月异，宏观政策、人力资源流动、新商业模式等的出现都可能成为改变行业竞争格局的推动因素。而这些往往不是外部投资者或证券分析师能够感知到的，因此从投资或者说证券分析师的需求角度来看，上市公司应完善竞争格局的分析，就公司在该行业中的市场份额、排名、产品竞争力，乃至行业牌照等信息进行充分披露。若有可能，上市公司应对竞争对手的情况做出介绍和分析，这样有利于证券分析师掌握行业乃至公司的核心竞争力，以及了解行业的竞争模式，如是同质竞争还是差异化竞争等。

3. 完善上下游分析

议价能力或定价能力是一个上市公司的核心竞争力之一，具有议价能力的公司往往对于上下游有着一定的话语权，能够保证毛利率提升或者成本转嫁，这样的公司具有较高的成长性；反之，缺乏议价能力的公司则意味着沦为上下游中的配角，这样的公司优势并不大，需要改变发展战略。而议价能力的分析不仅需要对该行业发展趋势、竞争态势有所了解，同时应对上下游也应该进一步分析。从证券分析师需求的角度，上市公司应该披露或者分析对上下游的议价能力，以及对上下游行业进行分析和展望。其中可能会涉及订单情况，如果是已经完成的并对未来有重大预测意义的订单，上市公司也应该进行披露和分析；当然对于仅有合作意向的订单，公司可根据不同情况予以自主披露。

4. 完善战略分析

对于投资最为重要的是预测未来，而对于企业未来最为重要的则是企业战略规划。目前，只有在公司上市之初在招股说明书中有对公司战略相对详细的描述，上市之后的定期披露中并未对其进行着重披露，投资者并不了解公司战略是否业已调整或者改变，也不了解公司的战略实施进展情况如何，是否会对某些战略举措进行微调，完成战略的手段有哪些都不为所知，或者在年报披露里一笔带过。因此，建议上市公司在定期报告中详细披露公司未来3～5年的战略规划目标、策略、进展等情况，便于投资者对于未来有着较清晰的认识和判断。

（四）非财务信息：更相关

年报中披露的会计信息多为历史数据，投资者固然可以根据历史情况来预测未来，但历史数据难以反映未来的变化，尤其是在宏观经济、行业政策和经营战略发生变化的时候，因此历史数据的相关性较弱。然而有些非财务信息对于未来的信息含量则较高，建议增加这方面的披露和说明。

1. 强化订单等销售类合同情况的披露

增加和收入直接相关的订单和销售类合同情况的披露，订单和合同是决定销售收入的直接因素，这尤其是在制造业中，很多类企业都是“以销定产”，订单一旦确认，收入也往往在一定时期内会被锁定，所以建议作为订单或销售类合同收入占比较大的公司对订单情况进行披露。尤其是大客户比较固定的公司，需要对其进行细化披露，这样的订单披露不仅能够反映公司未来的收入情况，同时也能够让投资者判断客户粘性、增长空间和瓶颈等关键信息。当然，对于披露订单的选择需要公司进行筛选，对于确定、可靠的订单需要披露，对于意向型订单可以选择披露但需要披露风险或者不确定性等情况。

2. 强化对研发情况的披露

由于受到会计准则的限制，公司资产负债表中“无形资产”一般仅包括土地使用权，购买的办公、财务软件以及并购形成的商誉。企业的很多无形资产无法在财务报表中反映出来，这尤其对于创业板中的科技类公司，无形资产可能对于这类公司至关重要，是该类公司成功的关键因素，但因为受制于会计准则而无法可靠确认和计量。因此，建议对于公司的研发情况予以披露，公司需要选择对于公司成长和战略有重要意义的研发情况进行披露，有些公司则是披露了很多品牌或者无关紧要的专利情况，不仅不利于投资者对无形资产进行判断，反而占用大量篇幅和时间来解读，大可不必，因此披露研发情况还需根据重要性原则有选择地进行披露。

3. 强化对于人才储备的披露

人才往往是公司竞争力的核心所在，无论是对于高管还是核心技术人员而言，人才储备不仅是目前真实情况的表现，更多的是关系到未来公司的长期发展，投资者往往会根据核心人员的增长来判断未来公司的发展规模或者战略意图。因此，对于人员情况需要详细加以披露，其中包括了高管人员、核心技术人员或者核心市场人员等。尤其是科技类公司中，技术人才储备至关重要，关系到企业的研发、核心竞争力的保持等，因此在人才披露方面不仅要披露其简历，也要对人才的地位、人才流失的影响给予预估。

4. 对于并购、投资等情况进行重点披露

公司的成长过程中一般都要伴随着市场份额的扩大，市场份额的扩大无非来自两个方面，一是自建，二是兼并收购，对于这两个方面企业都要给予充分披露。公司上市之初往往在招股说明书中对于募投资金投向或者在建项目的披露较为充分，但在后续年报中的披露则是一笔带过。在我国募投资金项目变更、延迟等情况频繁出现，究竟是何原因往往不得而知，或者公司仅是只言片语，投资者难以判断真实情况。因此，建议公司在年报中需要对募投项目的进展、是否变更、变更原因、变更后对公司未来业绩的影响等进行详细测算和披露。并购对于公司而言是扩张的良机，同时也有可能吞下失败的苦果，因此对于并购计划的披露，以及并购项目的效益、方式等应进行及时、充分的披露，因为这不仅关系到未来业绩的变化，更是公司战略的延伸，通过并购项目可以让投资者更多地了解到公司的战略意图以及进展。

5. 鼓励上市公司选取关键指标加以披露

关键业绩指标（KPI）能够揭示公司成功的关键因素或业绩驱动要素，在内部对于公司战略的有序实施、管理层业绩考核非常重要，而对于投资者而言，关键业绩指标也是外部人了解公司战略及其实施情况、判断公司业绩表现的关键因素。对投资者而言，如果能够获得上市公司的 KPI 信息，意味借助一套精练的指标就能识别并评估判断公司战略的驱动因素及其实现的程度、可能性。在国际上，很多组织和国家在对 KPI 的要求体现在 MD&A 的规范中。相对而言，我国目前对 KPI 披露上没有较为明确详细的规范。整体而言，我国上市公司 KPI 的披露尚处起步阶段，披露较为薄弱。要么很少公司披露 KPI，即使已披露的公司，所涉及指标亦寥寥无几；要么披露的 KPI 业绩指标缺乏战略关联性，或选择 KPI 指标的理由并未阐释清楚，导致 KPI 的应用效果大打折扣，投资者不能透过 KPI 了解企业的战略进展、未来业绩预测等。

因此，应鼓励和提倡上市公司在年报中选取并披露 KPI 指标，并需满足两个条件：一是要和公司战略相关联。由于公司所处行业、发展阶段各不相同，因此 KPI 并不能通过制定统一的指标来进行披露，这就要求公司选取 KPI 指标时根据公司战略的制定，选择关键 KPI 指标进行披露，即 KPI 指标与战略直接挂钩，可以通过 KPI 指标来跟踪和判断战略的实施情况。二是要可靠，即可验证。公司在选取 KPI 指标进行披露时，需要说明对 KPI 的选取理由、计算方法、数据来源等进行披露，以便投资者能够进行跟踪和验证。

（五）非财务信息：更前瞻

1. 加大对业绩预测及业绩预测准确性的要求

从证券分析师的需求来看，需要获得企业对未来业绩的预期，进而做出投资决策和其他决策。事实上，很多公司已经对半年期或一年期的盈利进行了预测，但预测依据并未进行充分披露；针对这一点，上市公司应该结合宏观政策、行业趋势以及公司的竞争力对未来1~3年进行预测，并充分披露预测依据。当然，上市公司的盈利预测并不等同于业绩“承诺”，这一点需要明确说明，同时对于盈利预测的逻辑和依据进行充分的说明也有利于投资者根据自己的判断来进行预期修订，这实际上更有利于公司对盈利预测予以承诺免责，因为在充分披露的数据中至少要讲清楚业绩驱动的核心变量以及变化趋势，反而有利于投资者进行自主判断和风险自担。

同时，为了避免上市公司过于高估或低估盈利预测，应该对其精确度进行一定的限制。例如，在实际经营业绩低于或高过盈利预测20%的情况下，公司必须进行详细说明原因，如果盈利预测超过50%，并且不是由于不可抗力造成，那么应该对公司进行一定的惩罚措施，这样才能在客观上约束上市公司通过盈利预测来进行市值管理。

2. 强化对风险的披露

“重庆啤酒”事件使得投资者对于投资风险有了更加清晰的认识和需求。目前对于风险的披露往往流于形式，揭示不够全面。一般在招股说明书中，公司披露的风险基本在十条左右甚至更多，但上市后的年报中披露则相对较少，往往是蜻蜓点水，对于风险一带而过，有的公司仅仅披露二三个风险因素，个别公司对风险的披露予以回避或淡化，如选择风险因素影响较小的业务活动、受外界不利影响较小的业务进行披露。同时，公司对风险因素的讨论也不够深入，没有结合自身业务及公司所处行业特征进行客观、具体的分析，甚至连风险是什么都缺乏必要的说明。总体而言，年报对于风险的披露内容“模板”化、缺乏信息含量，风险披露重数量而轻实质，有拼凑内容之嫌。

因此，我们建议强化对风险的披露，其中不仅要包括宏观经济基本面的变化对于公司经营的影响，还要包括研发失败、人才流动、募投项目不及预期等对公司业绩有重大、直接影响的风险点的披露；不仅要对于风险事件有明确的表述，还要对其不确定程度进行预判，以及对于业绩的影响具体化、量化。这样才能够让投资者对风险有清晰的认识和判断。

参考文献

[1] 周勤业、卢宗辉、金瑛：《上市公司信息披露与投资者信息获取的成本效益问卷调查分析》，载《会计研究》，2003（5）。

[2] FASB："Statement of Accounting Concept No. 2：Qualitative Characters of Accounting Information"，May，1980.

第十一章

数字之外投资者还需要叙述性信息披露及综合报告

第十一章　数字之外投资者还需要叙述性信息披露及综合报告

本章先论述我们对上市公司信息披露当中叙述性信息披露的看法，然后再对综合性报告进行分析，旨在对上市公司如何做好这两项工作给予帮助和指导。

一场金融危机引发了全球对财务报告前所未有的关注；企业报告也因此步入转型期，以满足报告使用者不断变化的需求。人们要求扩大报告的披露范围，并使用多样化的报告传达方式；叙述性报告就此出现，一系列非财务信息的披露亦层出不穷；公司策略、风险管理、公司治理、董事酬金、企业环境及社会责任等的披露，都成为企业报告的重要元素。然而，财务报告的披露却被批评过于复杂，导致披露内容越来越多，报告冗长而令人费解，几乎到了让绝大多数使用者难以读懂的程度。人们强烈呼吁，应该通过一些方式反映环境、社会和治理因素之间相互关联的性质。尽管如此，对于非财务信息应包含哪些内容，架构应是怎样的，以及在多大程度上与财务报告实现整合，至今都未能达成共识。

一、叙述性信息披露调研成果

叙述性信息的披露可以提供财务报表中没有包含的非财务会计信息，或者又可以提炼于财务报表，以报告使用者可接受的方式对公司业绩、财务状况和前景做叙述性解释。然而，由于报告使用者对于细节信息的需求越来越多，叙述性信息披露反而面临着信息量过大和实用性不高的问题。ACCA 在 2011 年与上海证券交易所联合开展了一项调查，并发布了一份联合报告《数字以外，投资者还需要什么》，报告中对超过 500 位投资者的问卷调查，了解目前企业在财务及非财务信息的披露上，有多大程度能帮助中国的投资者做出投资决策。

调查发现，88% 的受访投资者认为，企业年报中所披露的信息对于投资决策“很重要”或者“重要”。不过，中国的投资者仍然主要看重财务信息的披露，有 70% 的受访者认为财务信息披露的重要性大于非财务信息的披露。尽管被访的投资者认为某些非财务信息的披露对于投资决策“重要”或者“很重要”，一部分受访者依然认为，当前企业年报中披露的信息未能提供足够的、有意义的信息来帮助他们进行决策。例如，对公司风险的识别及管理的披露，虽然有 82% 的受访者认为对他们的投资决策“重要”或“很重要”，但只有 65% 的受访者认为企业当前的有关披露能够为投资决策提供有意义的信息。其中，披露过于格式化，或只重复往年的披露都是受访者认为披露的信息未能帮助他们进行决策的原因。

此外，ACCA 在 2012 年初也对英国、美国和加拿大超过 500 名报告使用者进行了一项调查[①]，这些报告使用者包括了各类投资者、借贷方如银行和其他利益相关方，如供应方，企业员工等。调查结果亦显示，虽然超过一半的受访者仍然表示财务报表是他们企业信息的主要来源，但报告使用者对公司年报披露还是有以下的几个批评：（1）报告只针对以往事项的披露，缺乏前瞻性信息的披露；（2）报告内容太过笼统，不能满足投资者所需；（3）报告太长，形式复杂，内容繁冗。此外，还有大概半数的受访者认为报告中的信

① Re – assessing the value of corporate reporting, ACCA, January 2012.

息含有推销的成分。

似乎投资者/报告使用者对财务报表中要求的信息，并没有因不同地域而有所不同，相反地，两份报告都显示投资者/报告使用者希望得到的信息有影响企业的风险及企业对这些风险的管理、公司的未来计划与前景、企业的主要业绩指标等。

对于报告的形式，特别是对于商业模式较为复杂的或跨国的企业，如何以简易的方式描述关键的信息是一个挑战。美国审计质量中心（US Center for Audit Quality）的意见，和 ACCA 在许多国家举行的圆桌会议上所得到的反馈，均显示报告过于复杂。简单、非技术性的语言是让读者理解的关键，而清晰、重点突出的报告往往比冗长和过于详尽的报告更有效。从世界各国的调查研究显示，我们都可以清楚看到，由企业量身打造的、能直接清晰反映具体业务的信息，比规范及枯燥无味的“样板”文本更有价值。

因此，政府部门、监管机构和企业一直苦苦找寻一种能满足投资者需求的报告模式，而叙述性信息披露的作用和应用范围也越来越成为公众讨论的焦点。在这方面，已经有不少人提出，企业应在公司报告中披露其商业模式，即企业是如何运作，披露应包括企业的营运环境、竞争优势、影响企业的法规、企业在供应链中的位置、管理层的素质以及关于企业可持续性、公司治理、企业风险与管理，以及企业主要业绩指标的信息，并将企业发展的回顾综述与展望综述相结合，综合披露企业战略与实现目标的进展。问题在于，当前的财务报告似乎并不理想，无法帮助企业提供一个有条理、有重点、有“故事”的报告。

二、国际上对于叙述性披露的研究工作

事实上，英国的会计准则委员会（ASB）早在 2009 年已经开始

对上市公司的财务报告中的叙述性披露进行研究，并发表了一份报告《崛起的挑战》[①]。它们挑选了50家上市公司的财务报表进行查阅，发现虽然大部分公司都能满足基本的法规要求，但就缺乏一个整体性的“故事”。跟披露工作做得好的公司比较，它们就是欠缺对企业商业模式的披露。研究也发现一些令重要信息出现混乱的地方，就是企业对风险及企业社会责任的信息披露。

对商业模式有透彻的披露，能解释推动企业战略方向的资源分配、利润、现金流以及内在和外在的风险。不过，纵使有些公司愿意披露其商业模式，但由于报告撰写者还是偏向依据个人的决定而做选择性地披露，以致略去了重要及有价值的信息。

直至现在，还有一系列针对叙述性信息的未来的商讨工作在进行中。例如，英国政府在2012年初时，发表了一份对叙述性报告未来研究的意见稿[②]，指出通过他们对叙述性报告进行的咨询得出的一个共识，就是不管是报告撰写者或是使用者，都希望可以从年报内大量的公司资料中，很容易地勾画出与公司策略相关的信息。所以，他们正在商讨强制性地要求企业准备一份策略性报告（Strategic Report），并研究制定一个有足够灵活性的格式，使企业能够用自己的表达方式，从商业模式和战略开始，阐述一个综合性的故事，包括企业的表现和未来前景。

国际会计准则理事会（International Accounting Stardards Board，IASB）也发布了国际财务报告准则的《管理层讨论（MD&A）》实务公告，澄清了MD&A的核心作用，认为MD&A对年报财务数据能做出有益的补充，包括提供数据产生与变动的背景分析，可以加深

① Rising to the Challenge, A review of narrative reporting by UK listed companies, Accounting Standard Board, 2009.

② The future of narrative reporting, The Government Responses, Department for Business Innovation & Skills, March 2012.

投资者对年报中企业财务状况的体会与理解；并提倡一个帮助企业编制及呈报叙述性财务报告的框架，为现在及潜在的投资者提供对决策有用的信息。欧盟委员会之前也就如何增加公司治理实践的清晰度、透明度和易懂性征求意见。

不过，许多财务领导者都认为，除了通过采纳 IASB 的指导意见、增加外部审计师观点、更加重视前瞻性信息以提高叙述性信息披露的作用外，最重要的是建立一个更加自主、更少监管的报告环境。

因此，监管机构需要评估有关的法规是否有助于增强报告的品质。要企业遵行详细的法规，可能只增加了报告的复杂性，而那些有意义的、关于商业模式的信息，便会被淹没在如山的细节之中。假设增强披露的质量而非数量才是正确的做法，如何将投资者和监管机构的需求融汇在同一份报告中便成为监管机构需要首先去克服的一项挑战。

ACCA 与德勤在 2010 年做的一份联合报告《弹对了音符，那么曲调是什么》① 中，征求了众多财务负责人对叙述性信息披露的动力的意见。它采访了来自 9 个不同的报告环境（澳大利亚、中国、肯尼亚、马来西亚、新加坡、瑞士、阿联酋、英国和美国）的 231 名首席财务官、集团财务总监和同级别的财务领导者，旨在确定叙述性信息披露的动力、对报告使用者最有价值的领域，以及探讨财务报告如何能得到改善。结果显示，51% 企业的叙述性信息披露是由企业的财务部门主导的。然而，尽管受访者将股东看做是叙述性信息披露最重要的读者（88%），监管机构次之（67%），受访者却视两者的要求同等重要（分别是 82% 和 83%）。ACCA 把跟上海证券交易所在 2010 年的联合报告和跟德勤的联合报告作了一个比较，结

① "Hitting the notes, but what's the tune?", ACCA and Deloitte, September 2010.

果发现投资者和报告撰写者对于企业年报中所披露的信息的重要性持有不同的看法。这一点无疑需要进一步统一，才能提升信息披露对于投资者的价值。事实上，报告撰写者应该是对企业的状况最了解的，所以应该更能独立地判断怎样的信息才是最关键的，并及时将此信息向利益相关者传递。

如果股东要求与法规要求均为报告撰写者对叙述性信息披露的驱动力，那么二者的要求可以并存吗？假若不能，哪一方面的要求更加重要呢？在《弹对了音符，那么曲调是什么》的调查中，财务领导者认为，股东们希望知道的信息是：财务业绩与状况（87%）、主要风险和风险管理（67%）、计划与前景（64%），商业模式的描述（60%）和主要业绩指标（58%）。然而，现实是，在报告内披露的最重要的三方面却是：公司财务业绩与财务状况分析、公司治理政策与程序以及董事薪酬报告。换句话说，尽管股东被认做是叙述性信息披露的主要读者，事实上，叙述性信息的披露却由不同国家或地区的法律和监管要求决定的。另一方面，报告撰写者往往亦倾向从投资者的“愿望清单”中挑选可行的、可提供的信息，却因此而陷入侧重披露对企业有益信息的弊端，摒弃了信息全面性、透明性的原则。

要令报告使用者受惠于财务报告，便应该通过营造一个良好的公司报告环境来实现这目标。该环境建立的基础是报告撰写者、监管者、报告使用者之间的信任和共同承担的责任，而不是形式主义。监管机构通过更多地让投资者和报告撰写者的参与，可以将披露要求与股东要求相结合，更好地利用公司报告机制。

对于投资者来说，除了需要更多关于公司计划、企业模式、企业竞争优势等信息，他们希望看到更多的是前瞻性的信息。然而，这对于上市公司而言特别具有挑战性，因为这类信息可能被视为某种形式的盈利预测，或是股价敏感信息，因此在披露方面受到各种限制。此外，如果要全面地反映企业的状况（并传递真正有价值的信息），企业或许必须提供一些他们可能更倾向回避的信息。ACCA最近与上海证券交易所正在进行一份《2012上市公司信息披露典型案例报告》的撰写，报告内被访问的企业，对于前瞻性信息的披露都有相同的忧虑，便是担心投资者会误以为前瞻性信息是企业对未来业绩的承诺。本书第五章中的问卷调查已经证实了这种担心是有必要的。

对于前瞻性信息的披露，IASB认为前瞻性信息应该是针对公司未来现金流、财务状况、公司业绩有影响的趋势及不确定性做出描述，在进行前瞻性信息时所用的假设也需完整的披露。要让投资者从前瞻性信息得到最大益处，必须依赖管理层对以前年度的前瞻性信息做出定期回顾，清楚地解释重大差异产生的缘由，以及该差异对管理层判断未来所带来的影响。假若企业能够清楚列举业务固有的风险以及披露管理层如何管理这些风险，提供更完整全面的信息，便可以让投资者知道，即使面临极不稳定的业务环境，管理层仍然具备相关计划，能妥当处理各种可能的结果，避免潜在的危机。

年度报告或中期报告也可以披露有关风险和未来计划较概括性的信息，特别是那些可能影响企业公司资源、资金变现能力和未来业绩的信息。要增加这些披露的精确性，企业也必须清楚地披露公司对"未来前景"的基本假设，并定期回顾以对公司实际表现和先前报告中发布的前瞻性信息之间的差距做出分析。

未来之路取决于如何将报告使用者、监管机构的需求与报告撰写者的视角相结合。叙述性信息披露可基于高层次的框架和原则，鼓励透明度和责任度，同时给予报告撰写者相应的自主权，以向主要读者提供相关细节。

三、叙述性信息披露需要解决的问题

但是，要利用叙述性信息披露来帮助企业有效地把其商业模式跟报告使用者沟通，以下的问题就必须先得到解决：

1. 真正的报告使用者到底是谁——投资者，员工，顾客，公众，或是所有人？

2. 要满足不同的报告使用者的需求，会带来对信息披露的完整性和相关性的质疑吗？

3. 过量的叙述性信息会否扰乱清晰简明的商业模式的披露？

4. 报告撰写者会否因为愈来愈多的信息要求而却步于披露一个完整的商业模式？

当我们对以上的问题能得到一个明确的答案后，也许，我们还可以以 IASB 在 2009 年对上市公司财务报表研究后提出对改善叙述性信息披露的建议①作一个参考：

1. 做好公司报告的四大原则：相关性、前瞻性、能量化的信息以及能提供证据的信息；

2. 在披露风险时，要具体地披露有关风险的详细问题，如这些风险在增加或是在降低；

3. 把主要的风险跟怎样降低风险的相关活动联结在一起；

4. 在描述企业的战略时，要清楚地形容企业的目标及如何实现此目标；

5. 使用业绩指标来证明对企业目标和战略的进展；

6. 要解释为何企业社会责任对公司业务的重要性，而非只是单单提出公司的员工状况或对环境的影响；

① Rising to the challenge, A review of narrative reporting by UK listed companies, Accounting Standard Board, 2009.

7. 在报告内提供非财务性的业绩指标，以解释业务的驱动力是如何受监控；

8. 为企业的商业模式作出一个全面的解释，不要只是披露企业的产品及服务；

9. 讨论企业相关行业的趋势，并以外部的证据支持。

四、叙述性信息披露的未来之路

无论结果是什么，现状都是难以维持的，因为不能否认的是，叙述性信息披露可以填补财务报告和信息使用者对于更广泛的信息需求之间的缺口。企业报告中的财务报告是历史性的，其形式对所有人而言无法做到简单易懂。然而，投资者要求在企业年报中披露的非财务信息以目前的形式出现是否真正有用，仍然充满争论。不过我们肯定的是，叙述性信息披露正在向着正确的方向发展，只是在应当披露的内容及如何做出披露上仍有可作深入探讨之处，以求满足主要信息使用者对于财务报告的需求。

ACCA 与德勤的联合调查报告将现状比喻成一个喜剧小品。这个小品中，钢琴家 André Previn 遇到了喜剧演员 Eric Morecambe。Previn 弹奏了一曲优美的古典音乐。随后，Morecambe 也弹奏了同一首曲目，却显得嘈杂不堪。Previn 指责 Morecambe 弹错了音符，Morecambe 却反驳说自己没有弹错，只是音符顺序不一定正确。如果叙述性信息披露希望成为优美的音乐而不是嘈杂的噪音，那么现有的音符总谱必须得到调整。

要令叙述性信息披露达到和谐的乐曲，一个简明、全面的综合报告框架是必需的。这个框架应围绕企业的战略目标及其治理结构和经营模式，将重大财务及非财务信息整合在一起。综合报告，就是在一份能包括财务及非财务（例如环境、社会和治理）实质性衡量指标和它们彼此间的关系的报告。

在谈完叙述性信息披露之后，让我们再来分析一下综合报告的现状与前景。

五、综合报告的驱动力是什么

综合报告的驱动力，在于目前众多企业的报告（年度审查，管理评论，董事长报告，企业社会责任报告等）未能以一个连贯的方式，清楚列明公司的业绩与其商业模式的关系。纵然每个独立的报告都包含有价值的信息，但由于不同的报告有不同的出发点，这些报告总是各自为政、彼此互不相关。综合报告旨于将企业战略和商业模式，包括其他重大的问题，以一个有条理的方式表现出来。

事实上，除了对报告的要求提高之外，人们都意识到企业经营的大环境正起了很大的变化，这包括粮食价格的上涨、淡水资源日益消耗、能源价格持续上升、生物多样性每况愈下、暴雨任意肆虐、旱灾对人类的威胁等，一切都是由于地球资源消耗的速度远远超过其再生的速度所带来的后果，而这些不单只是生态环境面临的大危机，同时也是企业面临的最大风险。

为解决资源过度消耗的问题，以及应对气候变化的灾难性风险，当前的经济模式需要从根本上实现转变。每家上市公司除了以国际财务报告准则（IFRS）或当地的会计准则为依据发布财务业绩的年报外，越来越多的企业开始发布企业社会责任报告或者可持续发展报告。但这些报告的相关性和质量却参差不齐。主要原因是目前尚无一个如何衡量和报告企业环境、社会及综合治理表现的全球性标准。

包括全球报告倡议组织（Global Reporting Initiative，GRI）在内的一些机构组织，如碳信息披露项目等，均在推动企业正式采纳环境、社会和经济影响报告，并在这方面取得了显著进展。不过，尽管企业开始接纳对财务信息以外的影响的评估，仍没有多少证据显示，企业的集体努力对于制止环境污染和破坏，消耗资源等非财务价值的行为具有明显的作用。由于此类报告皆属于自愿行为，一些对环境和社会影响巨大的企业就有机会逃避全面、透明的信息披露。因此，在2004年启动的威尔斯亲王可持续性会计项目（The Prince's Accounting for Sustainability Project），便提出会计行业能够为可持续发展做出的贡献，就是建立一套全球性框架，强制要求采取"连贯的报告"方式，便于上市企业、主要利益相关方组成的委员会推动全球采纳这套报告制度。

六、综合报告的目标

威尔斯亲王可持续性会计项目的执行委员会前主席、现任国际综合报告委员会（International Integrated Reporting Committee，IIRC）行政总裁Paul Druckman认为，综合报告框架的目标是提高企业报告的质量，公司能就影响其长期可持续发展和成功的关键问题做出更具战略性的描述。除金融资本外，综合报告还包括自然和社会资本的信息，帮助那些感兴趣的人深入了解公司的思考和行为方式。该框架应有助于建立更具一致性的报告模型，因为它可以突出那些需要统一的标准以及受监管的领域。

毫无疑问，筹备一份完善的综合报告能令企业集中精力将业务活动产生的重大可持续发展问题融入战略决策过程中。通过使用综合策略筛查风险，评估运营活动的中长期可持续发展和财务影响，这可以加强治理体系，加强业务间的联系，改变金融市场的投资行为。

由于尚未有一家机构获得授权或肩负起职责，将不同的报告架构进行汇总，制定一套单一的、强制性的、全面综合的以及获得全球认可的报告框架，IIRC 于 2010 年成立，并史无前例地将财务标准制定者、证券监管机构、可持续发展标准制定者，以及企业、投资人、社会大众的代表汇聚在一起。这正是企业界和财务界一步一步努力的成果。

IIRC 的作用在于推动制定全新的、得到全球公认的企业报告方法。该方法将以明确、清晰、持续和可比的方式，提供更多综合信息，全面介绍企业在过去和未来的影响与业绩。换而言之，这一报告形式不仅要能提供财务信息，也要提供有关企业治理、社会及环境业绩的信息，并能反映财务、治理、社会和环境等方方面面的密切关联，以及企业整体战略的现实。由于综合报告可以清楚识别并诠释企业的战略目标及其与相关参数影响之间的联系，如业务范围、重要业务关系、资源依赖性、治理结构等，所以企业得以构建一个更全面的企业风险防范体系。

七、综合报告面临的挑战

综合报告仍然处于一个雏形阶段，对于综合报告的具体内容和形式，还存在激烈的讨论。有人认为应该在现有的、基于国际财务报告准则的报告及会计方法之上，再附加环境、社会及治理部分；也有人认为应该对会计和报告形式做根本性的改变。无论如何，为了确保综合报告得到企业界的广泛接受，IIRC 必须与其他重要报告指引取得统一。除了确定投资者的信息需求之外，还需要满足各利益相关方的需求、确定不同问题相对的重要性、提供不同级别的报告选项，评估对审计标准和内部控制稽核的传导影响，并且需要对任何潜在的障碍提供解决方案，如怎样克服企业的保密信息问题等，使业界能接受综合报告。

不过，综合报告还是面对各种挑战。哈佛商学院高级讲师 Robert Eccles 教授便提出了几项挑战，例如，首先，公司必须真正拥有可持续发展的业务，而不能是仅仅嘴上说有。其次，出具综合报告需要多个职能部门的协同；没有哪个部门单独拥有所有必要的信息。非财务信息的内部控制及衡量系统亦通常不如财务信息系统成熟有效。企业还需要对综合报告的用户（股东和其他利益相关者）进行大量的教育。

很显然，我们还需要鼓励更多的股东去关注他们投资对象的治理和可持续发展。这能最有效地确保综合报告被广泛地应用于业务实践。

ACCA 认为综合报告不仅将改变企业对其业务的报告方式，还将改变企业的运营方式。就如 Robert Eccles 教授指出的，综合报告可以帮助企业进行财务和非财务业绩的内部综合管理。相比只关注短期财务业绩，可持续发展战略更能为企业创造长期价值。

不过，目前还是很少有公司采取综合报告方式。而且，对综合报告持怀疑态度的人也指出了综合报告的众多问题。首先，倡议的改变太过巨大，考虑到在全球范围内应用国际财务报告准则就花费了 30 多年的时间，要让全球共同接受强制性的综合报告实在是个极大的挑战。其他的批评意见包括担心新的框架会增加报告的复杂性和资源需求，以及削弱了跨行业及国家的可比性。对于这个担忧，Paul Druckman 认为综合报告只是对一些基础要素的改变，而 Robert Eccles 教授也指出综合报告只是要披露重大的财务及非财务信息，因此它不一定需要很长的篇幅。

综合报告概念亦引起了企业会计核算以及可持续发展报告领域利益相关者越来越多的讨论。对于综合报告实际涵盖哪些内容还存在很多模糊的灰色地带，没有一个清晰明确的定义。然而从广义上讲，综合报告仅仅是一个最终结果（报告），得出这一结果的是一个整合企业策略及重大可持续发展问题的、复杂的、涵盖很广的流程。

八、IIRC 对综合报告的讨论文件

IIRC 在 2011 年年底发出的讨论文件《发展综合报告——在 21 世纪传播价值》① 是综合报告进程的一个里程碑。该讨论文件建议将若干核心报告内容（财务信息、管理层评述、治理和薪酬报告以及可持续发展信息）紧密地联系起来，并结合企业的商业模式和战略统一阐述。这个框架围绕企业的战略目标、治理方式以及经营模式构建：

1. 体现企业决策的长期影响，满足长期投资者对于相关信息的需求；

2. 将环境、社会、治理与财务因素之间的相互关系反映在企业决策之中，对企业的长远表现产生影响，明确可持续发展与经济价值之间的关联；

3. 提供包含环境与社会因素的框架，可在企业报告与决策工程中给予系统性地考虑；

4. 摒弃对短期财务表现的过分强调，重新衡量绩效标准；

5. 使报告更加贴近企业管理层在日常经营中使用的信息。

通过这种方式，该框架对经营业绩的解释比传统报告更广泛、更具前瞻性。

讨论文件除了就以下四个大方向提出咨询：（1）综合报告的定义及基本概念；（2）综合报告的对象；（3）综合报告的价值应从谁的角度来考虑；（4）综合报告框架的发布时间，还同时提出了综合报告框架的五项指导原则和六大关键内容元素。五项原则应用于决

① Towards Integrated Reporting Communicating Value in the 21st Century, International Integrated Reporting Committee, 2011.

定综合报告的内容上，包括：（1）战略重点；（2）信息的连贯性；（3）未来方向；（4）对利益相关方的包容性及回应；（5）简洁性、可靠性和重要性。另外，报告内六大关键内容元素是：（1）企业的组织概述和商业模式；（2）经营情况，包括风险和机遇；（3）战略目标和实现目标的策略；（4）治理和薪酬；（5）业绩；（6）前景。

ACCA 十分支持这个框架，认为此报告框架可提供一个全球一致性的报告基础，有助于企业提供企业业绩及前景的整体及全面、短期和长期的信息，也有助于管理团队提供关于公司创造和持续创造价值的潜力的信息。

对于综合报告的对象是否应从投资者开始，IIRC 的回应文件①中指出只有一半的回应者对这个问题做出回应，当中只有 65% 的回应者同意。ACCA 赞成综合报告首先应要着重投资者的需求，这一点是毋庸置疑的。因为投资者是企业的最终拥有者，企业的营运是否有效、企业的盈利，以及企业的风险当然是投资者所关注的，亦因此企业的财务报告和治理报告就可以建立于同一个基础上。可是，假若把投资者的需求作优先考虑，可能会引致一些对其他利益相关方出现不协调的地方，特别是当投资者只关心他们短期利益的时候，持续发展或是企业对社会、环境的影响往往都被投资者所忽略。再者，投资者其实分很多种。不同类型的投资者的投资模式很可能出现分歧。讨论文件提出的指导原则也包括了企业对利益相关方的包容性和回应，这其实与综合报告针对投资者需求的基本原则有矛盾之处。不过，虽然讨论文件强调投资者的信息需求，IIRC 在回应文件就指出，综合报告的使用者却应该还包括其他利益相关方，因此，IIRC 会进一步研究投资者跟其他利益相关方在信息要求方面的共通

① Towards Integrated Reporting, Communicating Value in the 21st Century, Summary of Responses to the September 2011 Discussion Paper and Next Steps, International Integrated Reporting Committee, May 2012.

点和不同之处。

另外，对于企业对利益相关方的回应，ACCA 在回应讨论文件时，提议企业对利益相关方的回应，应着重于相关性，ACCA 认为企业需要显示他们识别了能影响企业的相关的社会、环境、财务和经济的问题；并把这些问题融合到企业的策略及适当的业绩指标。相关性亦能确保只有重要的信息才获披露，以达到一份精简的报告。

ACCA 也特别提到信息的可靠性，但提议可靠性这一点应该是一个独立的大原则，并且需要清楚地说明可靠性的主要元素：完整、中立及无误。因为现时的非财务信息和叙述性报告存在的主要问题，就是缺乏中立性，而企业往往只披露过分乐观的消息而避免对失败或潜在的困难做出披露。此外，ACCA 还提出了其他综合报告应跟从的原则，例如信息的可比性、及时性、可核实性和可理解性——这些都是 IASB 认为好的信息披露应该拥有及可以增强的要素。

IIRC 还对综合报告的概念是否应适用于中小企业、公共事业和非盈利机构做出了咨询，虽然回应者都提出了一些实际问题，但是超过一半的回应者对此表示同意。亦有回应者提议需要根据企业的规模及他们有限的资源来对综合报告的要求作适当的修改。ACCA 同意中小企业、公共事业和非盈利机构同样面对持续发展的问题，所以综合报告的概念也应该适用于这些机构。可是，假若综合报告的出发点是从投资者开始，综合报告可能就对于中小企业、公共事业和非盈利机构没有太大的帮助，因为这些机构一般都跟大型的企业在架构上有所分别。ACCA 提议 IIRC 应该在其试点项目中包括这类机构，以做出深入地研究。

IIRC 的讨论文件也从不同的群组面对综合报告的挑战做出详细地分析，例如，由于综合报告要求企业对其策略及商业模式的披露，有偏向要求对前瞻性信息有所披露，企业都会忧虑商业秘密的泄露和法律责任的问题。IIRC 希望能够找到一个应对的方法。除了文件中提出的挑战外，ACCA 还提出以下几项挑战，希望 IIRC 能够注意：

1. 是否需要研究并发展更多的内部成本模式，把环境、社会和治理因素或现时还未包括在财务报表中的“资本”反映出来；

2. 假若需要，综合报告框架应否设立一套指定的环境、社会和治理因素，以及一套具一致性和可比性的衡量方法；

3. 报告中的事项哪些需要查核，并是否需要为报告撰写者和投资者提供详细的计算基础或编制需求。

根据这份讨论文件的回应，IIRC 决定了于 2013 年前发布第一份全球性的综合报告框架。

九、综合报告的未来

归根结底，要建立一个不仅能结合财务及可持续发展目标、而且有助于经济可持续发展的国际性框架，需要各国政府、金融及会计界以及更广泛的利益相关者团体的支持。IIRC 正在通过一个于 2011 年 10 月推出的两年期的试点项目测试这个新框架，希望让公司报告撰写者和投资者分享他们的知识和经验。现时，已有超过 70 个来自 22 个国家和地区不同行业的组织机构参与了这个试点项目，ACCA 很荣幸成为 IIRC 的一员并与此同时参与这项计划，我们将继续积极参与，参加相关讨论，解决综合报告是否具有相关性等问题，寻找办法刺激投资人及监管机构对综合报告的需求。我们相信综合报告将有助于我们把自然资本和社会资本的真正价值置于世界经济的核心，并帮助企业走上正轨，不仅仅为了生存，更为了实现持久的经济繁荣。

ACCA 简介

ACCA（特许公认会计师公会）是全球最具规模的国际专业会计

师组织，为全世界有志投身于财务、会计以及管理领域的专才提供首选的资格认证。作为最早进入中国的国际专业会计师组织，ACCA目前在中国拥有超过22 000名会员及41 000名学员，并在北京、上海、成都、广州、深圳、香港以及澳门共设有7个代表处。

参考文献

[1]《数字以外，投资者还需要什么》，ACCA及上海证券交易所，2011。

[2] ACCA, "Re - assessing the value of corporate reporting", January 2012.

[3] Rising to the Challenge, A review of narrative reporting by UK listed companies, Accounting Standard Board, 2009.

[4] The future of narrative reporting, The Government Responses, Department for Business Innovation & Skills, March 2012.

[5] "Hitting the notes, but what's the tune?", ACCA and Deloitte, September 2010.

[6] Towards Integrated Reporting Communicating Value in the 21st Century, International Integrated Reporting Committee, 2011.

第十二章

以“互动易”实现信息披露从发布式向互动式的创新

第十二章　以"互动易"实现信息披露从发布式向互动式的创新

深圳证券交易所于2010年1月1日推出"上市公司投资者关系互动平台"（网址为：http：//irm. cninfo. com. cn，互动易前身），旨在利用互联网技术为投资者与上市公司提供更为直接、快捷的沟通渠道，帮助投资者在纷繁的市场信息中去伪存真，获取更加贴合于投资者需要的信息。其后，随着互联网技术的发展以及微博等新媒体方式的不断涌现，2011年11月12日，深圳证券交易所推出基于Web 2.0平台、类微博模式的升级版本，并取名为"互动易"。

"互动易"之名取自《道德经》中的"简则简之易，易则易之简"，意为帮助投资者将纷繁的市场信息化繁为简，使投资者与上市公司之间的互动交流、信息获取、信息鉴别更加容易。

"互动易"的诞生绝非偶然，有极其深刻的时代背景：一方面，投资者结构和行为特征呼唤投资者教育亟待创新，另一方面，证券市场信息供给与需求巨大落差呼唤信息披露必须创新。而现代通信技术发展对信息传播产生深远影响，互联网信息时代向证券监管提出更大挑战。传统的信息披露监管模式已经不能完全适应网络时代信息传播的特点和趋势，必须创新监管理念和方式。多种内生因素和外生因素共同催生了"互动易"。

"互动易"是深圳证券交易所在信息时代监管和服务的创新，"互动易"保护了投资者的知情权和质询权；提升了上市公司投资者关系，提高了信息透明度；增强了监管的有效性。

"互动易"正逐渐体现出巨大的经济价值和社会价值。"互动易"建立便捷、公平的直接沟通渠道，满足各类投资者对信息披露的需求差异；节约了信息获取和信息披露成本；实现了信息披露从发布式向互动式的变革；推进了上市公司监管模式重大变革。

"互动易"将在上市公司"软法之治"领域大有作为。"互动易"可以成为自愿性披露的快捷渠道；推动上市公司进行公平信息披露；改变上市公司原"发布式信息披露"方式为"交互式信息披露"方式，将增强其自律规范意识，提高上市公司"软法之治"水平将成为监管机构"软法监管"的重要手段。

一、"互动易"诞生的时代背景

（一）投资者结构和行为特征呼唤投资者教育创新

1. 以中小投资者为主体的投资者结构特征

中国证券市场以中小投资者为主体的投资者结构特征非常明显。截至2012年6月4日，深交所上市公司1 482家，总市值达到74 138亿元人民币，投资者总开户数10 328万户，其中个人投资者持股账户数比例占99.84%，持有股票市值占流通市值比例为44.4%。

2. 中小投资者非理性的行为特征明显

根据2009—2011年度的《投资者结构和行为分析报告》（深圳证券交易所金融创新实验室，2011）的研究结论，中小投资者仍然存在非理性行为，如重投机，轻投资；重小道消息，轻价值研究；跟风炒作严重，权利意识淡薄；从实际盈利水平看，个人投资者持股期限短、收益少。主要表现在以下几个方面：

（1）中小投资者交易换手率明显高于机构投资者。2011年冲击成本（衡量10万元的交易对市场价格造成的冲击程度）仅为16个基点，让价格变化1%需要219万元（流动性指数）。2011年个人投资者资金周转率（某类投资者全年交易金额与其投入资金规模之比）为6.35，机构为1.41。

（2）个人投资者非理性交易行为明显。个人投资者普遍缺乏价值投资理念，易于参与题材炒作、概念炒作。如参与新股首日交易主要是个人。以创业板为例，开设两年以来上市首日个人投资者买入金额占比近95%，上市首日买入新股的投资者超过六成亏损。中小个人投资者（资产规模100万元以下）偏好持有和交易小盘股、低价股、绩差股、高市盈率股和ST股。以2010年为例，资产规模10万元以下、10万~100万元的个人投资者对小盘股的偏好系数分别为1.26和1.62，远高于平均水平（某类投资者持有小盘股份额与当时整个市场小盘股的份额的比值，平均水平系数为1）。个人投资整体呈现的投机倾向较强。2011年，个人投资者的平均持股期限只有机构投资者1/5左右。

（3）个人投资者的总体收益率劣于机构投资者。2007—2011年，个人投资者的总体收益率低于机构投资者；资产规模越小投资者的投资收益率越低。2007—2011年，1 000万元以上的个人投资者收益率高于10万元以下的个人投资者收益率；资产规模越小投资者的持股期限越短。1 000万元以上的个人投资者持股期限高于10万元以下的个人投资者。

（二）证券市场信息供需矛盾呼唤信息披露创新

1. 上市公司信息披露有效性不足

在我国，证券市场成立伊始，便建立了强制性信息披露体系，随着二十多年的发展，强制性信息披露的规则体系已逐渐完备，达到国际先进水平。在该体系下，上市公司应当何时、以何种方式、披露什么，都有一整套明确的规则制度。投资者所看到的上市公司公告，就是在强制性信息披露规则体系下，上市公司所发布的正式信息，投资者可依据该等信息对上市公司进行分析、做出投资决策，在中国证券市场现有的情况下，强制性信息披露体系是获取、了解上市公司情况的最基本渠道。

海量的上市公司信息公告中，投资者难以找到所需信息。随着深圳证券交易所多层次市场的建立，上市公司数量不断增加，披露量也不断增加，2011 年上市公司信息披露量近 13 万份。在海量的信息中，投资者难以找到其关注的信息。

信息披露有效性存在明显不足。信息披露重要性、准确性、及时性、完整性、可理解性等方面均有待提高。有效信息含量不足的问题突出，根据《上市公司信息披露有效性问题研究》（陈华敏，2012），仅有 32% 的调查对象认为年报、半年报有效信息含量大于 70%；89. 5% 的调查对象认为存在重复披露问题；对董事会报告不满意度最高，超过半数调查对象认为经营情况的回顾、对公司未来发展的展望、募集资金的使用情况、非募集资金的使用情况的信息披露不充分等。

2. 信息披露的投资者决策相关性不高

根据《投资者状况调查》的研究结果，中小投资者做出投资决策时，主要依赖技术指标、他人推荐与网络媒体，而基于强制性信息披露体系下上市公司公开披露的信息做出投资决策的，仅占 36%，居于第四位。因此，对于中小投资者而言，尚未形成以公开披露信息为投资决策重要参考依据的理性投资氛围。

（三）现代通信技术发展对信息传播产生深远影响

互联网时代，信息披露的传播与获取的技术模式方面发生了重大变革，信息传输的时效性大大加强。在 Web 2. 0 技术下，微博、股吧、集体智库、mash－up 网站模式等，正越来越多地被用于公司的业务管理流程并影响着人们的生活方式和沟通交流模式。而正在推进的 Web 3. 0 技术，即所谓的“语义网络”则可能带来更新的模式。深交所针对新网络时代的信息传播模式、证券市场投资者获取信息的渠道等各类问题进行了深入的专题研究分析。

微博、股吧等的出现，深刻改变目前的信息传播格局。近年来，基于 Web 2.0 技术而产生的微博、股吧，改变了 Web 1.0 单纯通过网络浏览器浏览的静态 html 网页模式，其内容、联系性、工具性都更加丰富，从而成为现代社会信息传播及个人与群体发生关系的重要渠道。在微博、股吧环境下，用户既是信息的使用者，也是内容的提供者。

非理性投资信息在互联网时代传播更快速，影响更大。投资者获取信息的主要途径及传播方式，表现出以下特点：微博、博客、股吧、QQ 群等网络工具不仅方便投资者接收信息，更方便制造与传播信息；非理性信息导致跟风投资的羊群效应更加显著，易使股价暴涨暴跌；当市场风险集聚时，中小投资者极易受到市场极端情况的损害。

由于互联网几乎零门槛的准入降低了投资者的信息获取成本，同时互联网的匿名性为内幕信息的泄露和虚假信息的传播提供了可能，大量信息垃圾也会对正常途径发布的信息产生干扰，它所特有的病毒式传播的风险特征，也使它需要相关的介入与纠错。虽然，政府加强法治等外部监管无疑能够起到作用，但是，上市公司提高信息披露的及时性和充分性，加强可理解性无疑也是一个“正本清源”的好方法。

对于网络充斥的各类信息，实际上是难以完全禁止、堵塞，而同时，投资者在面对信息难以做出判断时，缺乏专业、诚信、可靠的求证渠道，因此，最好的方法应当是建立一条“疏导”的渠道，让投资者在遇到问题时，可以得到最专业的回复，而谁能提供这一专业的回复，从理论上讲，非上市公司莫属。

一直以来，深圳证券交易所都非常重视投资者保护与教育工作，并希望建立一个平台或机制，帮助投资者与上市公司进行顺畅交流，并缓解信息冗余及市场传言带来的“噪音”与干扰，这就是构建互动易的初衷。

（四）“互动易”——构建上市公司与投资者直接沟通的平台

1. 切实保障投资者知情权、质询权

毋庸置疑，良好的投资者权益保护机制对于优化资源配置、防范金融风险、促进经济增长和推动证券市场的健康稳定发展是至关重要的。投资者尤其是中小投资者，由于信息不对称、持股比例小，相对于控股股东和管理层处于弱势地位等原因，需要重点保护。投资者权益的保护决定市场的兴衰，投资者保护得好，投资者对市场就有信心，入市的资金和人数就多。从资本市场的发展历程来看，保护投资者权益，让投资者树立信心，是培育和发展市场的重要一环。

在投资者的权益中，知情权和质询权是两项非常重要的权利。所谓知情权，是指投资者及时、准确、充分地获得上市公司应披露信息的权利；所谓质询权，是指投资者有权就公司的经营情况向公司经营者提出质询，公司经营者也有义务针对股东的质询予以答复，并说明情况。上市公司是基于公信力而生存发展的，任何可能对投资者做出买卖其股票的决定发生影响的信息都应公开，以取信于证券市场的广大投资者。

现代公司法遵循“所有与经营相分离”的原则，将原本属于股东大会的诸权限如经营意思决定权、业务执行权、业务经营监督权剥离出来，转授给董事会、监事会、经理等高级管理人员，意在加强经营职能的专业化、职业化，提高经营决策的科学性与经营效率。但这样一来，在客观上造成了以董事会为核心的高级管理层控制公司的现象，广大中小股东长期地被摒弃于公司日常经营与战略决策的大门之外，这加剧了股东与高级管理层之间“信息不对称”的严重性。有关公司经营的信息掌握在经营者手中，而广大中小股东对此常常是一无所知。美国著名公司法学者克拉克说，除非股东有关于公司的充足资料，否则他们很难明智地行使权利进行表决或要求他们进行表决、出售自己的股票，以及提起诉讼的权利。“阳光是最好的防腐剂，电灯是最有效的警察”，掌握充足的信息，是股东积极参加股东大会，并正确行使权利、有效监督经营者的基本前提。

此外，1993 年《公司法》颁行以来的十多年中，我国已经出现了一些股东行使质询权的案例，但总体上质询权行使并不活跃，基本上处于“冬眠”状态，这不利于维护公司和股东的利益。其原因是多方面的，如许多上市公司对于中小股东在股东大会上发言设置人为的障碍和不合理限制等，但是，没有形成真正便捷、有效、免费的渠道是最根本的原因。

2. 探索中小投资者与上市公司直接的沟通渠道

随着证券市场的发展，机构投资者兴起。由于机构投资者资本雄厚，可以聘请专门人员研究上市公司、评估上市公司质量，还可以购买各类研究报告，中小投资者信息获取机会明显劣于机构投资者。

根据 2011 年年度报告的统计数据，在 2011 年全年中，个人投资者与上市公司沟通次数 2 189 次，占 12%，机构投资者沟通16 082 次，占 88%；根据分项统计，对于个人投资者可以便捷获取的渠道，个人投资者沟通比例是高于机构投资者的，例如，个人投资者打电话为 1 777 次，占比 72%，机构只有 689 次，占比 28%；而对于利用上市公司自建的互动平台沟通，个人投资者次数为 122 次，是机构投资者 47 次的 2.60 倍；但是对于需要有一定条件才能完成的实地调研，个人只有 290 次，占 11.98%，机构为 15 342 次，占 88.02%。以上数据分析说明，个人投资者非常关注与上市公司的信息沟通，但由于缺乏渠道，总体沟通交流次数的比例很低。

表 12－1　　上市公司信息沟通渠道

沟通方式	主板		中小板		创业板		合计	
	个人	机构	个人	机构	个人	机构	个人	机构
电话交流	1 310	275	393	340	74	74	1 777	689
互动平台	52	12	55	32	15	3	122	47
实地调研	74	3 783	191	9 031	25	2 532	290	15 346
合计	1 436	4 070	639	9 403	114	2 609	2 189	16 082

3. 构建网络时代的沟通桥梁

网络的开放式、便捷式、交互式提升了信息传播效率，但股吧、论坛等各类网络渠道也加剧了证券市场信息的复杂度，投资者难以做出真伪辨识，此外，投资者沟通渠道匮乏，面对强制性信息披露提供有效信息的不足、大量充斥的市场信息难辨真伪。

互联网深刻地改变了证券市场的信息传播方式的事实使深交所认识到应高度重视互联网渠道的影响，深交所认为，既然难以完全禁止和堵住充斥着网络的各类信息，不如充分利用网络技术建立投资者与上市公司直接交流的平台，建立一条有效的“疏导”渠道，投资者在遇到问题时，可以得到上市公司最专业的回复。该平台将促进上市公司与投资者形成良性互动关系，同时，有利于维护证券市场稳定运行，有利于保护投资者权益。

由此确定了“互动易”由深圳证券交易所承建，所有市场参与主体均无偿使用，开放式、交互式，主要为满足上市公司和投资者之间的交流互动需求，是一个全新的类微博的信息发布平台，同时这个平台还给监管部门提供相关信息的收集功能、数据统计和查询功能，以及必要的监管介入接口。

二、“互动易”的规划设计

（一）“互动易”的规划

1. “互动易”被定位为一个全公益性的平台

在“互动易”推出之前，市场中已经存在众多投资者关系互动平台，有一些是部分省市上市公司协会会同当地上市公司建立的，还有一些是部分知名财经媒体经营的。这些网站均采取向上市公司收取费用的成本支付模式，它们对加强上市公司与投资者之间的交流和联系、对推动投资者关系管理工作起到正面积极的作用，但是这些平台聚集上市公司数量有限，相互之间没有关联，信息更新的效率较低，无法形成全国范围的影响力，也无法像“互动易”一样带给投资者和整个市场强大的公信力。

正是基于对证券市场和全社会的强烈社会责任，深圳证券交易所搭建了全公益性的“互动易”平台，平台的搭建和维护费用均由深圳证券交易所承担，“互动易”平台提供给证券市场所有参与主体，包括各类投资者和上市公司，无偿使用。

2. “互动易”提供的公司信息是法定信息披露的延伸和补充

上市公司被设计成为“互动易”的问题回答者和信息提供方。由于我国实行的是强制信息披露制度，自愿信息披露是法定披露的补充，上市公司在“互动易”平台上回复投资者提问，其内容必须遵循一定的原则，主要有两个：一是上市公司可以就已披露信息对投资者的问题进行充分、深入、详细的分析、说明和答复；二是上市公司不可以对涉及或者可能涉及未披露信息的问题进行回答。所以，“互动易”需要对上市公司设定统一的规范和要求，约束上市公司回复的内容，以区分于法定信息披露。

3. “互动易”采用一问一答模式，而不是如 BBS 等信息发布模式

BBS 等信息发布传播平台无疑具有更好的开放性、更便于交互，更能提升信息传播效率，但开放、便利和高效的同时也可能给投资者带来更多的信息噪音、信息质量低劣甚至是虚假信息，这些都是完全开放式信息发布平台的短板，其危害体现在：（1）信息的真假

不一和信息发布主体的良莠不齐使信息质量大打折扣；（2）完全开放的信息发布模式如果被违法分子利用，平台将可能成为内幕交易、市场操纵、非法证券活动等证券违法犯罪活动滋生的温床；（3）大量的市场噪音将干扰正常的信息披露机制，影响证券市场常规信息披露和传导的效率；（4）如果平台自身缺乏有效的验证和纠错机制，最终只能依靠上市公司的信息澄清和监管机构的外部介入实现“去伪存真”，客观上增加了上市公司信息披露的成本，造成了监管资源的虚耗。因此，“互动易”最终选择了一问一答的模式。

4. “互动易”借助微博模式

微博是目前最流行的网络交流手段。微博良好的互动性和强大的信息共享传播能力，使得一些著名微博服务网站在很短的时间内就拥有了千万数量级的用户。

“互动易”规划过程中也借鉴微博的一些工作理念，如基于用户关系的信息共享，信息互动和信息传播形式，可以向互动易的各类使用者提供个性化“定制服务”等，这些技术手段的运用无疑大大增加了“互动易”作为投资者互动交流平台的活跃度和关注度。

5. “互动易”提供监管介入功能

“互动易”在业务流程规划设计上，相关问题均需要经过专业人员审核后才能在网站发布。此外，为监管部门提供监管介入功能，后台服务器能完整记录平台的运行情况，包括所有提问和回答，提供相关信息的收集功能、分类数据统计功能和历史记录的查询功能，为监管部门提供必要的管理介入接口，为监管部门提供监管有用决策信息。

（二）“互动易”的功能设计

“互动易”的主要功能分为两个部分，分别为投资者提问与回复功能、信息服务功能、排行榜与转发功能，说明如下。

1. 问与答

“互动易”的问答部分主要包括投资者提问、上市公司回复，以及监管介入三部分，流程设计如图 12－1 所示。

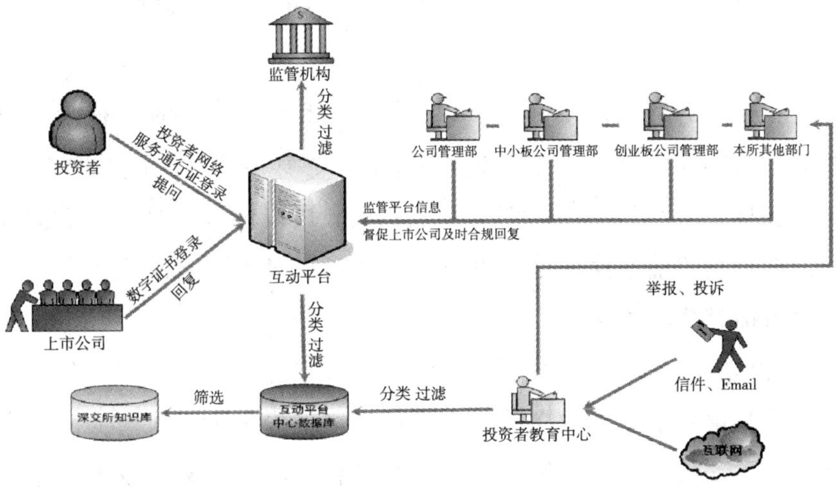

图 12－1　互动易的流程设计

（1）投资者提问。投资者可以选择以浏览用户的身份提问，也可以登录后以注册用户的身份提问，提问前需填写上市公司的证券代码及选择“咨询”“投诉”“建议”“表扬”“求助”等提问类型。

（2）信息分派。在接收到投资者的提问或其他意见后，“互动易”的后台程序将先进行问题审核，审核通过后根据业务分类及相应的处理流程，将该留言转发到指定的上市公司，由上市公司负责回复。深圳证券交易所短信平台提供接口，由互动易按触发条件给上市公司发短信提醒。

（3）上市公司回复。上市公司利用深圳证券交易所授权的“深圳证券交易所数字证书”登录后，就针对该上市公司的提问进行回复，并可进行舆情检索、分类统计等。

（4）深圳证券交易所业务部门对信息进行处理。深圳证券交易所工作人员通过后台系统的分类查询与统计，可以了解上市公司回答问题的情况等，对不合规、不及时的回复，实时督促上市公司做好相关工作；同时，深圳证券交易所也建立了信息披露考评体系，将上市公司在“互动易”的回复效果，作为信息披露考核指标之一。

2. 信息服务功能

（1）个性化信息定制与推送。每一位投资者在互动易注册并登录后，就可轻松地对其感兴趣的上市公司、其他注册用户添加关注，从而实现“互动易”信息的个性化定制，可以像微博直接查看关注对象所发布的信息及最近的更新，这种“点对点”方式大大提高了投资者信息获取的速度。

“互动易”实现了信息实时推送功能，“互动易”为每一位注册投资者都设立了一个独立的个人服务专区，投资者登录个人服务专区后，互动易将其关注的上市公司的最新提问与回复、发布的信息公告、大事提醒、最新资讯、研究报告等相关公开信息推送给投资者查阅，同时，投资者也可通过注册邮箱接收所关注的上市公司的相关资讯。此外，“互动易”也可将其关注的其他注册用户的最新提问与回复推送给投资者。

（2）信息快速查阅与搜索。为减少信息冗余和方便信息查阅，“互动易”设置了快速查阅与高级搜索功能，对于投资者既往已提到的热点问题，后来者可以直接通过查阅或者高级搜索相关问题获得信息，避免重复提问。通过这种方式，上市公司也可减少投资者对相同热点问题的电话咨询，从而节约大量人力、物力以及时间，提高了投资者工作的效率。

（3）深圳证券市场投资者服务“通行证”。配合“互动易”的推出，深圳证券交易所完成了《深圳证券市场投资者注册及管理业务方案》，在此基础上，建立了深圳证券市场投资者服务身份认证体系，投资者只需在互动易注册并认证一次“网络服务通行证”，即可在未来享受深圳证券市场现有及拟推出的更多个性化服务，如网络投票服务、XBRL 应用服务、投资者教育服务等。

3. 排行榜与转发功能

（1）互动“排行榜”。“互动易”在首页醒目位置设置了“排行榜”，通过对提问数、答复数、答复率、关注度等指标的统计，新版互动易推出了一系列的排行榜，如提问数最多的投资者、回复数最多的公司、回复率最低的公司、最受关注的投资者、最受关注的公司等，方便使用者通过首页及时获得当前“互动易”中的热点内容。

（2）“双向评价与激励”机制设计。为了提高“互动易”提问、回复的质量，本次改版首创双向评价、激励机制。上市公司也可对投资者的提问进行热推，“互动易”设立“热推提问”栏目分别对最新的“热推提问”进行显示，此外，每位阅览的投资者均可对上市公司的回复进行评分，根据每条回复投资者的累计评分，“互动易”设立“最满意答复”栏目显示排行榜，从而激励上市公司不断提高回复质量。

（3）开放式便捷转发。顺应网络时代的公共性，“互动易”从一开始就定位为一个开放的信息平台，在上市公司的回复内容后均设有新浪、腾讯微博的一键转发功能，投资者可将相应内容一键转发到新浪与腾讯微博上，从而提升“互动易”对公共信息平台的影响力，且有助于对上市公司形成公共监督。

（三）互动易网页设计

深圳证券交易所“互动易”主网站的地址为：http：//irm. cninfo. com. cn，投资者也可以从深圳证券交易所网站、巨潮网和全景网等网站登录。

“互动易”包括主网页、公司专网、投资者个性化服务专网三部分，每一部分都在网页的最显著位置为投资者设计提问窗口，投资者提问可选择以注册账户登录或者非注册用户直接提问，网页设计主题鲜明，投资者输入提问非常便捷。

1. 互动易主页面

“互动易”主网站首页包含许多互动内容和信息服务功能按钮，主要内容包括：

（1）提问窗口：供投资者向上市公司提问；

（2）投资者登录框：供投资者登录个人服务专区及提供用户注册找回密码功能；

（3）信息检索框：用于检索平台提问与答复信息，并提供高级检索功能；

（4）提问与回复：所有问答、最新提问、最新答复、热推提问、最满意答复；

（5）各类排行榜：最受关注上市公司排行、最受关注投资者排行、提问最多投资者排行、回复最多上市公司排行、答复率最低上市公司排行。深圳证券交易所“互动易”主网站首页如图 12 - 2 所示。

2. 上市公司专网

投资者可以在深圳证券交易所“互动易”主网站首页“公司检索”的“进入公司专网”功能项下，输入公司代码进入公司专网，也可以通过“公司专网列表”直接点击公司 LOGO 进入公司专网。

上市公司专网主要内容包括：

（1）上市公司 LOGO，点击该 LOGO 将链接到上市公司的官方网站；

（2）提问窗口，供投资者向上市公司提问；

（3）公司问答信息，最新答复、最新提问、热推提问、公司公告等；

（4）公司信息，上市公司高管简介、上市公司行情、上市公司财务指标、上市公司提示备忘等；

（5）上市公司资料，上市公司的公司资讯，点击后将链接到巨

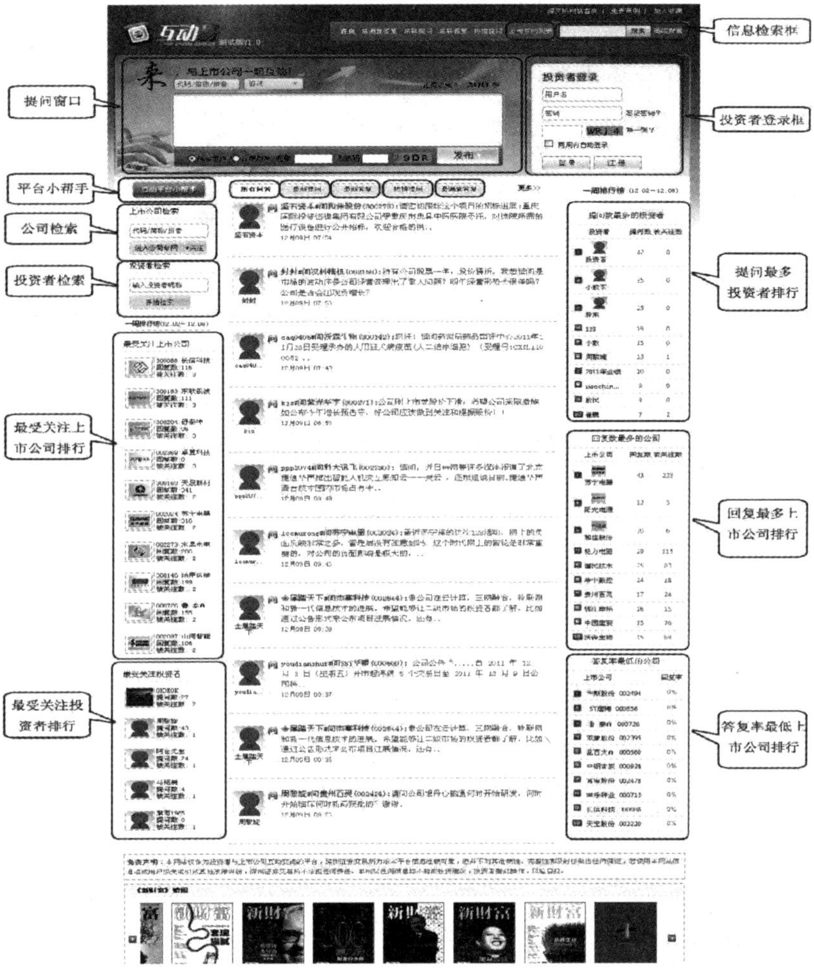

图 12－2　“互动易”主网站首页

潮资讯网的对应页面。

3. 个人服务专区

投资者可以在深圳证券交易所“互动易”主网站首页或上市公司专网的“投资者登录框”输入用户名及密码后登录，个人服务专区为访问者提供个性化的信息定制服务，投资者可以关注一定数量的上市公司和在网站上注册的投资者，对自己喜欢的回复和喜欢的提问可以给予肯定评价，相反的则给予否定评价。

个人服务专区主要内容包括：

（1）我的提问，该栏目显示用户的所有提问及上市公司对用户提问的回复。

（2）我关注的公司：

①关注公司，用户所关注的上市公司列表，用户在此界面可以添加关注公司及对已关注的公司进行取消关注的操作。

②最新答复，用户所关注的公司的最新答复。

③最新提问，用户所关注公司的最新投资者提问。

④最新资讯，用户所关注公司的最新新闻资讯。

⑤公司公告，用户所关注公司的最新公司公告。

⑥大事记，用户所关注公司的最新大事提示备忘。

（3）我关注的投资者：

①我关注的投资者：用户所关注的其他用户的列表，用户在此界面可以添加关注其他用户及对已关注的用户进行取消关注的操作。

②关注我的投资者：关注该用户的其他用户的列表，用户在此界面可以查看到对自己添加关注的其他用户，并可对这些用户进行添加关注。

③最新问答：用户所关注的其他用户的最新问答。

（4）我参与的评分：该栏目显示用户参与过评分的问答。

三、“互动易”使用情况

（一）投资者与上市公司沟通互动踊跃，时效性显著提升

据统计，在“互动易”推出前，深市 2008 年及 2009 年连续两年的投资者通过电话、邮件及短信针对上市公司提问数量合计为 10 961条。自“互动易”2010 年 1 月 1 日上线以来，共收到投资者提问 164 693 条，有效提问共 123 113 条，上市公司回复共 116 693 条，总答复率 94.8%，表明“互动易”日益受到广大投资者的青睐，越来越多的证券分析师、机构投资者也开始关注这一渠道，不断通过“互动易”向上市公司提出问题，同时，上市公司回复问题的时效性也不断提高。

“互动易”提问分板块统计如表 12－2 所示。

表 12－2　　“互动易”提问分板块统计情况

公司类型	提问数	有效提问数	回复数	答复率（%）
深市主板	42 765	29 958	28 296	94.5
中小企业板	76 646	57 661	54 107	93.8
创业板	45 282	35 494	34 290	96.6
合计	164 693	123 113	116 693	94.8

注：以上数据统计截至 2012 年 5 月 22 日。

“互动易”提问数量、上市公司平均回复时间按季度统计如图 12－3 所示，表明提问数量逐季上升，上市公司回复响应时间逐季下降。

（二）访问量增长情况

“互动易”成为投资者了解上市公司信息的权威平台，日平均访问量为 109 493 次，是平台升级前日平均访问量的 5.44 倍，访问量单日峰值达到 270 551 次，总访问量 10 076 万次。图 12－4 为“互动

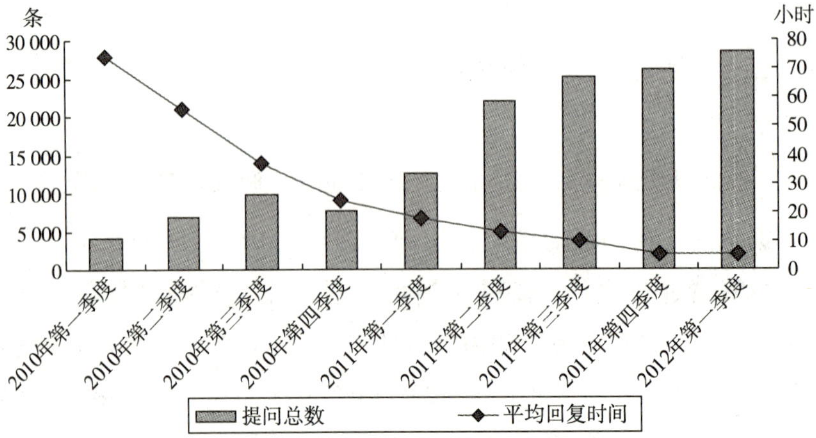

图 12－3 “互动易”提问与回复情况

易”改版上线以来访问量的增长情况。

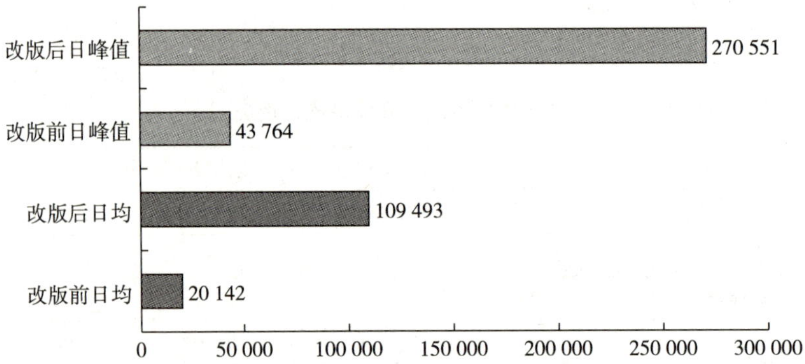

图 12－4 “互动易”改版后访问量增长情况

（三）注册用户增长情况

新版“互动易”为每位注册用户设立一个投资者服务专区，并为其提供个性化的信息定制服务，吸引了越来越多的参与平台互动的投资者成为注册用户，图 12－5 为“互动易”改版上线以来，注册用户的增长情况。

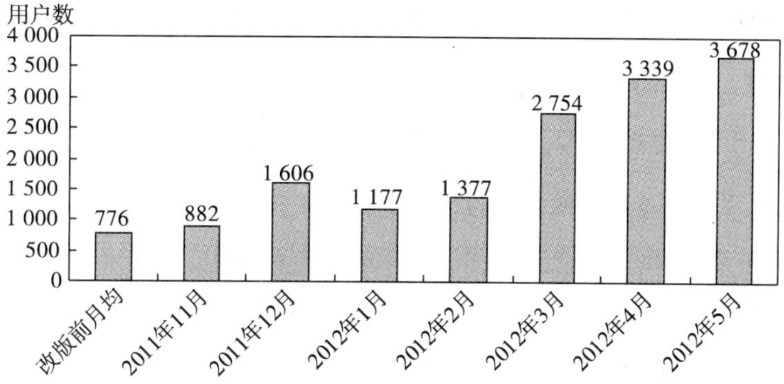

注：全景互动平台的存量用户数不在统计范围内。

图 12－5　“互动易”改版上线以来注册用户的增长情况

（四）“互动易”问题与回复分析

“互动易”的推出得到了上市公司和投资者的一致好评，广大投资者普遍认为登录速度更快，问题回复率高且回复速度快，便于投资者及时阅读和掌握公司动向。“互动易”的问题分为投诉、咨询、建议、表扬、求助、其他六大类，根据统计，目前通过互动易提出的 123 113 条有效提问中，分类情况如表 12－3 所示。

表 12－3　“互动易”提问分类情况

序号	问题类型	主板	中小板	创业板	合计	占比（%）
1	投诉	2 908	3 852	2 268	9 028	7
2	咨询	20 842	40 603	23 732	85 177	70
3	建议	3 745	8 942	6 327	19 014	15
4	表扬	499	1 427	893	2 819	2
5	求助	949	1 948	996	3 893	3
6	其他	715	1 526	941	3 182	3

注：以上数据统计截至 2012 年 5 月 22 日。

“互动易”进行了升级改造后，投资者提问数量不断增多，上市公司回复率及专业化程度也得到了较为明显的提高。在全部有效提问中，咨询占 70%，说明投资者提问仍以咨询为主；表扬占 15%，主要是投资者对上市公司信息披露、回复问题等的评价，说明通过“互动易”实现了良性互动。

（五）问题更深入，回复更专业

“互动易”经过两年多的运行，反映出投资者问题更深入，上市公司回复更专业等特征，提问与回复主要涉及以下几个方面：关于行业信息、关于某一单一产品的专业问题、关于企业核心技术的问题、关于分阶段披露的信息、向公司提供建议等。

四、“互动易”的运作机制

（一）“互动易”的制度安排和配套工作

为确保互动易顺利推出和良好运行，深圳证券交易所做了一系列的制度安排，严格规范“互动易”后台的运行管理，不仅对上市公司的回复内容做了约束，还对登录平台用户的提问内容给予规范指引，引导上市公司和投资者正确使用“互动易”。

1. 针对“互动易”制定和发布了相关规则和指南

2009 年 12 月 25 日向上市公司发布《关于启用“深圳证券交易所上市公司投资者关系互动平台”的通知》，通知中明确规定，通过“互动易”接收和回复投资者提问是上市公司的责任，并将上市公司回答互动易相关问题和回复效果等情况作为信息披露考核指标之一。

2010 年 1 月 5 日向上市公司发布《关于“深圳证券交易所上市公司投资者关系互动平台”使用事项的通知》，指导上市公司正确使用“互动易”。

2011 年 12 月 15 日全社会公开发布《深圳证券交易所互动易业务操作指南》，以使“互动易”能更快地被市场接受，指导上市公司、投资者以及市场相关人员正确使用“互动易”的各项功能和服务内容。

2. 在相关规则中增加涉及“互动易”的相关要求

2010年8月，深圳证券交易所新版发布的《深圳证券交易所主板上市公司规范运行指引》和《深圳证券交易所中小板上市公司规范运行指引》，在投资者关系管理一章中专门增加相应条款，明确规定：上市公司应指派或授权董事会秘书或证券事务代表负责查看“互动易”上的投资者提问，及时回复。

《深圳证券交易所董事会秘书管理办法》中增加了“互动易”的相关要求。

修订中的《深圳证券交易所信息披露考核办法》《深圳证券交易所上市规则》以及《深圳证券交易所创业板上市公司规范运行指引》等规则也将增加“互动易”的监管要求，以引导上市公司充分重视，不断提升投资者关系管理水平。

3. 通过培训和推广提高“互动易”的市场影响力

深圳证券交易所通过组织上市公司董事会秘书后续培训和各类投资者互动活动介绍和推广“互动易”，并多次专题讲解“互动易”的核心功能、操作要点及遵循原则等，大大提升“互动易”的市场影响力及公信度。

4. 增加监管配套举措，以促进“互动易”的健康运行

将督促和提醒上市公司及时准确回复投资者提问作为监管部门日常监管工作中的新增内容。

公司监管部门通过以下手段促进“互动易”的活跃，提高投资者提问的回复率，包括：对于超期未回复的问题，短信或电话提醒上市公司予以关注并及时回复；对于回复情况长期不理想的上市公司，在“深交所上市公司业务专区”公示公司名单；不定期公示回复率低的上市公司名单，警示回复率低的上市公司关注互动易的及时回复。同时，深圳证券交易所也将上市公司“互动易”的日常回

复情况纳入信息披露年度考核。

（二）“互动易”后台管理运作机制

1. 设置人工审核环节

既要充分保障中小投资者的知情权，也要营造上市公司和投资者之间和谐融洽的互动气氛，同时还应避免因互动环节的不必要差错导致上市公司市场声誉受损或股票价格出现干扰，所以“互动易”后台管理系统特意安排了人工审核处理环节，筛选和过滤所有上传至“互动易”平台的投资者提问和上市公司回复。

投资者登录“互动易”平台并提交的问题，后台系统立即能将该提问信息送达事先设计的审核系统，“互动易”审核人员对投资者提问进行必要审核后，审核通过的提问迅速显示在“互动易”主页面和公司专网页面，同时该提问被分配至提问涉及的上市公司，系统会通过短信自动提醒涉及上市公司的相关人员尽快回复。

2. 确定问题过滤原则

在审核环节，带有以下内容的问题不予通过，将被过滤掉。

（1）具有明显业务推销、广告宣传的提问。

（2）短时间内多次与前条内容完全重复的提问。

（3）带有中伤他人、攻击性、辱骂性、不文明语言的提问（包括提问网名）。

（4）内容不完整或意思表达模糊、不明提问意图的提问。

（5）与上市公司业务经营、信息披露等无关的提问。

（6）违反当前法律法规及网络信息安全要求，攻击政府、监管部门的提问。

3. 建立与监管部门的联动

当后台审核人员无法把握是否要过滤掉个别提问或者上市公司遇到无法回复的某个问题时，互动易后台管理人员会将问题通过邮件方式提交给监管部门，监管部门给出合理建议。

（三）问题及应对

只有当“互动易”平台上投资者提问顺畅和上市公司回复及时，“互动易”才能真正成为信息披露的有效补充和信息交流的桥梁。

“互动易”推出并投入使用以来，针对后台审核环节遇到的一些问题，我们做了分析并给出应对办法。

1. 投资者提问和上市公司回复的审核机制

（1）在提问通过审核前，投资者无法在“互动易”网页上看到自己的提问，会使有些投资者产生疑虑，误以为提问未提交成功进而再次提问，可能重复多次提出同样的问题，即审核环节的延时在一定程度上增加了“互动易”后台的审核工作量。

（2）如何优化审核环节、提高审核效率、让投资者在网页上更快看到自己的提问？

（3）上市公司的回复也需要经过类似的审核环节，如何让上市公司的回复更快地显示到“互动易”网页？

应对办法：尽可能采用先进的网络技术手段，如对投资者内容重复的问题进行自动屏蔽，和利用关键词屏蔽的方法对一些能够预计到的内容如敏感词、粗话脏话等进行事前堵截（包括注册用户名），这些必要的技术手段能大大提高人工审核的效率，让投资者尽早看到问题已提交成功，防止因审核延时太长导致投资者不满。但是仅仅依靠技术手段还不能完全过滤掉全部违规问题，将可能造成某些上市公司被抨击或中伤。所以实际审核工作中，采用自动过滤和人工抽查结合的方法可以较好地平衡安全和效率。

另外，上市公司登录“互动易”回复问题需要经过身份验证，安全等级更高，所以“互动易”后台对上市公司回复内容的审核一般采用关键词屏蔽的方式，回复内容直接显示，被系统自动屏蔽掉的问题，经人工审核后如审核通过，可以再展示出来，做法如处理投资者提问一样。

2. 上市公司回复的时限和内容

上市公司是“互动易”中互动环节的关键一方，如何提高上市公司参与互动易回复的主动性和及时性非常重要。从“互动易”两年多的运行经验看，互动环节困扰上市公司的问题通常有以下几类提问：

（1）在市场不好的情况下，互动易上投资者的问题多数因为股价的下跌而投诉，经常有辱骂性、不文明语言的提问，变成了一个发泄平台。

（2）每年的定期报告期间多数投资者主要还是关心高比例送配的问题，并不关心企业的经营。

（3）针对大小非解禁、高管套现的提问。许多投资者认为大股东为了个人的利益随意抛售股票，是造成股价波动乃至低迷的罪魁祸首。

（4）涉及公司商业机密、违反信息披露规定的一些提问，比如重大项目进展、并购重组规划等。

既需要有热点问题凝聚和活络“互动易”人气，吸引投资者，也需要引导上市公司规范回复上述提问，不越界、不推诿，保持平等和理性的态度认真对待投资者提问。

上述提问都属于互动环节投资者关注高、上市公司感到棘手的敏感问题。上市公司要恰当地做出回应，需要相当的技巧。如果一味屏蔽，一味回避，时间长了，难免会影响到互动的人气和实际效果。

3. 监管部门发现“互动易”有违规行为的反应

“互动易”对全市场开放，可能被别有用心的人利用，有打探内幕信息的、有传播谣言的。上市公司在互动易回复问题时也可能会违规，如法定披露范围内的信息没有经上市公司正式公告就在互动易中通过回复投资者提问的形式披露出来；又如上市公司发布误导性陈述，导致上市公司股票价格剧烈波动；等等。

监管部门维护和管理互动易的过程中，如遇到违规行为要做出迅速反应，并需结合法定信息披露的要求和必要的监管手段，或要求上市公司补充披露应披露的信息，或督促上市公司及时做出澄清公告等，让互动易成为真正视听的平台，而不是“小道消息”泛滥的平台。

五、“互动易”的创新、价值与未来

（一）“互动易”的四大创新

1. 全球首家投资者与上市公司直接交流互动的平台

“互动易”为上市公司与投资者之间直接沟通和对话开通了崭新通道，成为全球资本市场领域首个由监管机构设立的基于用户关系的信息分享、传播以及信息获取平台。投资者通过“互动易”向深市所有上市公司提出问题，上市公司针对投资者提问给予答复。投资者可以通过平台查询上市公司答复，也可以查询上市公司信息，同时还可以查阅其他投资者对上市公司的提问及上市公司的答复。

与其他投资者网络信息平台相比，“互动易”有以下特点：（1）全部问题由上市公司及时回复，确保回复的权威性、专业性；（2）引入监管机制和责任追究机制，防止投资者和上市公司随意发布信息，保证信息真实性；（3）个性化的信息定制与推送，信息“点对点”快捷推送；（4）信息快速查阅与搜索；（5）互动“排行榜”凸显热点；（6）“双向评价与激励”增强交流效果；（7）开放式便捷转发提升社会影响力。

2. 首创通过网络为投资者提供各类主题在线交流活动

“互动易”首创将原有实地召开投资者关系活动改为在互联网进行，包括业绩说明会、再融资或重大重组说明会、投资者接待日活动、致歉交流会、其他主题交流会等。互联网突破地域限制的传播平台，极大地扩展了投资者参与面。

3. 首创采取微博理念和传播形式

“互动易”借助微博理念和传播形式，允许用户通过 WEB、WAP 以及各种客户端组件进入“互动易”，并以 200 字以内的文字发布信息。借助“互动易”，投资者特别是中小投资者的问题和建议得以高度重视并及时传递，上市公司的意见和回复也可随时披露，两者沟通地位更加平等，信息披露更加有效。

4. 首创为投资者提供个性化定制服务

“互动易”突破了目前监管机构网络信息发布的传统模式，首创性地为投资者和上市公司提供定制信息的个性化服务，同时提供信息“点对点”快捷推送，信息的快速查询与热点“排行榜”，问题答复打分评价等多项机制，极大地提升了信息推送的效率和质量。

截至目前，国内外尚无证券监管机构专门设立与“互动易”相似的上市公司——投资者关系平台。各国上市公司除通过法定渠道进行信息披露之外，投资者关系及相关的问题解答均由公司自行安排，监管机构没有提供统一的平台。“互动易”目前尚属全球首创，在提供投资者与上市公司交流以及保护投资者知情权与质询权等方面，已领先于国内外其他相关系统，具备极大的监管创新意义。

（二）“互动易”的价值

1. 建立便捷、公平的直接沟通渠道，满足各类投资者对信息披露的需求差异

机构投资者和个人投资者对信息披露的需求存在较大差异，在各类投资者内部也存在差异。法定监管规定对上市公司的信息披露要求只能是一个强制性标准，无法满足个性需求。“互动易”很好地解决了这个问题。“互动易”为上市公司和投资者搭建了一个既及时有效、公开透明，又处于监管机制范围内的高效平台，符合公开公

平的标准，防止上市公司在回答提问时出现非公平披露。“互动易”督促上市公司重视投资者，尤其是非机构投资者的声音。通过“互动易”，投资者可直接与上市公司进行交流，获得直接、专业的上市公司信息，上市公司也可及时了解投资者的诉求，上市公司与投资者之间实现了良性互动。

2. 节约信息获取和信息披露成本

随着我国多层次资本市场的不断发展，深圳证券交易所上市公司家数和投资者数量迅猛增长，面对约 1 400 家上市公司与 1. 2 亿户个人投资者的交流，“互动易”发挥了巨大的作用，通过互联网这一便捷、免费的信息传播工具，为上市公司做好投资者关系工作和为投资者获取信息节省了巨大的成本与支出，产生了很好的经济效益与社会效益。

首先，节约投资者获取高质量信息的交易成本。通过与上市公司在线实时交流，投资者不必再如以往那样通过电话咨询、现场考察等传统方式获得上市公司信息，可以足不出户随时随地与多家上市公司交流，节省了大量的财务成本和时间成本，以最小的成本得到了专业化的解决。按互动易每日投资者的浏览量计，平均每天 6. 7 万人次，该浏览量还在每天不断增长，每年约有数亿次投资者通过“互动易”获取真实、准确的信息，大大减少了投资者因听信谣言、传闻而盲目投资带来的损失，为投资者节省的隐性投资损失成本无法计算。例如，2011 年度深市上市公司业绩说明会、公司治理交流会、投资者接待日等各种主题的投资者交流活动共 1 421 场次，累计有 2 400 多万人次通过“互动易”参与了上述活动，与上市公司董事会、高管进行网上交流。如果投资者实地参与上市公司的交流活动，按照 100 元/人次的差旅费计算，为投资者节约社会隐性沟通成本 24 亿元。

其次，节约上市公司信息披露成本。“互动易”每年为约 1 400

家深市上市公司举办业绩说明会、公司治理交流会、投资者接待日等各种主题的投资者交流活动，如果平均每家公司每年组织1次类似活动，上述活动都在实地举行（未包括日常解答投资者提问而节省的接待投资者实地调研费用），按每场活动节约成本2.5万元计算，保守估计每年将节约上市公司投资者服务成本约3 500万元。而随着上市公司家数扩张、上市公司举办投资者互动交流活动的增加，该项目的经济效益将愈加明显。

3. 信息披露从发布式向互动式的创新

在现有强制性信息披露体制下，对信息有效性均提出了思考，存在着有效信息含量不足、投资者与上市公司判断迥异的情形，原有的传统模式下，仅仅具有信息发布功能，那么，“互动易”的推出在现有以发布模式为主的方式下，创造性地提出了互动模式，具有专业性与可读性，由于是上市公司实时解答，相关问题的解答是法定信息披露的专业补充，另一方面，是可理解的解读。同时，“互动易”推出的个性化信息定制与推送服务，使投资者可以高效获得所需信息。

4. 提升监管有效性

第一，创新上市公司网络信息综合监管。深圳证券交易所通过“互动易”对上市公司网络信息进行综合监管，督促上市公司利用“互动易”进行信息澄清，以实现信息“去粗取精、去伪存真”。深圳证券交易所“互动易”的建立，为上市公司进行网上信息披露以及与投资者之间直接沟通和对话开通了一个重要通道，同时，通过“互动易”对上市公司网络信息进行综合监管，也成为信息披露监管模式的一次重要创新和尝试。

第二，向证券监管部门提供监管线索，提高监管有效性。“互动易”具备监管机构介入功能，“互动易”与深圳证券交易所监管系统直接相连，监管人员可及时了解市场反应、投资者动态、上市公司回复情况等，发现监管线索，有针对性地采取监管动作，提高了监管有效性、及时性。另外，“互动易”上所有披露都有留痕，便于事后的监管和取证。

2010 年以来，“互动易”接收投资者投诉、举报 210 次，为监管部门的监管工作提供了有关上市公司规范运作、信息披露违规的重要监管线索，使公众监督的作用得到更好地发挥。

第三，向上市公司提供咨询和参考，促进上市公司合规发展。“互动易”有效督促上市公司在信息披露和规范治理方面不断提升工作水平。投资者的问题能否及时答复，答复质量如何，实际上反映了公司内部治理水平。“互动易”广泛收集各方意见和建议，为上市公司的经营发展提供参考；“互动易”也是投资者向上市公司提供建议的平台。很多投资者在平台上给予很好的商讯和战略建议，部分已被公司管理层采纳。同时，利用舆情搜寻等技术手段，在互联网上搜索有关上市公司的传言和新闻报道，帮助上市公司及时了解媒体和网络中与公司相关的信息，并做出及时回应，以维护公司形象，也促使上市公司重视及正视媒体资源，不断鞭策上市公司加强其公开性及透明度。

5. 推进监管模式变革

“互动易”为日常监管工作提供了新的监管线索，也提出了新的监管内容和监管需要。“互动易”发挥了公众监督的作用，但从另一方面看，“互动易”上的传言有可能会导致一些公司重大事项的提前泄露，也为违法者的信息操纵行为提供了便利条件。“互动易”里投资者提问中依然可能存在着一些无法从正规媒体获取的有价值信息。从美国经验来看，2001 年底的“安然事件”爆发之前，“股吧”上就已有相当数量的信息向投资者提示公司风险，据称部分发帖者来自公司内部，因此美国监管当局早已开始从“股吧”信息中搜寻市场的违法犯罪线索。

信息披露方式由传统纸质信息披露媒介向网络化信息披露平台的嬗变，促使监管内容和监管手段的改变，也促使监管机构借助必要的互联网技术手段开展监管工作。监管机构一方面应充分发挥“互动易对上市公司的舆论监督作用，并规范上市公司相关的信息披露，另一方面应关注互动易舆情热点，充分利用技术手段分析信息，将“互动易”信息加入市场舆情的关注范围。技术手段已可实现快速抓取热点并进行汇总的功能，进行热点个股与热点话题的发现、关键词检索、IP 地址分析以及作者分析等，协助公司监管与市场监察。

（三）“互动易”的未来——探索上市公司“软法之治”

毫无疑问，证券市场建设离不开法治保障，法治既包括硬法之治也包括软法之治。传统的、单一的硬法之治，越来越不适用于现在正在崛起的上市公司治理的现实需要。为此，我们倡导，既要发挥硬法的基础性、框架性调整功能，也要发挥软法的延伸性、辅助性规范作用，从单一的硬法之治转向软硬并举的混合法治理。法治的实现既要依靠监管机构来推动，更要夯实社会共同体自律互律的基础，依靠多样化的法律规范来保证证券市场既有序发展又充满活力。也就是说，只有践行以人为本，综合运用软法之治与硬法之治这两种方式，全面回应多主体提出的多样化利益诉求，才能为全面建设多层次证券市场提供有力的法制保障。

软法也被称为倡导性规范，是指由民间组织制定的但不能被强制实施的规范。软法治理属于传统公司治理领域的外部监管和内部自治之外的第三条道路，本质上属于超越法律规定的“好的做法”，最早诞生于 20 世纪 90 年代的英国，后席卷世界，对现代公司治理理论和实践产生了重要的影响。

当前许多国家上市公司的信息披露方式朝着强制性披露与自愿性披露相结合的方向发展。强制性信息披露属硬法之治，自愿性信息披露属软法之治。自愿性信息披露已经成为许多大公司展示“核心竞争力”，沟通利害相关者，描绘公司未来的有效途径。

目前，在市场发展程度的现实大环境下，“互动易”主要还是作为法定强制性信息披露的有益补充手段。按照相关规定，上市公司与投资者在“互动易”上交流、沟通仅限于已披露信息，不能谈论未披露信息，而不管该未披露信息是否重大。

“互动易”将迎来光明的未来，将在上市公司软法之治领域大有作为。第一，“互动易”可以成为自愿性披露的快捷渠道。第二，“互动易”有效推动了上市公司进行公平信息披露。将上市公司在法定信息披露以外发布的相关信息，如接待机构投资者来访的材料、宣传推介材料、各类新闻等相关内容，通过“互动易”向全体投资者发布。第三，“互动易”改变上市公司原“发布式信息披露”方式为“交互式信息披露”方式，将增强其自律规范意识，提高上市公司软法之治水平。第四，“互动易”将成为监管机构软法监管的重要手段。深圳证券交易所向各地证监局提供的监管交流平台上，向各证监局提供统一的查询功能，按辖区、行业分类等进行查询，以供各证监局了解辖区上市公司提问和回复情况，发现监管线索，形成监管合力。

“互动易”与生俱来的“软性”优势扎根于社会，显现出强大的生命力。为此，我们应当转变“法即硬法”的传统法律观念，将软法视做现代法的一种基本表现形式，全面倡导软法法治精神。深化“互动易”软法研究、改善软法之治，这必将是一个反复试错、摸索前行的艰辛过程。我们确信公众满意的证券市场应当是“更少强制、更多协商、更高自由”的市场。

附　录

上市公司持续信息披露监管规则简介

附录　上市公司持续信息披露监管规则简介

为本书目的，我们简略收集了有关上市公司持续信息披露监管的相关规则并简单列表，供读者参考，以期读者对监管框架有个大略印象。现将有关该监管规则列表简单介绍如下。

一、范围

1. 上市公司相关的信息披露监管规则从内容方面来看，涉及面很广，包括发行、上市、收购、重组以及持续信息披露等，而本列表主要关注公司上市后的持续信息披露，也包括收购、重组方面的信息披露，没有将发行方面的信息披露规则纳入列表范围内。

2. 从监管主体方面，鉴于上市公司涉及各行各业，牵涉到多个监管主体和主管部门，本列表也主要关注和证券监管相关的部门颁布的规则，主要包括中国证监会及两个交易所的规则，对于相关的会计规则以及各个行业主管部门颁布的信息披露规则就没有一一收录，仅对几个金融主管部门颁布的信息披露规则作了收录。

3. 从信息披露主体方面，除了上市公司作为信息披露主体的法规外，本列表也关注了对投资者、收购人的信息披露要求。

二、分类

本列表分为六类，包括基本规定、一般披露要求、特殊披露要求、并购重组信息披露、股价异动、责任承担。

1. 基本规定。主要列举了公司法、证券法、刑法，这些法律从法律层面奠定了上市公司信息披露的法律基础。而上市公司信息披露管理办法则对整个上市公司信息披露进行了框架性的规定。

2. 一般披露要求。列举了证监会层面颁布的对上市公司年度报告、定期报告、内幕知情人制度、上市公司和投资者关系、公众投资者权益保护方面的一般要求。同时列举了交易所层面的上市规则、信息披露方面的一般要求、中国证券业协会对股份转让公司的信息披露要求等。一般披露要求，包含了有关信息披露方面重要的监管要素，披露时间、披露方式、披露内容、停牌等。

3. 特殊披露要求。主要列举了财务、特殊行业、特殊情形等方面的特殊披露要求，包括商业银行、证券公司、保险公司、环境保护、知识产权、披露方式等方面。

4. 并购重组信息披露。主要列举了上市公司收购、重组以及信息披露方面的法规。

5. 股价异动。主要列举了交易所对股价异动及相关信息披露的要求。

6. 责任承担。除了已经列举公司法、证券法、刑法上规定的责任主体及承担外，列举了中国证监会颁布的《信息披露违法行为行政责任认定规则》。

上市公司信息披露监管规则列表

基本规定	法律及证监会层面	《公司法》（2005 年修订）
		《证券法》（2005 年修订）
		《刑法》
		《上市公司信息披露管理办法》（2007 - 01 - 30）
一般披露要求	法律及证监会层面	《公开发行证券的公司信息披露内容与格式准则第 2 号〈年度报告的内容与格式〉》（2007 年 12 月修订）

续表

		《公开发行证券的公司信息披露内容与格式准则第3号〈半年度报告的内容与格式〉》（2007年修订）（2007－06－29）
		公开发行证券的公司信息披露内容与格式准则第13号——季度报告内容与格式特别规定（2007年修订）（2007－03－26）
		公开发行证券的公司信息披露内容与格式准则第30号——创业板上市公司年度报告的内容与格式（2009年）
		公开发行证券的公司信息披露内容与格式准则第31号——创业板上市公司半年度报告的内容与格式（2010年）
		公开发行证券的公司信息披露内容与格式准则第20号——创业板上市公司季度报告的内容与格式（2010年）
		关于印发《公开发行证券的公司信息披露内容与格式准则第5号〈公司股份变动报告的内容与格式〉》（2007年修订）的通知（2007－06－28）
		关于规范上市公司信息披露及相关各方行为的通知（2007年8月）
		关于上市公司建立内幕信息知情人登记管理制度的规定（2011年）
		上市公司与投资者关系工作指引（2005年）
		关于加强社会公众股股东权益保护的若干规定（2004年）
	交易所/自律组织层面	上海证券交易所股票上市规则（2008年9月修订）
		深圳证券交易所股票上市规则（2008年9月修订）
		深圳证券交易所创业板股票上市规则（2012年4月修订）
		上海证券交易所公司债券上市规则（2009年11月修订）
		深圳证券交易所公司债券上市规则（2012年6月修订）
		深圳证券交易所主板上市公司规范运作指引（2010年7月）
		深圳证券交易所中小板上市公司规范运作指引（2010年7月）
		上海证券交易所上市公司信息披露事务管理制度指引（2007年4月）

续表

		深圳证券交易所上市公司信息披露工作考核办法（2011 年 11 月修订版）
		上海证券交易所上市公司信息披露工作核查办法（2001 年 5 月）
		上海证券交易所关于发布《上市公司临时公告格式指引》（2009 年修订）的通知
		上海证券交易所关于发布《上市公司临时报告系列格式指引》（2007 年修订）的通知
		深圳证券交易所关于发布《深圳证券交易所上市公司临时公告格式指引》的通知（2002 年）
		上海证券交易所上市公司投资者关系管理自律公约（2004 年）
		中国证券业协会股份转让公司信息披露实施细则（2001 年 11 月）
	其他部委/行业组织	[全国银行间同业拆借中心/中央国债登记结算有限责任公司] 全国银行间债券市场金融债券信息披露操作细则（2009 年 10 月）
特别披露要求	证监会层面	关于进一步提高上市公司财务信息披露质量的通知（2004 年 1 月）
		《公开发行证券的公司信息披露编报规则第 15 号——财务报告的一般规定》（2010 年修订）（2010－01－11）
		《公开发行证券的公司信息披露编报规则第 9 号——净资产收益率和每股收益的计算及披露》（2010 年修订）（2010－01－11）
		公开发行证券的公司信息披露解释性公告第 1 号——非经常性损益（2008）（2008－10－31）
		公开发行证券的公司信息披露编报规则第 26 号——商业银行信息披露特别规定（2008 年 7 月）
		公开发行证券的公司信息披露编报规则第 4 号——保险公司信息披露特别规定（2007 年 8 月）
		公开发行证券的公司信息披露规范问答第 7 号——新旧会计准则过渡期间比较财务会计信息的编制和披露（2007－02－15）

续表

		公开发行证券的公司信息披露编报规则第 8 号——证券公司年度报告内容与格式特别规定
		公开发行证券的公司信息披露编报规则第 14 号——非标准无保留审计意见及其涉及事项的处理
		公开发行证券的公司信息披露编报规则第 19 号——财务信息的更正及相关披露（2003－12－01）
		公开发行证券的公司信息披露解释性公告第 1 号——非经常性损益（2008）
		公开发行证券的公司信息披露规范问答第 3 号——弥补累计亏损的来源、程序及信息披露（2006 年）
		公开发行证券的公司信息披露规范问答第 6 号——支付会计师事务所报酬及其披露（2001 年）
		公开发行证券的公司信息披露规范问答第 7 号——新旧会计准则过渡期间比较财务会计信息的编制和披露（2007 年）
		关于进一步提高上市公司财务信息披露质量的通知（2004－01－06）
		关于不再实施特定上市公司特殊审计要求的通知（2007－03－08）
	交易所/自律组织层面	上海证券交易所上市公司部境内外市场同时上市的公司信息披露工作指引（试行）（2008 年 1 月）
		上海证券交易所上市公司 2010 年年度报告工作备忘录第一号财务报告及 XBRL 业务模板修订（2010 年）
		深交所上市公司控股股东、实际控制人信息披露指引（2007 年 5 月发布，6 月实施）
		上交所关于加强上市公司社会责任承担工作暨发布《上海证券交易所上市公司环境信息披露指引》的通知（2008 年 5 月）
		深圳证券交易所关于规范上市公司和关联人收购商标等无形资产信息披露的通知（2000 年 12 月）
		上海证券交易所关于规范上市公司重大信息网上披露的通知（2005）

续表

		上海证券交易所关于上市公司披露各类公告的同时提供电子文件的通知（2003）
	其他部委/行业组织	中国银监会《商业银行信息披露办法》（2007 年 7 月）
		中国保监会《保险公司信息披露管理办法》（2010 年 5 月）
		中国银监会《商业银行资本充足率信息披露指引》（2009 年 11 月）
		中国银监会《融资性担保公司信息披露指引》（2010 年 11 月）
并购重组信息披露	证监会层面	《上市公司收购管理办法》（2006 年修订）
		《公开发行证券的公司信息披露内容与格式准则第 15 号——权益变动报告书》（2006 年）
		《公开发行证券的公司信息披露内容与格式准则第 16 号——上市公司收购报告书》（2006 年）
		《公开发行证券的公司信息披露内容与格式准则第 17 号——要约收购报告书》（2006 年）
		《公开发行证券的公司信息披露内容与格式准则第 18 号——被收购公司董事会报告书》（2006 年）
		《公开发行证券的公司信息披露内容与格式准则第 19 号——豁免要约收购申请文件》（2006 年）
		上市公司重大资产重组管理办法（2011 年修订）
		公开发行证券的公司信息披露内容与格式准则——第 26 号上市公司重大资产重组申请文件（2008 年）
	交易所/自律组织层面	上海证券交易所上市公司重大资产重组信息披露工作备忘录——第一号　信息披露业务办理流程（2008 年）
		上海证券交易所上市公司重大资产重组信息披露工作备忘录——第二号　上市公司重大资产重组财务顾问业务指引（试行）（2008 年）
		上海证券交易所上市公司重大资产重组信息披露工作备忘录——第三号　上市公司重大资产重组预案基本情况表（2008 年）

续表

		上海证券交易所上市公司重大资产重组信息披露工作备忘录——第四号　交易标的资产预估定价和交易定价差异说明（2008年）
		上海证券交易所上市公司重大资产重组信息披露工作备忘录——第五号　上市公司重大资产重组预案信息披露审核关注要点（2008年）
		上海证券交易所上市公司重大资产重组信息披露工作备忘录——第六号　资产评估相关信息披露（2008年）
		上海证券交易所上市公司重大资产重组信息披露工作备忘录——第七号　发出股东大会通知前持续信息披露规范要求（2008年）
		上海证券交易所上市公司重大资产重组信息披露工作备忘录——第八号　重组内幕信息知情人名单登记（2009年）
		上海证券交易所上市公司重大资产重组信息披露工作备忘录——第九号　重组停复牌安排及澄清公告要求（2010年）
		深圳证券交易所公司管理部关于做好上市公司重大资产重组信息披露工作的通知（2008年5月）
		深圳证券交易所上市公司业务办理指南第10号——重大重组停牌及材料报送（2008年5月）
		深圳证券交易所信息披露业务备忘录第13号——重大资产重组（2008年5月）
股票异动	交易所/自律组织层面	上海证券交易所关于进一步加强股票交易异常波动及信息披露监管的通知（2007年8月）
		上海证券交易所关于加强新股上市初期交易监管的通知（2012年）
		上海证券交易所证券异常交易实时监控指引（2008年）
		深圳证券交易所交易异常情况处理实施细则（试行）（2009年）
		深圳证券交易所限制交易实施细则（2008年修订）
		深圳证券交易所新股上市初期异常交易行为监控指引（2012年）
责任承担	证监会层面	信息披露违法行为行政责任认定规则（2011年4月）

结　语

“不积跬步，无以至千里；不积小流，无以成江海”。二十多年的风风雨雨，资本市场从无到有、从小到大、由弱变强，是一个漫长而艰难的过程，耗费了无数仁人志士的才智与血汗，这绝不是凭借朝夕之功能够一蹴而就的。今天以规模论，我国股票市场已然跃居全球第二位，我们对资本市场的要求也从过去一味地追求“量”转变为重视“质”。如何构建一个更加健康高效的资本市场，充分发挥其金融服务功能从而更好地推动实体经济的持续发展，已经成为当前的现实课题。

我们写这本书正是要探讨如何进一步完善资本市场的基础性制度建设——上市公司信息披露制度。在此书中我们聚集了众多学界、实务界的专家学者与职业精英对该问题长期以来形成的智慧和经验，结合上市公司的反映，同时参照国外成熟资本市场的实践经验，凝聚成篇，连篇成书。本书的特点在于不仅论证了要构建以投资者需求为导向的上市公司信息披露体系，而且还就如何构建提出了基本的原则，这些原则包括了重大性、相关性、变化性和关联性，总结归纳了在信息披露制定方面的方法创新，也运用这些原则和方法对上市公司的非财务信息披露、董事会报告等方面提出了新的认识。要以投资者需求为导向，就必须全面了解投资者的需求，本书提出应对投资者的需求进行层次划分，从实际出发满足各类投资者对上市公司信息披露的需求，既要考虑信息披露的内容和逻辑，也要考虑披露方式，从而提升信息披露的针对性和有效性。

如果这本书出版能够对我国资本市场的发展与改革献计献策，尽微薄之力，则本书编者必将不胜欣慰；亦或本书若能够启发更多人士围绕此问题展开热烈讨论，抛砖而引玉，则本书编者也将不胜欣慰！当然，由于时间仓促以及编者水平有限，加之所论宏大，本书内容难以面面俱到，兼顾一切。就所持议题而论，本书内容尚有以下几点不足：

第一，会计信息的缔约作用未得到充分的讨论。本书主要关注的是以投资者需求为导向的上市公司信息披露体系，在谈及财务信息与非财务信息时，皆强调了信息“决策有用性”中的“价值相关性”。国际上会计研究的学术前沿在强调会计信息的“价值相关性”时，也强调其“缔约作用”。例如，公司股东与公司高管在签订薪酬合约时，极有可能以公司的会计业绩作为薪酬发放多寡的参考指标；再如，政府对某些自然垄断行业垄断利润的税额征收也会以会计业绩指标作为依据。在这些情况下，会计信息被用于合约的签订。那么，为满足签订合约需求产生的会计信息与为满足“价值相关性”需求产生的会计信息是否具有不同的特征？在追求会计信息的“价值相关性”时是否会以会计信息“缔约作用”的下降作为代价，从而增加上市公司的信息披露成本？我们又应当如何在“价值相关性”与“缔约作用”这两个目标上做出权衡？这些问题的回答有赖于今后丰富的实证研究做出解答。

第二，对于上市公司信息披露方式的探讨还不充分。我们认识到，随着新媒体的出现以及投资者结构的多样化，上市公司信息发布的方式也越来越多样化，这在相当程度上影响了上市公司信息披露的有效性。我国一直坚持以报纸媒体作为上市公司强制性信息披露的主要方式，这种方式在新的形势下是否完全有效？如何综合发挥网络披露、业绩说明会、路演等多样化的信息披露方式的作用？而且我们也认识到，内容和方式不是孤立的，而是可以互相影响的，披露方式的创新可以解决一部分的披露内容问题。比如，无论监管者制定如何详细的强制性信息披露的要求，都无法完全满足投资者对特殊行业上市公司信息的需求；以投资者提问、上市公司回答为主的“互动易”是一项有益的尝试，它以供需互动的方式，可以解决强制性信息披露制度无法顾及到的一部分信息内容，提升整个信息披露体系满足投资者需求的程度。然而，信息披露的方式既是一个理论问题也是一个实践的问题，实践需要理论为指导，理论需要实践来推进。由于我国的信息披露方式创新还处在一个摸索的阶段，各种新的信息披露方式还有一个被接受的过程，虽然我们认识到改进信息披露的方式与改进信息披露的内容同样重要，但是本书对信息披露方式的研究和探讨还不够全面、充分。

第三，由于样本的局限性，本书内容在论述上具有一定的片面性，特别是在对投资者需求的认知和论述方面。从信息需求角度出发，我们可以把投资者分成机构投资者和中小投资者两个不同群体；要构建以投资者需求为导向的信息披露体系，就必须了解投资者的需求，这会涉及投资者的投资决策过程以及在投资决策过程中需要什么样的信息；显然我们需要分别从机构投资者和中小投资者两个群体角度分别研究他们的信息需求及其行为特征。然而，无论是机构投资者还是中小投资者，他们的数量都是非常众多的，而且他们内部还可以分成多个层次，并且还有地域方面的差异。信息披露研究本身是一门科学，这就要求我们对投资者的信息需求必须建立在大样本的调查统计之上。然而由于时间和精力有限，我们对中小投资者的信息需求借助券商的力量展开了问卷调查，但是对于机构投资者的信息需求，只能采用专家访谈的形式，参与我们本次研究工作的证券投资机构和证券研究机构在业界都具有很强的影响力，但是从数量上看毕竟是非常有限的，这有可能会影响我们研究的全面性和结论的科学性。如何相对充分地了解各个层次的投资者对上市公司信息披露的需求，有赖于后续研究的跟进。

第四，本书的建议与改革措施都是针对以往资本市场运行中存在的问题提出来的，然而这些建议与措施是否能够真正解决问题尚未可知，仍需要实践的再检验、再反馈，况且建议和措施还需要考虑根据未来的新形势、新变化调整完善；需要学界、实务界对其效果做长期的追踪研究，持续改进是一切政策评价研究无可避免的一个过程，况且信息披露理当是资本市场中常做常新的永恒课题。

正因为如此，构建投资者需求导向的上市公司信息披露体系，是一个值得长期研究和跟踪的课题，随着资本市场的发展，上市公司也会不断创造出新的商业模式，资本市场也会不断推出新的金融产品，投资者也会不断提出更多的需求，而且新的信息披露媒介手段也会不断地被创造出来，因此构建上市公司信息披露体系本身是一个开放的问题，而有关规则的修订也是一个渐进的过程。

由于作者知识、经验和精力的局限，对如此宏大的议题，书中出现错误恐亦在所难免，欢迎广大读者批评指正，如蒙赐教，不胜感激！总而言之，写作此书之目的完全在于推动建立一个更加健康、高效的资本市场，更好地为实体经济服务。“路漫漫其修远兮，吾将上下而求索”，与诸位读者共勉！

赵立新